Logik für Informatiker

Uwe Schöning

Logik für Informatiker

5. Auflage

Spektrum Akademischer Verlag Heidelberg · Berlin

Autor:
Prof. Dr. Uwe Schöning
Abteilung Theoretische Informatik
Universität Ulm
e-mail: schoenin@informatik.uni-ulm.de

Die Deutsche Bibliothek – CIP-Einheitsaufnahme

Schöning, Uwe:
Logik für Informatiker / von Uwe Schöning. – 5. Aufl.
– Heidelberg ; Berlin : Spektrum, Akad. Verl., 2000
  (Spektrum-Hochschultaschenbuch)
  ISBN 3-8274-1005-3

Die erste Auflage dieses Buches erschien 1987 im B.I.-Wissenschaftsverlag
(Bibliographisches Institut & F.A. Brockhaus AG, Mannheim).

© 2000 Spektrum Akademischer Verlag GmbH   Heidelberg · Berlin
Korrigierter Nachdruck 2005

Lektorat: Dr. Andreas Rüdinger / Bianca Alton
Umschlaggestaltung: Eta Friedrich, Berlin
Druck und Verarbeitung: Legoprint S.p.A, I-Lavis

Wolfram Schwabhäuser
(1931 – 1985)
in dankbarer Erinnerung

Vorwort

Durch die Entwicklung neuerer Anwendungen wie Automatisches Beweisen und Logik-Programmierung hat die Logik einen neuen und wichtigen Stellenwert in der Informatik erhalten. Das vorliegende Buch ist aus Vorlesungen hervorgegangen, die im Sommersemester 1986 und 1987 im Rahmen des Informatik-Diplomstudiengangs an der EWH Koblenz gehalten wurden. Ziel dieser Vorlesung für Studenten im Grundstudium war es, diejenigen Teilgebiete der Logik, die für die Informatik eine besondere Relevanz haben, zu betonen, um so den Studenten einen frühzeitigen und theoretisch fundierten Zugang zu modernen Anwendungen der Logik in der Informatik zu ermöglichen.

Vorausgesetzt wird ein gewisses Maß an mathematischem Grundverständnis, wie Umgang mit der mengentheoretischen Notation, Führen von (Induktions-)Beweisen etc. Darüberhinausgehende mathematische Spezialkenntnisse sind jedoch nicht erforderlich. Gleichfalls wird Vertrautheit mit einer konventionellen Programmiersprache, wie PASCAL, angenommen.

Für die Erstellung des Manuskripts bedanke ich mich herzlich bei Eveline Schneiders und Rainer Schuler und für das Korrekturlesen bei Johannes Köbler.

Koblenz, September 1987   U. Schöning

Vorwort zur zweiten Auflage

In der zweiten Auflage wurden eine Reihe von Fehlern und Unstimmigkeiten beseitigt, einige ergänzende Kommentare hinzugefügt, sowie das Literaturverzeichnis mit aktuellen Zitaten erweitert.

Vorwort zur dritten Auflage

Die wesentliche Änderung in der dritten Auflage ist, dass Lösungshinweise zu den Übungsaufgaben gegeben werden. Viele Studenten und Kollegen sind mit diesem Wunsch an mich herangetreten.

Vorwort zur vierten Auflage

Aufgrund verschiedener Leserzuschriften – für die ich mich herzlich bedanke – habe ich einige Textpassagen überarbeitet und Tippfehler beseitigt.

Vorwort zur fünften Auflage

Einige wenige Passagen wurden nochmals überarbeitet. Die wesentlichen Änderungen sind, dass das Layout des Buches modernisiert und der Text an die neue Rechtschreibung angepasst wurde.

Inhaltsverzeichnis

Einleitung

In der formalen Logik wird untersucht, wie man Aussagen miteinander verknüpfen kann und auf welche Weise man formal Schlüsse zieht und Beweise durchführt. Hierbei ist die Logik bestimmt durch eine konsequente Trennung von syntaktischen Begriffen (Formeln, Beweise) – dies sind im Wesentlichen Zeichenreihen, die nach gewissen Regeln aufgebaut sind – und semantischen Begriffen (Wahrheitswerte, Modelle) – dies sind "Bewertungen" oder "Interpretationen" der syntaktischen Objekte.

Nachdem sich die Logik aus der Philosophie entwickelt hat, sind die ursprünglich untersuchten Fragestellungen mehr grundsätzlicher, philosophischer Natur: "Was ist Wahrheit?", "Welche (mathematischen) Theorien sind axiomatisierbar?", "Welches sind Modelle für gewisse Axiomensysteme?", usw. Allgemein lässt sich sagen, dass die Logik auf das *Grundsätzliche*, die Informatik mehr auf das (per Computer) *Machbare* ausgerichtet ist.

Die Informatik hat sich mancher Teilgebiete der Logik bedient, z.B. bei der Programmverifikation, der Semantik von Programmiersprachen, dem Automatischen Beweisen und in der Logik-Programmierung. Dieses Buch konzentriert sich auf diejenigen Aspekte der Logik, die für die Informatik relevant sind. Die Informatik-Ausbildung umfasst von Anfang an den Umgang mit rekursiven Definitionen, Datenstrukturen und Algorithmen, ebenso wie die Trennung von Syntax und Semantik bei Programmiersprachen. Dieses Buch orientiert sich an diesem den Informatikern vertrauten Stil. Insbesondere werden viele mehr auf das Prinzipielle ausgerichtete Resultate der formalen Logik unter einem algorithmischen Gesichtspunkt behandelt.

Im ersten Teil wird die Aussagenlogik eingeführt, wobei bereits ein Schwerpunkt auf den Resolutionskalkül gelegt wird. Dieses Vorgehen wird dann im zweiten Teil, in der die Prädikatenlogik behandelt wird, fortgesetzt. Der Schwerpunkt liegt hier auf der Herbrandschen Theorie und darauf aufbauend, dem Resolutionskalkül in der Prädikatenlogik, der Grundlage der meisten automatischen Beweisverfahren ist. In diesem Zusammenhang werden insbesondere Entscheidbarkeitsfragen diskutiert.

Der dritte Teil leitet in die spezielle Art der Resolution über, wie sie im Zusamenhang mit Hornformeln und Logik-Programmiersystemen, z.B. realisiert in der Programmiersprache PROLOG (*Pro*gramming in *Log*ic), angewendet wird. Dieses Buch will jedoch kein Programmierhandbuch für PROLOG ersetzen; Ziel ist es vielmehr, die logischen Grundlagen für das Verständnis der Logik-Programmierung zu legen.

Übung 1: "Worin besteht das Geheimnis Ihres langen Lebens?" wurde ein 100-jähriger gefragt. "Ich halte mich streng an die Diätregeln: Wenn ich kein Bier zu einer Mahlzeit trinke, dann habe ich immer Fisch. Immer wenn ich Fisch und Bier zur selben Mahlzeit habe, verzichte ich auf Eiscreme. Wenn ich Eiscreme habe oder Bier meide, dann rühre ich Fisch nicht an." Der Fragesteller fand diesen Ratschlag ziemlich verwirrend. Können Sie ihn vereinfachen?

Überlegen Sie sich, welche formalen Schritte des Vorgehens (Diagramme, Tabellen, Graphen, etc.) Sie für sich selbst eingesetzt haben, um diese Aufgabe zu lösen. Hiermit haben Sie bereits Ihre ersten eigenen Versuche unternommen, eine formale Logik zu entwickeln!

Kapitel 1

Aussagenlogik

1.1 Grundbegriffe

In der Aussagenlogik werden einfache Verknüpfungen – wie "und", "oder", "nicht" – zwischen atomaren sprachlichen Gebilden untersucht. Solche atomaren Gebilde sind etwa:

A = "Paris ist die Hauptstadt von Frankreich"

B = "Mäuse jagen Elefanten"

Diese atomaren Bestandteile können wahr oder falsch sein (von der inhaltlichen Interpretation wissen wir, dass A wahr und B falsch ist). Der Gegenstand der Aussagenlogik ist es nun festzulegen, wie sich solche "Wahrheitswerte" der atomaren Bestandteile zu Wahrheitswerten von komplizierteren sprachlichen Gebilden fortsetzen lassen, wie z.B.

A *und* B

(Wir wissen, dass im obigen Beispiel A *und* B eine falsche Aussage ist, da bereits B falsch ist.)

Wir interessieren uns hier also nur dafür, wie sich Wahrheitswerte in komplizierten Gebilden aus den Wahrheitswerten der einfacheren Gebilde ergeben. In diesen Untersuchungen wird letztlich ignoriert, was die zugrundeliegenden inhaltlichen Bedeutungen der atomaren Gebilde sind; unser ganzes Interesse wird auf ihre Wahrheitswerte reduziert.

Falls z.B.

A = "Otto wird krank"

B = "Der Arzt verschreibt Otto eine Medizin",

so ist es in der Umgangssprache durchaus ein Unterschied, ob wir "*A und B*" oder "*B und A*" sagen. Von solchen "Feinheiten" befreien wir uns in der folgenden Definition, in der alle denkbaren atomaren Gebilde (jetzt atomare Formeln genannt) ohne eine inhaltliche Interpretation durchnummeriert sind, und mit A_1, A_2, A_3, usw. bezeichnet werden.

Definition (Syntax der Aussagenlogik)
Eine *atomare Formel* hat die Form A_i (wobei $i = 1,2,3,\ldots$).
Formeln werden durch folgenden induktiven Prozess definiert:

1. Alle atomaren Formeln sind Formeln.

2. Für alle Formeln F und G sind $(F \wedge G)$ und $(F \vee G)$ Formeln.

3. Für jede Formel F ist $\neg F$ eine Formel.

Eine Formel der Bauart $\neg F$ heißt *Negation* von F, $(F \wedge G)$ heißt *Konjunktion* von F und G, $(F \vee G)$ heißt *Disjunktion* von F und G. Eine Formel F, die als Teil einer Formel G auftritt, heißt *Teilformel* von G.

Beispiel: $F = \neg((A_5 \wedge A_6) \vee \neg A_3)$ ist eine Formel und sämtliche Teilformeln von F sind:

$$F, \;\; ((A_5 \wedge A_6) \vee \neg A_3), \;\; (A_5 \wedge A_6), \;\; A_5, \;\; A_6, \;\; \neg A_3, \;\; A_3$$

Wir vereinbaren folgende *abkürzende Schreibweisen*:

$$
\begin{array}{lll}
A, B, C, \ldots & \text{statt} & A_1, A_2, A_3, \ldots \\
(F_1 \rightarrow F_2) & \text{statt} & (\neg F_1 \vee F_2) \\
(F_1 \leftrightarrow F_2) & \text{statt} & ((F_1 \wedge F_2) \vee (\neg F_1 \wedge \neg F_2)) \\
\left(\bigvee_{i=1}^{n} F_i \right) & \text{statt} & (\ldots ((F_1 \vee F_2) \vee F_3) \vee \cdots \vee F_n) \\
\left(\bigwedge_{i=1}^{n} F_i \right) & \text{statt} & (\ldots ((F_1 \wedge F_2) \wedge F_3) \wedge \cdots \wedge F_n)
\end{array}
$$

Hierbei können $F_1, F_2, \ldots$ beliebige Formeln sein. Das heißt also, falls wir im Folgenden z.B. $(A \leftrightarrow E)$ schreiben, so ist dies eine Abkürzung für die Formel:

$$((A_1 \wedge A_5) \vee (\neg A_1 \wedge \neg A_5))$$

Man beachte, dass zu diesem Zeitpunkt Formeln lediglich Zeichenreihen (syntaktische Objekte) sind. Sie haben keinen "Inhalt", keine Interpretation. Im Moment ist es nicht zulässig bzw. verfrüht, "$\wedge$" als "und" bzw. "$\vee$" als "oder" zu lesen. Besser wäre etwa "Dach" bzw. "umgekehrtes Dach".

Eine zugeordnete "Bedeutung" erhalten die Bestandteile von Formeln erst durch die folgende Definition.

Definition (Semantik der Aussagenlogik)

Die Elemente der Menge $\{0,1\}$ heißen *Wahrheitswerte*. Eine *Belegung* ist eine Funktion $\mathcal{A} : \mathbf{D} \to \{0,1\}$, wobei $\mathbf{D}$ eine Teilmenge der atomaren Formeln ist. Wir erweitern $\mathcal{A}$ zu einer Funktion $\hat{\mathcal{A}} : \mathbf{E} \to \{0,1\}$, wobei $\mathbf{E} \supseteq \mathbf{D}$ die Menge aller Formeln ist, die nur aus den atomaren Formeln in $\mathbf{D}$ aufgebaut sind.

1. Für jede atomare Formel $A \in \mathbf{D}$ ist $\hat{\mathcal{A}}(A) = \mathcal{A}(A)$.

2. $\hat{\mathcal{A}}((F \wedge G)) = \begin{cases} 1, & \text{falls } \hat{\mathcal{A}}(F) = 1 \text{ und } \hat{\mathcal{A}}(G) = 1 \\ 0, & \text{sonst} \end{cases}$

3. $\hat{\mathcal{A}}((F \vee G)) = \begin{cases} 1, & \text{falls } \hat{\mathcal{A}}(F) = 1 \text{ oder } \hat{\mathcal{A}}(G) = 1 \\ 0, & \text{sonst} \end{cases}$

4. $\hat{\mathcal{A}}(\neg F) = \begin{cases} 1, & \text{falls } \hat{\mathcal{A}}(F) = 0 \\ 0, & \text{sonst} \end{cases}$

Da $\hat{\mathcal{A}}$ eine Erweiterung von $\mathcal{A}$ ist (auf $\mathbf{D}$ stimmen $\mathcal{A}$ und $\hat{\mathcal{A}}$ überein), lassen wir nun nachträglich die Unterscheidung zwischen $\mathcal{A}$ und $\hat{\mathcal{A}}$ wieder fallen und schreiben $\mathcal{A}$ statt $\hat{\mathcal{A}}$. (Diese temporäre Unterscheidung hatte lediglich den Zweck, die Definition von $\hat{\mathcal{A}}$ formal korrekt durchführen zu können.)

Beispiel: Es sei $\mathcal{A}(A) = 1$, $\mathcal{A}(B) = 1$ und $\mathcal{A}(C) = 0$. Dann ergibt sich:

$$
\begin{aligned}
\mathcal{A}(\neg((A \wedge B) \vee C)) &= \begin{cases} 1, & \text{falls } \mathcal{A}(((A \wedge B) \vee C)) = 0 \\ 0, & \text{sonst} \end{cases} \\[2mm]
&= \begin{cases} 0, & \text{falls } \mathcal{A}(((A \wedge B) \vee C)) = 1 \\ 1, & \text{sonst} \end{cases} \\[2mm]
&= \begin{cases} 0, & \text{falls } \mathcal{A}((A \wedge B)) = 1 \text{ oder } \mathcal{A}(C) = 1 \\ 1, & \text{sonst} \end{cases} \\[2mm]
&= \begin{cases} 0, & \text{falls } \mathcal{A}((A \wedge B)) = 1 \ (\text{da } \mathcal{A}(C) = 0) \\ 1, & \text{sonst} \end{cases}
\end{aligned}
$$

$$= \begin{cases} 0, \text{ falls } \mathcal{A}(A) = 1 \text{ und } \mathcal{A}(B) = 1 \\ 1, \text{ sonst} \end{cases}$$
$$= 0$$

Wir können die Wirkung der Operationen $\wedge$, $\vee$, $\neg$ durch Verknüpfungstafeln darstellen.

$\mathcal{A}(F)$	$\mathcal{A}(G)$	$\mathcal{A}((F \wedge G))$
0	0	0
0	1	0
1	0	0
1	1	1

$\mathcal{A}(F)$	$\mathcal{A}(G)$	$\mathcal{A}((F \vee G))$
0	0	0
0	1	1
1	0	1
1	1	1

$\mathcal{A}(F)$	$\mathcal{A}(\neg F)$
0	1
1	0

Unter Zuhilfenahme dieser Verknüpfungstafeln lässt sich der Wahrheitswert jeder Formel F leicht bestimmen, wenn eine Belegung derjenigen atomaren Formeln gegeben ist, die in F enthalten sind. Wir betrachten wieder $F = \neg((A \wedge B) \vee C)$, und stellen die Art und Weise, wie F aus einfacheren Teilformeln aufgebaut ist, durch eine Baumstruktur dar:

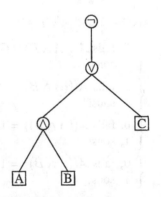

Den Wahrheitswert von F erhalten wir, indem wir zunächst die Blätter mit den durch die Belegung gegebenen Wahrheitswerten markieren und dann alle Knoten anhand obiger Verknüpfungstafeln markieren. Die Markierung der Wurzel ergibt dann den Wahrheitswert der Formel unter der gegebenen Belegung.

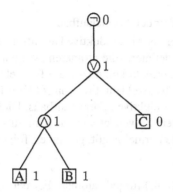

Übung 2: Man finde eine Formel F, die die drei atomaren Formeln A, B und C enthält mit folgender Eigenschaft: Für jede Belegung $\mathcal{A} : \{A, B, C\} \rightarrow \{0, 1\}$ gilt, dass das Ändern irgendeiner der Werte $\mathcal{A}(A)$, $\mathcal{A}(B)$, $\mathcal{A}(C)$ auch $\mathcal{A}(F)$ ändert.

Aus der Definition von $\mathcal{A}(F)$ lässt sich nun erkennen, dass das Symbol "$\wedge$" das umgangssprachliche Wort "und", "$\vee$" das "oder" und "$\neg$" das Wort "nicht" modelliert. Wenn wir noch die Symbole "$\rightarrow$" und "$\leftrightarrow$" hinzunehmen, die wir als syntaktische Abkürzungen eingeführt haben, so steht "$\rightarrow$" für "impliziert", "daraus folgt" bzw. "wenn dann", während "$\leftrightarrow$" für "genau dann wenn" steht.

Um das Ausrechnen von Wahrheitswerten einfacher zu gestalten, wenn die Formel die (Abkürzungs-) Symbole "$\rightarrow$" oder "$\leftrightarrow$" enthält, können wir hier ebenfalls Verknüpfungstafeln verwenden.

$\mathcal{A}(F)$	$\mathcal{A}(G)$	$\mathcal{A}((F \rightarrow G))$
0	0	1
0	1	1
1	0	0
1	1	1

$\mathcal{A}(F)$	$\mathcal{A}(G)$	$\mathcal{A}((F \leftrightarrow G))$
0	0	1
0	1	0
1	0	0
1	1	1

Bemerkung (Induktion über den Formelaufbau)

Die Definition von Formeln ist eine induktive Definition: es werden zunächst die einfachsten Formeln definiert (die atomaren Formeln), sodann wird erklärt, wie aus einfachen Formeln kompliziertere Formeln aufgebaut werden können. Die ebenfalls induktive Definition von $\mathcal{A}(F)$ orientiert sich ebenso an der Art und Weise des induktiven Formelaufbaus. Dieses Induktionsprinzip kann auch in Beweisen verwendet werden. Um zu beweisen, dass eine Behauptung $\mathcal{B}(F)$ für jede Formel F gilt, genügt es, folgende Schritte durchzuführen:

1. Man zeige, es gilt $\mathcal{B}(A_i)$ für jede atomare Formel A_i.

2. Man zeige unter der (Induktions-) Annahme, dass $\mathcal{B}(F)$ und $\mathcal{B}(G)$ gelten, folgt dass $\mathcal{B}(\neg F)$, $\mathcal{B}((F \wedge G))$ und $\mathcal{B}((F \vee G))$ gelten.

Definition (Modell, gültig, erfüllbar)

Sei F eine Formel und $\mathcal{A}$ eine Belegung. Falls $\mathcal{A}$ für alle in F vorkommenden atomaren Formeln definiert ist, so heißt $\mathcal{A}$ zu F *passend*.

Falls $\mathcal{A}$ zu F passend ist und $\mathcal{A}(F) = 1$ gilt, so schreiben wir auch: $\mathcal{A} \models F$. Als Sprechweise für diesen Sachverhalt vereinbaren wir: *F gilt unter der Belegung $\mathcal{A}$*, oder *$\mathcal{A}$ ist ein Modell für F*. Falls $\mathcal{A}(F) = 0$, so schreiben wir: $\mathcal{A} \not\models F$ (Sprechweise: *Unter $\mathcal{A}$ gilt F nicht*; oder *$\mathcal{A}$ ist kein Modell für F*). Sei **F** eine Menge von Formeln (die auch unendlich groß sein kann). Dann ist $\mathcal{A}$ ein *Modell* für **F**, falls für alle $F \in$ **F** gilt $\mathcal{A} \models F$.

Eine Formel (oder eine Formelmenge **F**) F heißt *erfüllbar*, falls F (bzw. **F**) mindestens ein Modell besitzt, andernfalls heißt F (bzw. **F**) *unerfüllbar*.

Eine Menge von Formeln M heißt erfüllbar, falls es eine Belegung $\mathcal{A}$ gibt, die für jede Formel in M ein Modell ist (also muss diese eine Belegung auch für jede Formel in M passend sein!).

Eine Formel F heißt *gültig* (oder *Tautologie*), falls jede zu F passende Belegung ein Modell für F ist.

Wir schreiben $\models F$, falls F eine Tautologie ist und $\not\models F$, falls F keine Tautologie ist.

Satz

Eine Formel F ist eine Tautologie genau dann, wenn $\neg F$ unerfüllbar ist.

Beweis: Es gilt:

F ist eine Tautologie

gdw. jede zu F passende Belegung ist ein Modell für F

gdw. jede zu F (und damit auch zu $\neg F$) passende Belegung ist kein Modell für $\neg F$

gdw. $\neg F$ besitzt kein Modell

gdw. $\neg F$ ist unerfüllbar

∎

Der Übergang von F zu $\neg F$ (bzw. von $\neg F$ zu F) kann durch folgendes "Spiegelungsprinzip" veranschaulicht werden:

alle aussagenlog. Formeln

gültige Formeln	erfüllbare, aber nicht gültige Formeln	unerfüll- bare Formeln
	F $\quad$ $\neg F$	
$\neg G$		G

Anwendung der Negation bedeutet Spiegelung an der gestrichelten Achse; so wird also aus einer gültigen Formel eine unerfüllbare Formel (oder umgekehrt), während aus einer erfüllbaren, aber nicht gültigen Formel wieder eine erfüllbare, aber nicht gültige Formel wird.

Übung 3: Eine Formel G heiße eine *Folgerung* der Formeln $F_1, \ldots, F_k$, falls für jede Belegung $\mathcal{A}$, die sowohl zu $F_1, \ldots, F_k$ als auch zu G passend ist, gilt: Wenn $\mathcal{A}$ Modell von $\{F_1, \ldots, F_k\}$ ist, dann ist $\mathcal{A}$ auch Modell von G. Man zeige, dass die folgenden drei Behauptungen äquivalent sind.

1. G ist eine Folgerung von $F_1, \ldots, F_k$.

2. $((\bigwedge_{i=1}^{k} F_i) \to G)$ ist eine Tautologie.

3. $((\bigwedge_{i=1}^{k} F_i) \wedge \neg G)$ ist unerfüllbar.

Übung 4: Was ist falsch an folgendem Schluss :
"Wenn ich 100m unter 10,0 Sekunden laufe, werde ich zur Olympiade zugelassen. Da ich die 100m nicht unter 10,0 Sekunden laufe, werde ich folglich
nicht zur Olympiade zugelassen."

Der Wahrheitswert einer Formel F unter irgendeiner zu F passenden Belegung $\mathcal{A}$ hängt offensichtlich nur von den in F vorkommenden atomaren Formeln ab. Das heißt formaler ausgedrückt, dass $\mathcal{A}(F) = \mathcal{A}'(F)$ für alle zu F
passenden Belegungen $\mathcal{A}$ und $\mathcal{A}'$ gilt, sofern $\mathcal{A}$ und $\mathcal{A}'$ auf den in F vorkommenden atomaren Formeln übereinstimmen. (Ein formaler Beweis müsste per
Induktion über den Formelaufbau von F geführt werden!).

Das Fazit, das wir ziehen können, ist, dass es zum Feststellen der Erfüllbarkeit
bzw. der Gültigkeit einer Formel F genügt, lediglich die endlich vielen Belegungen, die genau auf den in F vorkommenden atomaren Formeln definiert
sind, zu testen. Falls F n verschiedene atomare Formeln enthält, so sind dies
genau 2^n viele zu testende Belegungen. Systematisch können wir dies mittels
Wahrheitstafeln tun:

	A_1	A_2	$\cdots$	A_{n-1}	A_n	F
$\mathcal{A}_1$:	0	0		0	0	$\mathcal{A}_1(F)$
$\mathcal{A}_2$:	0	0		0	1	$\mathcal{A}_2(F)$
$\vdots$			$\ddots$			$\vdots$
$\mathcal{A}_{2^n}$:	1	1		1	1	$\mathcal{A}_{2^n}(F)$

Hierbei ist F offensichtlich erfüllbar, falls der *Wahrheitswerteverlauf* von F
(die Spalte unter F) mindestens eine 1 enthält, und F ist eine Tautologie, falls
der Wahrheitswerteverlauf von F nur aus Einsen besteht.

Beispiel: Es sei $F = (\neg A \to (A \to B))$.
Es ist praktikabler, für jede in F vorkommende Teilformel den jeweiligen
Wahrheitswerteverlauf in einer Extra-Spalte zu ermitteln.

A	B	$\neg A$	$(A \rightarrow B)$	F
0	0	1	1	1
0	1	1	1	1
1	0	0	0	1
1	1	0	1	1

Die zu F gehörende Spalte enthält nur Einsen, also ist F eine Tautologie.

Bemerkung: Die Wahrheitstafelmethode gibt uns also ein algorithmisches Verfahren in die Hand, die Erfüllbarkeit einer Formel festzustellen. Jedoch beachte man, dass der Aufwand hierzu gewaltig ist: Für eine Formel mit n atomaren Formeln müssen 2^n Zeilen der Wahrheitstafel berechnet werden. Für eine Formel mit z.B. 100 atomaren Formeln wäre auch der schnellste existierende Rechner Tausende von Jahren beschäftigt. (Man rechne sich einmal aus, wie viel 2^{100} Mikrosekunden sind – angenommen eine Zeile der Wahrheitstafel kann in einer Mikrosekunde berechnet werden). Dieses sogenannte Exponentialverhalten der Rechenzeit scheint auch durch raffiniertere Algorithmen nicht einzudämmen zu sein (höchstens in Einzelfällen), denn das Erfüllbarkeitsproblem für Formeln der Aussagenlogik ist "NP-vollständig". (Dieser Begriff kann hier nicht erläutert werden, dies ist Thema der Komplexitätstheorie).

Übung 5: Man zeige: Eine Formel F der Bauart

$$F = (\bigwedge_{i=1}^{k} G_i)$$

ist erfüllbar, genau dann wenn die Menge $M = \{G_1, \cdots, G_k\}$ erfüllbar ist. Gilt dies auch für Formeln der Bauart

$$F = (\bigvee_{i=1}^{k} G_i) \; ?$$

Übung 6: Wie viele verschiedene Formeln mit den atomaren Formeln $A_1, A_2, \ldots, A_n$ und verschiedenen Wahrheitswerteverläufen gibt es ?

Übung 7: Man gebe eine dreielementige Formelmenge M an, so dass jede zweielementige Teilmenge von M erfüllbar ist, M selbst jedoch nicht.

Übung 8: Ist folgende unendliche Formelmenge M erfüllbar?

$$M = \{A_1 \vee A_2, \neg A_2 \vee \neg A_3, A_3 \vee A_4, \neg A_4 \vee \neg A_5, \ldots\}$$

Übung 9: Man konstruiere Wahrheitstafeln für jede der folgenden Formeln:

$$((A \land B) \land (\neg B \lor C))$$
$$\neg(\neg A \lor \neg(\neg B \lor \neg A))$$
$$(A \leftrightarrow (B \leftrightarrow C))$$

Übung 10: Man beweise oder gebe ein Gegenbeispiel:

(a) Falls $(F \to G)$ gültig ist und F gültig ist, so ist G gültig.

(b) Falls $(F \to G)$ erfüllbar ist und F erfüllbar ist, so ist G erfüllbar.

(c) Falls $(F \to G)$ gültig ist und F erfüllbar ist, so ist G erfüllbar.

Übung 11:

(a) Jeder, der ein gutes Gehör hat, kann richtig singen.

(b) Niemand ist ein wahrhafter Musiker, wenn er nicht seine Zuhörerschaft begeistern kann.

(c) Niemand, der kein gutes Gehör hat, kann seine Zuhörerschaft begeistern.

(d) Niemand, außer einem wahrhaften Musiker, kann eine Sinfonie schreiben.

Frage: Welche Eigenschaften muss jemand notwendigerweise besitzen, wenn er eine Sinfonie geschrieben hat?

Formalisieren Sie diese Sachverhalte und verwenden Sie Wahrheitstafeln!

Übung 12: Sei $(F \to G)$ eine Tautologie, wobei F und G keine gemeinsamen atomaren Formeln haben. Man zeige: dann ist entweder F unerfüllbar oder G eine Tautologie oder beides.

Übung 13: (Craigscher Interpolationssatz)

Es gelte $\models (F \to G)$ und es gibt mindestens eine atomare Formel, die sowohl in F als auch in G vorkommt. Man beweise, dass es eine Formel H gibt, die nur aus atomaren Formeln aufgebaut ist, die sowohl in F als auch in G vorkommen, mit $\models (F \to H)$ und $\models (H \to G)$.

Hinweis: Induktion über die Anzahl der atomaren Formeln, die in F, aber nicht in G vorkommen. Andere Möglichkeit: Konstruieren einer Wahrheitstafel für H anhand der Wahrheitstafeln von F und G.

1.2 Äquivalenz und Normalformen

Aus der Art und Weise, wie wir Formeln interpretieren, wissen wir, dass $(F \wedge G)$ und $(G \wedge F)$ "dasselbe bedeuten" – obwohl sie syntaktisch gesehen verschiedene Objekte sind. Diese semantische Gleichheit oder Äquivalenz erfassen wir mit folgender Definition.

Definition

Zwei Formeln F und G heißen *(semantisch) äquivalent*, falls für alle Belegungen $\mathcal{A}$, die sowohl für F als auch für G passend sind, gilt $\mathcal{A}(F) = \mathcal{A}(G)$. Hierfür schreiben wir $F \equiv G$.

Bemerkung: Auch Formeln mit verschiedenen Atomformeln können äquivalent sein (z.B. Tautologien).

Satz (Ersetzbarkeitstheorem)

Seien F und G äquivalente Formeln. Sei H eine Formel mit (mindestens) einem Vorkommen der Teilformel F. Dann ist H äquivalent zu H', wobei H' aus H hervorgeht, indem (irgend) ein Vorkommen von F in H durch G ersetzt wird.

Beweis (durch Induktion über den Formelaufbau von H):

Induktionsanfang: Falls H eine atomare Formel ist, dann kann nur $H = F$ sein. Und damit ist klar, dass H äquivalent zu H' ist, denn $H' = G$.

Induktionsschritt: Falls F gerade H selbst ist, so trifft dieselbe Argumentation wie im Induktionsanfang zu. Sei also angenommen, F ist eine Teilformel von H mit $F \neq H$. Dann müssen wir 3 Fälle unterscheiden.

Fall 1: H hat die Bauart $H = \neg H_1$.
Nach Induktionsvoraussetzung ist H_1 äquivalent zu H_1', wobei H_1' aus H_1 durch Ersetzung von F durch G hervorgeht. Nun ist aber $H' = \neg H_1'$. Aus der (semantischen) Definition von "$\neg$" folgt dann, dass H und H' äquivalent sind.

Fall 2: H hat die Bauart $H = (H_1 \vee H_2)$.
Dann kommt F entweder in H_1 oder H_2 vor. Nehmen wir den ersteren Fall an (der zweite ist völlig analog). Dann ist nach Induktionsannahme H_1 wieder äquivalent zu H_1', wobei H_1' aus H_1 durch Ersetzung von F durch G hervorgeht. Mit der Definition von "$\vee$" ist dann klar, dass $H \equiv (H_1' \vee H_2) = H'$.

Fall 3: H hat die Bauart $H = (H_1 \wedge H_2)$.
Diesen Fall beweist man völlig analog zu *Fall 2*.   ∎

Übung 14: Es gelte $F \equiv G$. Man zeige:
Wenn F' bzw. G' aus F bzw. G hervorgehen, indem alle Vorkommen von $\wedge$ durch $\vee$ und umgekehrt ersetzt werden, so gilt: $F' \equiv G'$.

Satz
Es gelten die folgenden Äquivalenzen :

$$
\begin{aligned}
(F \wedge F) &\equiv F \\
(F \vee F) &\equiv F \qquad\qquad\qquad \text{(Idempotenz)}
\end{aligned}
$$

$$
\begin{aligned}
(F \wedge G) &\equiv (G \wedge F) \\
(F \vee G) &\equiv (G \vee F) \qquad\qquad\qquad \text{(Kommutativität)}
\end{aligned}
$$

$$
\begin{aligned}
((F \wedge G) \wedge H) &\equiv (F \wedge (G \wedge H)) \\
((F \vee G) \vee H) &\equiv (F \vee (G \vee H)) \qquad\qquad \text{(Assoziativität)}
\end{aligned}
$$

$$
\begin{aligned}
(F \wedge (F \vee G)) &\equiv F \\
(F \vee (F \wedge G)) &\equiv F \qquad\qquad\qquad\qquad \text{(Absorption)}
\end{aligned}
$$

$$
\begin{aligned}
(F \wedge (G \vee H)) &\equiv ((F \wedge G) \vee (F \wedge H)) \\
(F \vee (G \wedge H)) &\equiv ((F \vee G) \wedge (F \vee H)) \qquad \text{(Distributivität)}
\end{aligned}
$$

$$
\neg\neg F \equiv F \qquad\qquad\qquad \text{(Doppelnegation)}
$$

$$
\begin{aligned}
\neg(F \wedge G) &\equiv (\neg F \vee \neg G) \\
\neg(F \vee G) &\equiv (\neg F \wedge \neg G) \qquad\qquad \text{(deMorgansche Regeln)}
\end{aligned}
$$

$$
\begin{aligned}
(F \vee G) &\equiv F, \text{ falls } F \text{ eine Tautologie} \\
(F \wedge G) &\equiv G, \text{ falls } F \text{ eine Tautologie} \qquad \text{(Tautologieregeln)}
\end{aligned}
$$

$$
\begin{aligned}
(F \vee G) &\equiv G, \text{ falls } F \text{ unerfüllbar} \\
(F \wedge G) &\equiv F, \text{ falls } F \text{ unerfüllbar} \qquad \text{(Unerfüllbarkeitsregeln)}
\end{aligned}
$$

Beweis: Alle Äquivalenzen können leicht mittels Wahrheitstafeln nachgeprüft werden. Wir zeigen dies exemplarisch nur für die erste Absorptionsregel:

$\mathcal{A}(F)$	$\mathcal{A}(G)$	$\mathcal{A}((F \vee G))$	$\mathcal{A}((F \wedge (F \vee G)))$
0	0	0	0
0	1	1	0
1	0	1	1
1	1	1	1

Da die erste und die vierte Spalte übereinstimmen, folgt

$$
(F \wedge (F \vee G)) \equiv F . \qquad\qquad \blacksquare
$$

Beispiel: Mittels obiger Äquivalenzen und des Ersetzbarkeitstheorems (ET) können wir nachweisen, dass

$$((A \lor (B \lor C)) \land (C \lor \neg A)) \equiv ((B \land \neg A) \lor C)$$

denn es gilt: $((A \lor (B \lor C)) \land (C \lor \neg A))$

$$\begin{aligned}
&\equiv (((A \lor B) \lor C) \land (C \lor \neg A)) && \text{(Assoziativität und ET)} \\
&\equiv ((C \lor (A \lor B)) \land (C \lor \neg A)) && \text{(Kommutativität und ET)} \\
&\equiv (C \lor ((A \lor B) \land \neg A)) && \text{(Distributivität)} \\
&\equiv (C \lor (\neg A \land (A \lor B))) && \text{(Kommutativität und ET)} \\
&\equiv (C \lor ((\neg A \land A) \lor (\neg A \land B))) && \text{(Distributivität und ET)} \\
&\equiv (C \lor (\neg A \land B)) && \text{(Unerfüllbarkeitsregel und ET)} \\
&\equiv (C \lor (B \land \neg A)) && \text{(Kommutativität und ET)} \\
&\equiv ((B \land \neg A) \lor C) && \text{(Kommutativität)}
\end{aligned}$$

Bemerkung: Das Assoziativgesetz im obigen Satz gibt uns die Rechtfertigung, etwas freier beim Aufschreiben von Formeln vorzugehen. So soll etwa die Schreibweise

$$F = A \land B \land C \land D$$

eine beliebige Formel der folgenden Aufzählung bedeuten,

$$(((A \land B) \land C) \land D)$$
$$((A \land B) \land (C \land D))$$
$$((A \land (B \land C)) \land D)$$
$$(A \land ((B \land C) \land D))$$
$$(A \land (B \land (C \land D)))$$

ohne dass festgelegt sein soll, welche. Da alle diese Formeln semantisch äquivalent sind, spielt dies in vielen Fällen auch keine Rolle.

Übung 15: Man zeige, dass es zu jeder Formel F eine äquivalente Formel G gibt, die nur die Operatoren $\neg$ und $\rightarrow$ enthält.
Man zeige, dass es nicht zu jeder Formel F eine äquivalente Formel gibt, die nur die Operatoren $\land$, $\lor$ und $\rightarrow$ enthält.

Übung 16: Man beweise die folgenden Verallgemeinerungen der deMorganschen Gesetze und der Distributivgesetze.

$$\neg(\bigvee_{i=1}^{n} F_i) \equiv (\bigwedge_{i=1}^{n} \neg F_i)$$

$$\neg(\bigwedge_{i=1}^{n} F_i) \equiv (\bigvee_{i=1}^{n} \neg F_i)$$

$$((\bigvee_{i=1}^{m} F_i) \wedge (\bigvee_{j=1}^{n} G_j)) \equiv (\bigvee_{i=1}^{m}(\bigvee_{j=1}^{n} (F_i \wedge G_j)))$$

$$((\bigwedge_{i=1}^{m} F_i) \vee (\bigwedge_{j=1}^{n} G_j)) \equiv (\bigwedge_{i=1}^{m}(\bigwedge_{j=1}^{n} (F_i \vee G_j)))$$

Übung 17: Man zeige sowohl durch Wahrheitstafeln als auch durch Anwendung obiger Umformungsregeln, dass $((A \vee \neg(B \wedge A)) \wedge (C \vee (D \vee C)))$ äquivalent ist zu $(C \vee D)$.

Übung 18: Man formalisiere die folgenden beiden Aussagen, und zeige dann, dass sie äquivalent sind:

(a) "Wenn das Kind fiebrig ist oder stark hustet und wir erreichen den Arzt, so rufen wir ihn."

(b) "Wenn das Kind fiebrig ist, so rufen wir den Arzt, falls wir ihn erreichen, und, wenn wir den Arzt erreichen, so werden wir ihn, wenn das Kind stark hustet, rufen."

Im folgenden zeigen wir, dass jede – auch noch so kompliziert aussehende – Formel in eine gewisse Normalform überführt werden kann. Mehr noch, obige Umformungsregeln sind dafür ausreichend.

Definition (Normalformen)

Ein *Literal* ist eine atomare Formel oder die Negation einer atomaren Formel. (Im ersten Fall sprechen wir von einem *positiven*, im zweiten von einem *negativen* Literal).

Eine Formel F ist in *konjunktiver Normalform* (**KNF**), falls sie eine Konjunktion von Disjunktionen von Literalen ist:

$$F = (\bigwedge_{i=1}^{n}(\bigvee_{j=1}^{m_i} L_{i,j})),$$

wobei $L_{i,j} \in \{A_1, A_2, \ldots\} \cup \{\neg A_1, \neg A_2, \ldots\}$

Eine Formel F ist in *disjunktiver Normalform* (**DNF**), falls sie eine Disjunktion von Konjunktionen von Literalen ist:

$$F = (\bigvee_{i=1}^{n} (\bigwedge_{j=1}^{m_i} L_{i,j})) \,,$$

$$\text{wobei } L_{i,j} \in \{A_1, A_2, \ldots\} \cup \{\neg A_1, \neg A_2, \ldots\}$$

Satz

Für jede Formel F gibt es eine äquivalente Formel in **KNF** und eine äquivalente Formel in **DNF**.

Beweis (durch Induktion über den Formelaufbau von F):

Induktionsanfang: Falls F eine atomare Formel ist, so ist nichts zu zeigen, denn F liegt dann bereits in **KNF** und in **DNF** vor.

Induktionsschritt: Wir unterscheiden wieder 3 Fälle.

Fall 1: F hat die Form $F = \neg G$

Dann gibt es nach Induktionsannahme zu G äquivalente Formeln G_1 in **KNF** und G_2 in **DNF**. Sei

$$G_1 = (\bigwedge_{i=1}^{n} (\bigvee_{j=1}^{m_i} L_{i,j})) \,.$$

Mehrfaches Anwenden der deMorganschen Regel (auf $\neg G_1$) liefert

$$F \equiv (\bigvee_{i=1}^{n} \neg (\bigvee_{j=1}^{m_i} L_{i,j})) \,,$$

und schließlich

$$F \equiv (\bigvee_{i=1}^{n} (\bigwedge_{j=1}^{m_i} \neg L_{i,j})) \,,$$

woraus wir mittels des Doppelnegationsgesetzes erhalten:

$$F \equiv (\bigvee_{i=1}^{n} (\bigwedge_{j=1}^{m_i} \overline{L_{i,j}})) \,,$$

$$\text{wobei } \overline{L_{i,j}} = \begin{cases} A_k & \text{falls } L_{i,j} = \neg A_k \\ \neg A_k & \text{falls } L_{i,j} = A_k \,. \end{cases}$$

Damit haben wir eine zu F äquivalente Formel in **DNF** erhalten. Analog erhält man aus G_2 eine zu F äquivalente Formel in **KNF**.

Fall 2: F hat die Form $F = (G \vee H)$.

Nach der Induktionsannahme gibt es zu G und H jeweils äquivalente Formeln in **KNF** und in **DNF**.

Um eine zu F äquivalente Formel in **DNF** zu erhalten, verknüpfen wir die **DNF**-Formeln zu G und H mittels $\vee$. Mehrfaches Anwenden des Assoziativgesetzes liefert schließlich die gewünschte Linksklammerung.

Um eine zu F äquivalente **KNF**-Formel zu erhalten, wähle man zunächst nach Induktionsannahme zu G und H äquivalente Formeln in **KNF**.

$$G \equiv (\bigwedge_{i=1}^{n} G_i)$$

$$H \equiv (\bigwedge_{l=1}^{k} H_l)$$

Hierbei sind die G_i und H_l Disjunktionen von Literalen. Mittels (verallgemeinerter) Distributivität (vgl. Übung 16) und Assoziativität erhalten wir dann:

$$F \equiv (\bigwedge_{i=1}^{n}(\bigwedge_{l=1}^{k}(G_i \vee H_l)))$$

Durch weitere Anwendung des Assoziativgesetzes erhält diese Formel die gewünschte Bauart

$$F \equiv (\bigwedge_{i=1}^{n \cdot k} F_i)$$

wobei die F_i Disjunktionen von Literalen sind. Evtl. vorkommende identische Disjunktionen, oder identische Literale innerhalb einer Disjunktion können nun mittels der Idempotenzgesetze eliminiert werden.

Falls einige Disjunktionen Tautologien darstellen (z.B. $(A_i \vee \neg A_i)$), so können diese noch mittels der Tautologieregel beseitigt werden. Damit erhalten wir eine zu F äquivalente Formel in **KNF**.

Fall 3: F hat die Form $F = (G \wedge H)$.

Der Beweis verläuft sinngemäß zu *Fall 2*.   ∎

Im Induktionsbeweis des vorigen Satzes verbirgt sich ein rekursiver Algorithmus zur Herstellung sowohl von **KNF**- wie auch **DNF**-Formeln. Eine etwas direktere Umformungsmethode zur Herstellung der **KNF** ist die folgende:

Gegeben: eine Formel F.

1. Ersetze in F jedes Vorkommen einer Teilformel der Bauart

$$\neg\neg G \quad \text{durch} \quad G\,,$$
$$\neg(G \wedge H) \quad \text{durch} \quad (\neg G \vee \neg H)\,,$$
$$\neg(G \vee H) \quad \text{durch} \quad (\neg G \wedge \neg H)\,,$$

bis keine derartige Teilformel mehr vorkommt.

2. Ersetze jedes Vorkommen einer Teilformel der Bauart

$$(F \vee (G \wedge H)) \quad \text{durch} \quad ((F \vee G) \wedge (F \vee H))\,,$$
$$((F \wedge G) \vee H) \quad \text{durch} \quad ((F \vee H) \wedge (G \vee H))\,,$$

bis keine derartige Teilformel mehr vorkommt.

Die resultierende Formel ist nun in **KNF** (es kommen evtl. noch überflüssige, aber zulässige Disjunktionen vor, die Tautologien sind).

Eine weitere Methode zur Herstellung von **KNF** bzw. **DNF** bietet sich an, sofern von der Formel F eine Wahrheitstafel vorliegt.

In diesem Fall kann eine **DNF**- oder **KNF**-Formel sozusagen direkt abgelesen werden. Um eine zu F äquivalente **DNF**-Formel zu erhalten, gehe man wie folgt vor: Jede Zeile der Wahrheitstafel mit Wahrheitswert 1 trägt zu einem Konjunktionsglied bei. Die Literale dieser Konjunktion bestimmen sich wie folgt: Falls die Belegung von A_i in der betreffenden Zeile 1 ist, so wird A_i als Literal eingesetzt, sonst $\neg A_i$.

Um eine zu F äquivalente **KNF**-Formel zu erhalten, vertausche man in obiger Anleitung die Rollen von 0 und 1, sowie von Konjunktion und Disjunktion.

Beispiel: Eine Formel F habe die Wahrheitstafel

A	B	C	F
0	0	0	1
0	0	1	0
0	1	0	0
0	1	1	0
1	0	0	1
1	0	1	1
1	1	0	0
1	1	1	0

dann lesen wir folgende zu F äquivalente **DNF**-Formel ab

$$(\neg A \wedge \neg B \wedge \neg C) \vee (A \wedge \neg B \wedge \neg C) \vee (A \wedge \neg B \wedge C) \,,$$

und folgende **KNF**-Formel

$$(A \vee B \vee \neg C) \wedge (A \vee \neg B \vee C) \wedge$$
$$(A \vee \neg B \vee \neg C) \wedge (\neg A \vee \neg B \vee C) \wedge (\neg A \vee \neg B \vee \neg C) \,.$$

Übung 19: Von der folgenden Formel erzeuge man (mittels Umformung und mittels Wahrheitstafel) eine äquivalente **DNF**- und **KNF**-Formel

$$((\neg A \rightarrow B) \wedge ((A \wedge \neg C) \leftrightarrow B)) \,.$$

Man beachte, dass die **DNF**- oder **KNF**-Formeln, die mit obigen Methoden erzeugt werden, nicht notwendigerweise die kürzestmöglichen sind. Dieses Problem, möglichst kurze konjunktive oder disjunktive Normalformen einer gegebenen Formel herzustellen, ist vor allem für die Digitaltechnik interessant und soll hier nicht behandelt werden.

Man beachte ferner, dass der Umformungsprozess in eine **KNF**- oder **DNF**-Formel diese exponentiell aufblähen kann. Aus einer Ausgangsformel der Länge n kann bei diesem Umformungsprozess eine Formel entstehen, deren Länge in der Größenordnung von 2^n liegt. Der Grund liegt in der Anwendung des Distributivgesetzes, welches die Formellänge in etwa verdoppelt. Eine Formel mit kurzer **DNF**-Darstellung hat i.a. eine lange **KNF**-Darstellung und umgekehrt.

Übung 20: Man zeige, dass es zu jeder Formel F eine (effizient konstruierbare) Formel G in **KNF** gibt, so dass jedes Konjunktionsglied von G höchstens 3 Literale enthält, und es gilt: F ist erfüllbar genau dann, wenn G erfüllbar ist. (Es ist also nicht die Äquivalenz von F und G behauptet!). Ferner ist die Länge von G *linear* in der Länge von F. (Es liegt hier also kein exponentielles Aufblähen vor).

Hinweis: Die atomaren Formeln von G bestehen aus denjenigen von F und zusätzlichen atomaren Formeln, die jeweils den inneren Knoten des Strukturbaums von F zugeordnet sind.

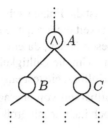

In dieser Situation würde G eine Teilformel folgender Art (umgeformt in **KNF**) enthalten.

$$\cdots \wedge (A \leftrightarrow (B \wedge C)) \wedge \cdots$$

Der Leser möge die Details vervollständigen.

1.3 Hornformeln

Einen in der Praxis wichtigen und häufig auftretenden Spezialfall stellen die Hornformeln dar (benannt nach dem Logiker Alfred Horn).

Definition (Hornformeln)
Eine Formel F ist eine *Hornformel*, falls F in **KNF** ist, und jedes Disjunktionsglied in F höchstens ein positives Literal enthält.

Beispiel: Eine Hornformel ist:

$$F = (A \vee \neg B) \wedge (\neg C \vee \neg A \vee D) \wedge (\neg A \vee \neg B) \wedge D \wedge \neg E$$

Keine Hornformel ist:

$$G = (A \vee \neg B) \wedge (C \vee \neg A \vee D).$$

Hornformeln können anschaulicher als Konjunktionen von Implikationen geschrieben werden (prozedurale Deutung). Im obigen Beispiel ist

$$F \equiv (B \rightarrow A) \wedge (C \wedge A \rightarrow D) \wedge (A \wedge B \rightarrow 0) \wedge (1 \rightarrow D) \wedge (E \rightarrow 0).$$

Hierbei steht 0 für eine beliebige unerfüllbare Formel und 1 für eine beliebige Tautologie. Man mache sich anhand von Übung 3 und der Definition von "$\rightarrow$" klar, dass die obige Formel tatsächlich äquivalent zu F ist.

Ein Grundthema dieses Buches ist die Frage nach einem algorithmischen Test für die Gültigkeit oder Erfüllbarkeit einer gegebenen Formel. Es genügt, sich auf Unerfüllbarkeitstests zu beschränken, da eine Formel F gültig ist genau dann, wenn $\neg F$ unerfüllbar ist. (Um die Gültigkeit von F festzustellen, gebe man einfach $\neg F$ in einen Unerfüllbarkeitstest ein).

Die Erfüllbarkeit oder Unerfüllbarkeit von aussagenlogischen Formeln lässt sich grundsätzlich immer, jedoch i.a. nur mit großem Aufwand, mittels Wahrheitstafeln durchführen.

Für Hornformeln gibt es jedoch einen sehr effizienten Erfüllbarkeitstest, der wie folgt arbeitet:

Eingabe: eine Hornformel F.

1. Versehe jedes Vorkommen einer atomaren Formel A in F mit einer Markierung, falls es in F eine Teilformel der Form $(1 \to A)$ gibt;

2. **while** es gibt in F eine Teilformel G der Form $(A_1 \wedge \cdots \wedge A_n \to B)$ oder $(A_1 \wedge \cdots \wedge A_n \to 0)$, $n \geq 1$, wobei $A_1, \ldots, A_n$ bereits markiert sind (und B noch nicht markiert ist) **do**
   if G hat die erste Form **then**
       markiere jedes Vorkommen von B
   else gib "unerfüllbar" aus und stoppe;

3. Gib "erfüllbar" aus und stoppe. (Die erfüllende Belegung wird hierbei durch die Markierung gegeben: $\mathcal{A}(A_i) = 1$ gdw. A_i hat eine Markierung).

Satz

Obiger Markierungsalgorithmus ist (für Hornformeln als Eingabe) korrekt und stoppt immer nach spätestens n Markierungsschritten (n = Anzahl der atomaren Formeln in F).

Beweis: Zunächst ist es klar, dass nicht mehr atomare Formeln markiert werden können als vorhanden sind, und deshalb nach spätestens n Markierungsschritten entweder die Ausgabe "erfüllbar" oder "unerfüllbar" erreicht wird.

Zur Korrektheit des Algorithmus' beobachten wir zunächst, dass für jedes Modell $\mathcal{A}$ für die Eingabeformel F (sofern überhaupt ein Modell für F existiert) gilt, dass für die im Laufe des Verfahrens markierten atomaren Formeln A_i $\mathcal{A}(A_i) = 1$ gelten muss . Dies ist unmittelbar einleuchtend im Schritt 1 des Algorithmus', da eine **KNF**-Formel nur dann den Wert 1 unter einer Belegung $\mathcal{A}$ erhalten kann, wenn *alle* Disjunktionen den Wert 1 unter $\mathcal{A}$ erhalten. Falls eine Disjunktion, wie im Schritt 1, nur aus einem positiven Literal besteht, so muss dieses notwendigerweise mit 1 belegt werden. Damit ergibt sich auch die Notwendigkeit, im Schritt 2 alle atomaren Formeln B mit 1 zu belegen, sofern $(A_1 \wedge \cdots \wedge A_n \to B)$ in F vorkommt, und $A_1, \ldots, A_n$ bereits markiert sind. Diese Überlegung zeigt auch, dass im Schritt 2 korrekterweise "unerfüllbar" ausgegeben wird, sofern $(A_1 \wedge \cdots \wedge A_n \to 0)$ vorkommt und $A_1, \ldots, A_n$ markiert sind.

Falls der Markierungsprozess in Schritt 2 erfolgreich zu Ende kommt, so liefert Schritt 3 korrekterweise die Ausgabe "erfüllbar" und die Markierung liefert ein entsprechendes Modell $\mathcal{A}$ für F.

Dies sieht man wie folgt: Sei G ein beliebiges Disjunktionsglied in F. Falls G eine atomare Formel ist, so wird bereits in Schritt 1 $\mathcal{A}(G) = 1$ gesetzt. Falls G die Form $(A_1 \wedge \cdots \wedge A_n \to B)$ hat, so sind entweder alle atomaren Formeln in G, insbesondere B, mit 1 belegt (wegen Schritt 2) und damit $\mathcal{A}(G) = 1$, oder für mindestens ein j mit $1 \leq j \leq n$ gilt $\mathcal{A}(A_j) = 0$. Auch in diesem Fall folgt $\mathcal{A}(G) = 1$. Falls G die Form $(A_1 \wedge \cdots \wedge A_n \to 0)$ hat, so muss für mindestens ein j mit $1 \leq j \leq n$ gelten $\mathcal{A}(A_j) = 0$ (da in Schritt 2 nicht "unerfüllbar" ausgegeben wurde), und damit folgt gleichfalls $\mathcal{A}(G) = 1$. ∎

Man beachte, dass aus dem obigen Beweis hervorgeht, dass der Markierungsalgorithmus das *kleinste Modell* $\mathcal{A}$ für F konstruiert (falls existent). Das heißt, dass für alle Modelle $\mathcal{A}'$ und alle atomaren Formeln B in F gilt: $\mathcal{A}(B) \leq \mathcal{A}'(B)$. (Hierbei ist die Ordnung $0 < 1$ vorausgesetzt).

Weiterhin beobachten wir, dass jede Hornformel erfüllbar ist, sofern sie keine Teilformel der Bauart $(A_1 \wedge \cdots \wedge A_n \to 0)$ enthält. Es sind genau diese Teilformeln, die in Schritt 2 möglicherweise zu der Ausgabe "unerfüllbar" führen. (Wir werden diese Klauseln später *Zielklauseln* nennen).

Gleichfalls ist jede Hornformel erfüllbar, sofern sie keine Teilformel der Form $(1 \to A)$ enthält. In diesem Fall würde die **while**-Schleife nicht betreten werden.

Übung 21: Man wende den Markierungsalgorithmus auf die Formel

$$F = (\neg A \vee \neg B \vee \neg D) \wedge \neg E \wedge (\neg C \vee A) \wedge C \wedge B \wedge (\neg G \vee D) \wedge G$$

an. (Man beachte, dass die Wahrheitstafel für diese Formel $2^6 = 64$ Zeilen hat!)

Übung 22: Man gebe eine Formel an, zu der es keine äquivalente Hornformel gibt und begründe, warum dies so ist.

Übung 23: Angenommen, uns stehen die Apparaturen zur Verfügung, um die folgenden chemischen Reaktionen durchzuführen:

$$MgO + H_2 \ \rightarrow \ Mg + H_2O$$
$$C + O_2 \ \rightarrow \ CO_2$$
$$H_2O + CO_2 \ \rightarrow \ H_2CO_3$$

Ferner sind in unserem Labor folgende Grundstoffe vorhanden: MgO, H_2, O_2 und C. Man beweise (durch geeignete Anwendung des Hornformel-Algorithmus), dass es unter diesen Voraussetzungen möglich ist, H_2CO_3 herzustellen!

1.4   Endlichkeitssatz

Wir werden in diesem Abschnitt einen wichtigen Satz beweisen, dessen Bedeutsamkeit vielleicht im Moment noch nicht einleuchten wird. Im zweiten Kapitel wird dieser Satz jedoch eine wichtige Rolle spielen.

Satz (Endlichkeitssatz, compactness theorem)
Eine Menge $\mathbf{M}$ von Formeln ist erfüllbar genau dann, wenn jede der endlichen Teilmengen von $\mathbf{M}$ erfüllbar ist.

Beweis: Jedes Modell für $\mathbf{M}$ ist trivialerweise auch ein Modell für jede beliebige Teilmenge von $\mathbf{M}$, insbesondere auch für jede endliche. Die Richtung von links nach rechts ist also klar.

Sei also umgekehrt angenommen, dass jede endliche Teilmenge von $\mathbf{M}$ erfüllbar ist, also ein Modell besitzt. Unsere Aufgabe besteht nun darin, aus dieser Vielzahl von Modellen für die endlichen Teilmengen ein einziges Modell für $\mathbf{M}$ zu konstruieren. Für jedes $n \geq 1$ sei $\mathbf{M_n}$ die Menge der Formeln in $\mathbf{M}$, die nur die atomaren Formeln $A_1, \ldots, A_n$ enthalten. Obwohl $\mathbf{M_n}$ im Allgemeinen eine unendliche Menge sein kann, gibt es höchstens $k \leq 2^{2^n}$ verschiedene Formeln $F_1, \ldots, F_k$ in $\mathbf{M_n}$, die paarweise zueinander nicht äquivalent sind, denn es gibt genau 2^{2^n} verschiedene Wahrheitstafeln mit den atomaren Formeln $A_1, \ldots, A_n$.

Mit anderen Worten, für jede Formel $F \in \mathbf{M_n}$ gibt es ein $i \leq k$ mit $F \equiv F_i$. Jedes Modell für $\{F_1, \ldots, F_k\}$ ist somit auch Modell für $\mathbf{M_n}$. Nach Voraussetzung besitzt $\{F_1, \ldots, F_k\}$ ein Modell, denn diese Menge ist endlich. Wir nennen dieses Modell $\mathcal{A}_n$. Wir bemerken ferner, dass $\mathcal{A}_n$ gleichfalls Modell für $\mathbf{M_1}, \mathbf{M_2}, \ldots, \mathbf{M_{n-1}}$ ist, denn $\mathbf{M_1} \subseteq \cdots \subseteq \mathbf{M_{n-1}} \subseteq \mathbf{M_n}$. Das gesuchte

Modell $\mathcal{A}$ für **M** konstruieren wir nun stufenweise wie folgt: Wir starten mit $\mathcal{A} = \emptyset$ und erweitern den Definitionsbereich von $\mathcal{A}$ in der n-ten Stufe um A_n. Hierbei verwenden wir die hier einfacher zu handhabende Mengennotation für Funktionen, und schreiben z.B. $(A_n, 1) \in \mathcal{A}$ anstelle von $\mathcal{A}(A_n) = 1$. In der Konstruktion kommt ferner eine Indexmenge I vor, die in jeder Stufe verändert wird. Die Konstruktion durchläuft nun die Stufen 0,1,2,3,... und am "Ende" ist $\mathcal{A}$ vollständig definiert. Um z.B. festzustellen, ob $\mathcal{A}(A_n) = 0$ oder $\mathcal{A}(A_n) = 1$, muss man die Stufen 0,1,...,n nachvollziehen. Es folgt die Konstruktion.

Stufe 0:

$\mathcal{A} := \emptyset;$
$I := \{1, 2, 3, \ldots\}.$

Stufe $n > 0$:

if es gibt unendlich viele Indizes $i \in I$
  mit $\mathcal{A}_i(A_n) = 1$ **then**
  begin
    $\mathcal{A} := \mathcal{A} \cup \{(A_n, 1)\};$
    $I := I - \{i \mid \mathcal{A}_i(A_n) \neq 1\}$
  end
else
  begin
    $\mathcal{A} := \mathcal{A} \cup \{(A_n, 0)\};$
    $I := I - \{i \mid \mathcal{A}_i(A_n) \neq 0\}$
  end.

Da in jeder Stufe n die Belegung $\mathcal{A}$ entweder um $(A_n, 0)$ oder $(A_n, 1)$ (aber nie beides) erweitert wird, ist $\mathcal{A}$ eine wohldefinierte Funktion mit Definitionsbereich $\{A_1, A_2, A_3, \ldots\}$ und Wertebereich $\{0, 1\}$.

Wir zeigen nun, dass $\mathcal{A}$ ein Modell für **M** ist. Sei also F eine beliebige Formel in **M**. In F können nur endlich viele atomare Formeln vorkommen, sagen wir bis zum Index l, also $A_1, A_2, \ldots, A_l$. Das heißt also, F ist Element von $\mathbf{M}_l \subseteq \mathbf{M}_{l+1} \subseteq \cdots$ und jede der Belegungen $\mathcal{A}_l, \mathcal{A}_{l+1}, \ldots$ ist Modell für F. Die Konstruktion von $\mathcal{A}$ ist nun so angelegt, dass in jeder Stufe die Indexmenge I zwar "ausgedünnt" wird, dass aber I nie endlich werden kann. Das heißt, auch nach Stufe l verbleiben unendlich viele Indizes i in I, natürlich auch solche mit $i \geq l$. Für all diese i gilt: $\mathcal{A}_i(A_1) = \mathcal{A}(A_1), \cdots, \mathcal{A}_i(A_l) = \mathcal{A}(A_l)$, und deshalb ist $\mathcal{A}$ Modell für F. ∎

Man beachte eine Besonderheit im obigen Beweis: er ist nicht-konstruktiv. Die *Existenz* des Modells $\mathcal{A}$ wird durch den Beweis zwar gezeigt, aber die **if**-Bedingung in der "Konstruktion" ist nicht algorithmisch in endlicher Zeit nachprüfbar. Das heißt, es gibt keinen Algorithmus, der $\mathcal{A}$ tatsächlich effektiv konstruiert. Es ist lediglich eine gedankliche Konstruktion: entweder ist die **if**-Bedingung erfüllt oder ihr Gegenteil, und dementsprechend soll die "Konstruktion" fortfahren; "programmieren" können wir dies allerdings nicht.

Auf andere Weise formuliert besagt der Endlichkeitssatz, dass eine (evtl. unendliche) Formelmenge $\mathbf{M}$ *unerfüllbar* ist genau dann, wenn bereits eine endliche Teilmenge $\mathbf{M}'$ von $\mathbf{M}$ unerfüllbar ist. In dieser Form werden wir den Endlichkeitssatz später anwenden (Kapitel 2.4).

Diese Anwendung des Endlichkeitssatzes geschieht in folgendem Zusammenhang: Nehmen wir an, die Formelmenge $\mathbf{M}$ kann durch einen algorithmischen Prozess aufgezählt werden (m.a.W., $\mathbf{M}$ ist rekursiv aufzählbar):

$$\mathbf{M} = \{F_1, F_2, F_3, \ldots\}$$

Dann kann die Unerfüllbarkeit von $\mathbf{M}$ so getestet werden, dass immer größere endliche Anfangsabschnitte von $\mathbf{M}$ erzeugt werden und auf Unerfüllbarkeit getestet werden. Aufgrund des Endlichkeitssatzes ist $\mathbf{M}$ unerfüllbar genau dann, wenn dieser so beschriebene Algorithmus irgendwann Erfolg hat.

Man beachte, dass ein ähnlicher Test für die *Erfüllbarkeit* nicht unbedingt existieren muss (und im Allgemeinen tatsächlich nicht existiert).

Übung 24: Sei $\mathbf{M}$ eine unendliche Formelmenge, so dass jede endliche Teilmenge von $\mathbf{M}$ erfüllbar ist. In keiner Formel $F \in \mathbf{M}$ komme die atomare Formel A_{723} vor, und daher sei angenommen, dass keines der Modelle $\mathcal{A}_n$ in der Konstruktion des Endlichkeitssatzes auf A_{723} definiert ist. Man gebe an, welchen Wert A_{723} dann unter der im Endlichkeitssatz konstruierten Belegung $\mathcal{A}$ erhält.

Übung 25: Man beweise (unter Verwendung des Endlichkeitssatzes), dass $\mathbf{M} = \{F_1, F_2, F_3, \ldots\}$ erfüllbar ist genau dann, wenn für unendlich viele n $(\bigwedge_{i=1}^{n} F_i)$ erfüllbar ist.

Übung 26: Eine Formelmenge $\mathbf{M}_0$ heißt ein *Axiomensystem* für eine Formelmenge $\mathbf{M}$, falls

$$\{\mathcal{A} | \mathcal{A} \text{ ist Modell für } \mathbf{M}_0\} = \{\mathcal{A} | \mathcal{A} \text{ ist Modell für } \mathbf{M}\}.$$

$\mathbf{M}$ heißt *endlich axiomatisierbar*, falls es ein endliches Axiomensystem für $\mathbf{M}$ gibt. Es sei $\{F_1, F_2, F_3, \ldots\}$ ein Axiomensystem für eine gewisse Menge $\mathbf{M}$, wobei für $n = 1, 2, 3, \ldots$ gilt: $\models (F_{n+1} \to F_n)$ und $\not\models (F_n \to F_{n+1})$. Man zeige: **M** ist nicht endlich axiomatisierbar.

Übung 27: Sei **L** eine beliebige *unendliche* Menge von natürlichen Zahlen, dargestellt als Binärzahlen. (Zum Beispiel die Primzahlen: $L = \{10, 11, 101, 111, 1011, \ldots\}$). Man beweise, dass es eine unendliche Folge $w_1, w_2, w_3, \ldots$ von paarweise verschiedenen Binärzahlen gibt, so dass w_i Anfangsstück von w_{i+1} und von mindestens einem Element aus **L** ist ($i = 1, 2, 3, \ldots$).

1.5 Resolution

Die Resolution ist eine einfach anzuwendende *syntaktische* Umformungsregel. Hierbei wird in einem Schritt aus zwei Formeln, sofern sie die Voraussetzungen für die Anwendungen der Resolutionsregel erfüllen, eine dritte Formel generiert, die dann als Eingabe in weitere Resolutionsschritte dienen kann, usw.

Eine Kollektion solcher rein "mechanisch" anzuwendender syntaktischer Umformungsregeln nennen wir einen *Kalkül*. Kalküle bieten sich wegen ihrer einfachen mechanistischen Arbeitsweise direkt für die algorithmische Implementierung per Computer an. Im Falle des Resolutionskalküls gibt es sogar nur eine einzige Umformungsregel, die wir weiter unten beschreiben werden.

Die Definition eines Kalküls hat nur dann einen Sinn, wenn man dessen *Korrektheit* und *Vollständigkeit* (in Bezug auf die betrachtete Aufgabenstellung) nachweisen kann.

Die zugrundeliegende Aufgabenstellung soll hier darin liegen, die *Unerfüllbarkeit* einer gegebenen Formelmenge nachzuweisen. Korrektheit bedeutet dann, dass keine erfüllbare Formelmenge durch den Kalkül als vermeintlich unerfüllbar nachgewiesen werden kann, und Vollständigkeit bedeutet umgekehrt, dass jede unerfüllbare Formelmenge durch den Kalkül als solche nachgewiesen werden kann.

Wie schon erwähnt, können wir uns auf Unerfüllbarkeitstests beschränken, denn viele andere Aufgabenstellungen können auf einen Unerfüllbarkeitstest zurückgeführt werden: Um z.B. zu testen, ob eine Formel F eine Tautologie ist, genügt es $\neg F$ auf Unerfüllbarkeit zu testen. Eine noch häufiger vorkommende Fragestellung ist: Folgt die Formel G aus einer gegebenen Formelmenge $\{F_1, F_2, \ldots, F_k\}$? Wir wissen, dass dies gleichwertig ist (Übung 3) mit der Frage, ob $F_1 \wedge F_2 \wedge \cdots \wedge F_k \wedge \neg G$ unerfüllbar ist, und damit haben wir obige Frage wieder auf einen Unerfüllbarkeitstest zurückgeführt.

Voraussetzung für die Anwendung der Resolution ist, dass die Formel (oder Formelmenge) in **KNF** vorliegt, d.h. die Formel muss gegebenenfalls erst in **KNF** umgeformt werden (vgl. hierzu auch Übung 20). Sei also

$$F = (L_{1,1} \vee \cdots \vee L_{1,n_1}) \wedge \cdots \wedge (L_{k,1} \vee \cdots \vee L_{k,n_k}),$$

wobei die $L_{i,j}$ *Literale* sind, also $L_{i,j} \in \{A_1, A_2, \cdots\} \cup \{\neg A_1, \neg A_2, \cdots\}$.
Für die Anwendung der Resolution ist es vorteilhaft, Formeln in **KNF** als *Mengen* von sog. *Klauseln* darzustellen:

$$F = \{\{L_{1,1}, \ldots, L_{1,n_1}\}, \ldots, \{L_{k,1}, \ldots, L_{k,n_k}\}\}$$

Jedes Element von F, welches wiederum eine Menge ist, heißt *Klausel*. Die Klauseln (deren Elemente die Literale sind) entsprechen nun also den Disjunktionsgliedern.

Da die Elemente einer Menge keine Rangordnung haben, und mehrfach auftretende Elemente zu einem einzigen Element verschmelzen, sind Vereinfachungen, die sich durch Assoziativität, Kommutativität oder Idempotenz ergeben, sozusagen "automatisch" bereitgestellt durch die Mengennotation.

Die folgenden, äquivalenten **KNF**-Formeln besitzen alle dieselbe Mengendarstellung, nämlich $\{\{A_3\}, \{A_1, \neg A_2\}\}$:

$$((A_1 \vee \neg A_2) \wedge (A_3 \vee A_3))$$
$$(A_3 \wedge (\neg A_2 \vee A_1))$$
$$(A_3 \wedge ((\neg A_2 \vee \neg A_2) \vee A_1))$$

usw.

Wir werden im Folgenden die einer **KNF**-Formel F zugeordnete Klauselmenge auch mit F bezeichnen, um die Notation einfach zu halten. Der Zusammenhang zwischen Formeln und Mengen ist natürlich keine eindeutige Abbildung. Umgekehrt werden wir auch Klauselmengen wie Formeln behandeln, und z.B. Begriffe wie Äquivalenz oder Erfüllbarkeit auf Klauselmengen anwenden.

Definition
Seien K_1, K_2 und R Klauseln. Dann heißt R *Resolvent* von K_1 und K_2, falls es ein Literal L gibt mit $L \in K_1$ und $\overline{L} \in K_2$ und R die Form hat:

$$R = (K_1 - \{L\}) \cup (K_2 - \{\overline{L}\}).$$

Hierbei ist $\overline{L}$ definiert als

$$\overline{L} = \begin{cases} \neg A_i & \text{falls } L = A_i \, , \\ A_i & \text{falls } L = \neg A_i \, . \end{cases}$$

Wir stellen diesen Sachverhalt durch folgendes Diagramm dar (Sprechweise: R wird aus K_1, K_2 nach L resolviert).

Wir vereinbaren ferner, dass die leere Menge, die ebenfalls als Resolvent auftreten kann (falls $K_1 = \{L\}$ und $K_2 = \{\overline{L}\}$ für ein Literal L) mit dem speziellen Symbol $\square$ bezeichnet wird. Dieses Symbol wird verwendet, um eine unerfüllbare Formel zu bezeichnen. Eine Klauselmenge, die $\square$ als Element enthält, wird somit (per Definition) als unerfüllbar erklärt.

Es folgen einige Beispiele für Resolutionen.

$$\{A_3, \neg A_4, A_1\} \qquad \{A_4, \neg A_1\}$$
$$\{A_3, A_1, \neg A_1\}$$

$$\{A_3, \neg A_4, A_1\} \qquad \{A_4, \neg A_1\}$$
$$\{A_3, \neg A_4, A_4\}$$

$$\{A_{17}\} \qquad \{\neg A_{17}\}$$
$$\square$$

Übung 28: Man gebe sämtliche Resolventen an, die aus den Klauseln der Klauselmenge

$$\{\{A, \neg B, E\}, \{A, B, C\}, \{\neg A, \neg D, E\}, \{A, \neg C\}\}$$

gewonnen werden können.

Übung 29: Kann bei der Resolution zweier Hornformeln eine Formel entstehen, die keine Hornformel ist?

Resolutions-Lemma

Sei F eine Formel in **KNF**, dargestellt als Klauselmenge. Ferner sei R ein Resolvent zweier Klauseln K_1 und K_2 in F. Dann sind F und $F \cup \{R\}$ äquivalent.

Beweis: Sei $\mathcal{A}$ eine zu F (und damit auch zu $F \cup \{R\}$) passende Belegung. Falls $\mathcal{A} \models F \cup \{R\}$, dann gilt natürlich (erst recht) $\mathcal{A} \models F$.

Sei also umgekehrt angenommen, dass $\mathcal{A} \models F$, d.h. also für alle Klauseln $K \in F$ gilt $\mathcal{A} \models K$. Der Resolvent R habe die Form $R = (K_1 - \{L\}) \cup (K_2 - \{\overline{L}\})$ mit $K_1, K_2 \in F$ und $L \in K_1, \overline{L} \in K_2$.

Fall 1: $\mathcal{A} \models L$.
Dann folgt wegen $\mathcal{A} \models K_2$ und $\mathcal{A} \not\models \overline{L}$, dass $\mathcal{A} \models (K_2 - \{\overline{L}\})$, und damit $\mathcal{A} \models R$.

Fall 2: $\mathcal{A} \not\models L$.
Dann folgt wegen $\mathcal{A} \models K_1$, dass $\mathcal{A} \models (K_1 - \{L\})$ und damit $\mathcal{A} \models R$.   ∎

Definition

Sei F eine Klauselmenge. Dann ist $Res(F)$ definiert als

$$Res(F) = F \cup \{R \mid R \text{ ist Resolvent zweier Klauseln in } F\}.$$

Außerdem setzen wir:

$$
\begin{aligned}
Res^0(F) &= F \\
Res^{n+1}(F) &= Res(Res^n(F)) \text{ für } n \geq 0 \,.
\end{aligned}
$$

und schließlich sei

$$Res^*(F) = \bigcup_{n \geq 0} Res^n(F) \,.$$

Übung 30: Man bestimme für folgende Klauselmenge F die Mengen $Res^n(F)$, wobei $n = 0, 1, 2$.

$$F = \{\{A, \neg B, C\}, \{B, C\}, \{\neg A, C\}, \{B, \neg C\}, \{\neg C\}\}$$

Übung 31: Man beweise, dass es für jede endliche Klauselmenge F ein $k \geq 0$ gibt mit

$$Res^k(F) = Res^{k+1}(F) = \ldots = Res^*(F).$$

Wovon hängt k ab?

Übung 32: Sei F eine Klauselmenge mit m Klauseln, in der höchstens die atomaren Formeln $A_1, A_2, \ldots, A_n$ vorkommen. Wie groß ist $|Res^*(F)|$ maximal?

Wir kommen nun zum Beweis der Korrektheit und der Vollständigkeit des Resolutionskalküls (in Bezug auf die Frage, ob eine gegebene Formel *unerfüllbar* ist). Man spricht deshalb auch von *Widerlegungsvollständigkeit*.

Resolutionssatz (der Aussagenlogik)
Eine Klauselmenge F ist unerfüllbar genau dann, wenn $\square \in Res^*(F)$.

Beweis: (Korrektheit) Sei angenommen, $\square \in Res^*(F)$. Die leere Klausel $\square$ kann nur durch Resolution zweier Klauseln K_1 und K_2 mit $K_1 = \{L\}$ und $K_2 = \{\overline{L}\}$ entstanden sein. Aus dem Resolutionslemma folgt, dass

$$F \equiv Res^1(F) \equiv Res^2(F) \equiv \cdots \equiv Res^n(F) \equiv \cdots$$

Da $\square$ in $Res^*(F)$ enthalten ist, ist für ein $n \geq 0$, $\square \in Res^n(F)$, und damit auch $K_1, K_2 \in Res^n(F)$. Da es kein Modell gibt, das sowohl K_1 als auch K_2 erfüllt, ist $Res^n(F)$ unerfüllbar. Und da $Res^n(F) \equiv F$, ist F unerfüllbar.

(Vollständigkeit) Angenommen, F ist unerfüllbar. Sollte F eine unendliche Formelmenge sein, so können wir uns im Folgenden aufgrund des Endlichkeitssatzes auf eine endliche unerfüllbare Teilmenge von F beschränken. Wir zeigen nun, dass $\square \in Res^*(F)$ durch Induktion über die Anzahl n der in F (bzw. dieser endlichen Teilmenge von F) vorkommenden atomaren Formeln.

Induktionsanfang: Falls $n = 0$, so kann nur $F = \{\square\}$ sein, und somit ist $\square \in F \subseteq Res^*(F)$.

Induktionsschritt: Sei n beliebig, aber fest. Es sei angenommen, dass für jede unerfüllbare Klauselmenge G, die nur die atomaren Formeln $A_1, A_2, \ldots, A_n$ enthält, gilt $\square \in Res^*(G)$. Sei nun F eine Klauselmenge mit den atomaren Formeln $A_1, \ldots, A_{n+1}$. Wir erhalten aus F zwei neue Klauselmengen F_0 und F_1 wie folgt.

F_0 entsteht aus F, indem jedes Vorkommen von A_{n+1} in einer Klausel gestrichen wird, und bei Vorkommen von $\neg A_{n+1}$ in einer Klausel die gesamte Klausel gestrichen wird. (F_0 entsteht also aus F, indem die Belegung von A_{n+1} mit 0 fixiert wird.)

F_1 wird analog definiert, nur mit den Rollen von A_{n+1} und $\neg A_{n+1}$ vertauscht.

Wir zeigen nun, dass F_0 und F_1 unerfüllbar sein müssen. Angenommen, es gibt eine Belegung $\mathcal{A} : \{A_1, \ldots, A_n\} \to \{0, 1\}$, die F_0 erfüllt, dann ist aber $\mathcal{A}'$ Modell für F, wobei

$$\mathcal{A}'(B) = \begin{cases} \mathcal{A}(B) & \text{falls } B \in \{A_1, \ldots, A_n\} \\ 0 & \text{falls } B = A_{n+1}. \end{cases}$$

Dies steht im Widerspruch zur Unerfüllbarkeit von F. Analog zeigt man, dass F_1 unerfüllbar ist.

Somit ist auf F_0 und auf F_1 die Induktionsvoraussetzung anwendbar, und es gilt somit $\square \in Res^*(F_0)$ und $\square \in Res^*(F_1)$. Dies heißt insbesondere, dass es Klauseln $K_1, K_2, \ldots, K_m$ geben muss mit:

$K_m = \square$,
und für $i = 1, \ldots, m$ gilt:
$K_i \in F_0$ oder K_i ist Resolvent zweier Klauseln K_a, K_b mit $a, b < i$.

Analog muss eine solche Folge $K'_1, K'_2, \ldots, K'_t$ für F_1 existieren.

Einige der Klauseln K_i entstanden aus Klauseln in F, wobei das Vorkommen des Literals A_{n+1} gestrichen wurde. Indem wir nun die ursprünglichen Klauseln $K_i \cup \{A_{n+1}\}$ wiederherstellen, und A_{n+1} bei den Resolutionsschritten mitführen, entsteht aus obiger Folge $K_1, K_2, \ldots, K_m$ eine neue Folge, die bezeugt, dass $\{A_{n+1}\} \in Res^*(F)$. (Oder es gilt nach wie vor $\square \in Res^*(F)$ – in diesem Fall ist nichts mehr zu zeigen.)

Analog erhalten wir durch Wiedereinfügen von $\neg A_{n+1}$ in die Folge $K'_1, K'_2, \ldots, K'_t$, dass $\{\neg A_{n+1}\} \in Res^*(F)$. Durch einen weiteren Resolutionsschritt erhalten wir

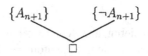

und somit folgt $\square \in Res^*(F)$.   ∎

Aus dem Resolutionssatz leitet sich folgender Algorithmus ab, der von einer Formel in **KNF** entscheidet, ob sie erfüllbar ist oder nicht (vgl. hierzu Übung 31).

Eingabe: eine Formel F in **KNF**

> Bilde aus F eine Klauselmenge (die wir ebenfalls mit
> F bezeichnen);
> **repeat**
> $\quad G := F;$
> $\quad F := Res(F);$
> **until** $(\square \in F)$ **or** $(F = G)$;
> **if** $\square \in F$ **then** "F ist unerfüllbar"
> **else** "F ist erfüllbar";

Dieser Algorithmus kann in manchen Fällen sehr schnell zu einer Entscheidung führen, in anderen müssen erst (exponentiell) viele Klauseln erzeugt werden, bis die **until**-Bedingung erfüllt ist.

Wir wollen im Folgenden unterscheiden zwischen den Klauseln, die der Algorithmus erzeugt, und denjenigen Klauseln hiervon, die für die Resolution von $\square$ wirklich von Belang sind (dies könnten wesentlich weniger Klauseln sein). Wir haben die folgende Definition im Beweis des Resolutionssatzes implizit schon verwendet.

Definition

Eine *Deduktion* (oder *Herleitung* oder *Beweis*) der leeren Klausel aus einer Klauselmenge F ist eine Folge $K_1, K_2, \ldots, K_m$ von Klauseln mit folgenden Eigenschaften:

> K_m ist die leere Klausel und für jedes $i = 1, \ldots, m$ gilt, dass K_i entweder Element von F ist oder aus gewissen Klauseln K_a, K_b mit $a, b < i$ resolviert werden kann.

Es ist aus dem bisher Gesagten nun klar, dass eine Klauselmenge unerfüllbar ist genau dann, wenn eine Deduktion der leeren Klausel aus F existiert. Um zu beweisen, dass eine Klauselmenge F unerfüllbar ist, genügt es also, eine Deduktion der leeren Klausel aus F anzugeben, es müssen nicht *alle* Klauseln aus $Res^*(F)$ aufgeschrieben werden.

Beispiel: Es sei $F = \{\{A, B, \neg C\}, \{\neg A\}, \{A, B, C\}, \{A, \neg B\}\}$. F ist unerfüllbar, denn eine mögliche Deduktion der leeren Klausel aus F ist die Folge $K_1, \ldots, K_7$ mit

$$
\begin{aligned}
K_1 &= \{A, B, \neg C\} && \text{(Klausel aus } F\text{)} \\
K_2 &= \{A, B, C\} && \text{(Klausel aus } F\text{)} \\
K_3 &= \{A, B\} && \text{(Resolvent von } K_1, K_2\text{)} \\
K_4 &= \{A, \neg B\} && \text{(Klausel aus } F\text{)} \\
K_5 &= \{A\} && \text{(Resolvent von } K_3, K_4\text{)} \\
K_6 &= \{\neg A\} && \text{(Klausel aus } F\text{)} \\
K_7 &= \square && \text{(Resolvent von } K_5, K_6\text{)}
\end{aligned}
$$

Diese Situation kann durch einen *Resolutionsgraphen* veranschaulicht werden.

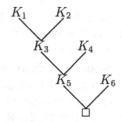

Solche Resolutionsgraphen müssen nicht unbedingt Bäume sein, sofern Klauseln vorkommen, die in mehreren Resolutionsschritten verwendet werden.

Übung 33: Man zeige mittels der Resolutionsmethode, dass $A \wedge B \wedge C$ eine Folgerung aus der Klauselmenge

$$
F = \{\{\neg A, B\}, \{\neg B, C\}, \{A, \neg C\}, \{A, B, C\}\}
$$

ist.

Übung 34: Man zeige mit der Resolutionsmethode, dass

$$
F = (\neg B \wedge \neg C \wedge D) \vee (\neg B \wedge \neg D) \vee (C \wedge D) \vee B
$$

eine Tautologie ist.

Übung 35: Man zeige, dass folgende Einschränkung des Resolutionskalküls vollständig ist für die Klasse der Hornformeln (für beliebige **KNF**-Formeln jedoch nicht):

Es darf nur dann ein Resolvent der Klauseln K_1, K_2 gebildet werden, sofern $|K_1| = 1$ oder $|K_2| = 1$, also falls mindestens eine der beiden Klauseln nur aus einem einzigen Literal besteht (sog. *Einheitsresolution*).

Da bei solchen Resolutionen immer nur kürzere Klauseln entstehen können, lässt sich aus diesem Kalkül ein effizienter Algorithmus für die Klasse der Hornformeln ableiten – ähnlich effizient wie der Markierungsalgorithmus aus Kapitel 1.3.

Hinweis: Man zeige, dass der Ablauf des Markierungsalgorithmus' für Hornformeln in gewisser Weise nachvollzogen werden kann durch Anwendung entsprechender Einheitsresolutionen. (Auf eine andere Weise wird diese Übung in Kapitel 2.6 gelöst).

Übung 36: Sei F eine Klauselmenge mit den atomaren Formeln $A_1, \ldots, A_n$, wobei für jede Klausel $K \in F$ gilt $|K| \leq 2$. Wie groß ist $Res^*(F)$ höchstens? (Für diese Klasse von Klauselmengen oder Formeln, sog. Kromformeln, liefert der Resolutionskalkül also wiederum einen effizienten Algorithmus).

Übung 37: Man entwickle eine effizientere Implementierung des Resolutionsalgorithmus', die auf folgender Datenstruktur beruht: Die Klauseln

$$\{A, \neg B, C, D\}, \{A, B\}, \{\neg A, \neg B, \neg C\}, \{\neg B\}$$

werden z.B. durch folgenden *Klauselgraphen* dargestellt,

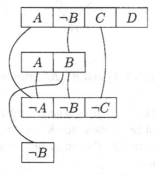

wobei jede Kante ein Paar von komplementären Literalen (und damit einen möglichen Resolventen) signalisiert. Jede Kante kann somit Anlass zu einem Resolutionsschritt geben. Nach Erzeugen eines Resolventen brauchen dann nur die zu den Elternklauseln führenden Kanten übernommen werden. Ferner überlege man sich, dass unter bestimmten, lokal überprüfbaren Bedingungen ganze Klauseln aus dem Graphen entfernt werden können. (Es kann z.B. die erste Klausel entfernt werden). Außerdem können unter gewissen Bedingungen Kanten aus dem Graphen entfernt werden, d.h. die zugehörigen Resolventen brauchen nicht betrachtet werden. (Dies ist für die beiden Kanten zwischen der zweiten und dritten Klausel der Fall).

Übung 38: Gegeben sei folgender Resolutionsgraph, wobei $K_1, K_2, \ldots, K_7$ *Horn*klauseln sind.

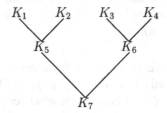

Man zeige, dass dieser Resolutionsbaum "linearisiert" werden kann, und die Klausel K_7 auch auf folgende Art aus K_1, K_2, K_3, K_4 resolviert werden kann,

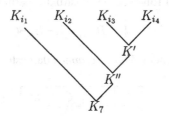

wobei $\{i_1, i_2, i_3, i_4\} = \{1, 2, 3, 4\}$ und K', K'' geeignete Klauseln sind.

Übung 39: Eine Klausel heißt *positiv* (*negativ*), falls sie nur positive (negative) Literale enthält. Man zeige, dass jede Klauselmenge erfüllbar ist, wenn sie keine positive Klausel enthält. (Dasselbe gilt für eine Klauselmenge, die keine negative Klausel enthält).

Übung 40: Man zeige, dass folgende Einschränkung des Resolutionskalküls bereits vollständig ist: Es darf nur dann ein Resolvent aus den Klauseln K_1 und K_2 gebildet werden, sofern eine der beiden Klauseln positiv ist.
Hinweis: Diese Übung wird in Kapitel 2.6 gelöst.

Übung 41: Man zeige: Wenn F eine unerfüllbare Klauselmenge ist und G eine *minimal* unerfüllbare Teilmenge von F (d.h. G ist unerfüllbar, aber jede echte Teilmenge von G ist erfüllbar), dann benötigt *jede* Resolutionsherleitung der leeren Klausel aus F mindestens $|G| - 1$ Resolutionsschritte.

Bemerkung: Obwohl, wie wir gesehen haben, der Resolutionskalkül in vielen Spezialfällen direkt zu einem effizienten algorithmischen Unerfüllbarkeitstest führt, muss dies nicht für jede Formel so sein. Man kann unerfüllbare Formeln bzw. Klauselmengen angeben, wo jede Deduktion der leeren Klausel exponentiell viele Klauseln enthält. Das heißt, für diese Klauseln ist der Aufwand für den Unerfüllbarkeitstest per Resolutionskalkül mit dem der Wahrheitstafelmethode vergleichbar. Wegen der "NP-Vollständigkeit" des Erfüllbarkeitsproblems scheint hier auch keine prinzipielle Verbesserung möglich zu sein.

Man beachte ferner die folgende interessante Besonderheit: Man kann sowohl die Erfüllbarkeit als auch die Unerfüllbarkeit einer Formel F durch eine *Existenzaussage* ausdrücken: F ist (per Definition) erfüllbar, falls eine erfüllende Belegung *existiert*, und F ist unerfüllbar, falls eine Deduktion der leeren Klausel *existiert*. Eine "Asymmetrie" in dieser an sich symmetrisch aussehenden Situation besteht jedoch darin, dass das Aufschreiben einer Deduktion evtl. mit wesentlich (d.h. exponentiell) mehr Aufwand verbunden sein kann als das Aufschreiben einer Belegung. (Diese Asymmetrie hängt eng mit dem sog. $NP =? \, co\text{-}NP$ Problem zusammen.)

Kapitel 2

Prädikatenlogik

2.1 Grundbegriffe

Die Prädikatenlogik ist eine Erweiterung der Aussagenlogik. Was hinzu kommt sind Quantoren, Funktions- und Prädikatsymbole. Durch diese neuen Konzepte sind nun Sachverhalte beschreibbar, die im Rahmen der Aussagenlogik nicht formuliert werden konnten. In der Aussagenlogik war es z.B. nicht möglich auszudrücken, dass gewisse "Objekte" in gewissen Beziehungen stehen; dass eine Eigenschaft *für alle* Objekte gilt, oder dass ein Objekt mit einer gewissen Eigenschaft *existiert*. Ein bekanntes Beispiel aus der Analysis:

Für alle $\varepsilon > 0$ gibt es ein n_0, so dass für alle $n \geq n_0$ gilt, dass $abs(f(n) - a) < \varepsilon$.

Die wesentlichen Bestandteile hier sind die sprachlichen Konstrukte "für alle" und "es gibt", sowie die Verwendung von Funktionen ($abs, f, -$) und Relationen ($>, \geq, <$).

Wir beginnen wieder wie in der Aussagenlogik damit, dass wir den syntaktischen Sprachrahmen abstecken, in dem wir uns in der Prädikatenlogik bewegen wollen. Der Definition von (prädikatenlogischen) *Formeln* muss noch die Definition von *Termen* vorangestellt werden, da sie Bestandteile der Formeln sind.

Definition (Syntax der Prädikatenlogik)
Eine *Variable* hat die Form x_i mit $i = 1, 2, 3, \dots$. Ein *Prädikatsymbol* hat die Form P_i^k und ein *Funktionssymbol* hat die Form f_i^k mit $i = 1, 2, 3, \dots$ und $k = 0, 1, 2, \dots$. Hierbei heißt i jeweils der *Unterscheidungsindex* und k die *Stellenzahl* (oder *Stelligkeit*). Wir definieren nun die *Terme* durch einen

induktiven Prozess:

1. Jede Variable ist ein Term.

2. Falls f ein Funktionssymbol ist mit Stellenzahl k, und falls $t_1, \ldots, t_k$
   Terme sind, so ist auch $f(t_1, \ldots, t_k)$ ein Term.

Hierbei sollen auch Funktionssymbole der Stellenzahl 0 eingeschlossen sein,
und in diesem Fall sollen die Klammern wegfallen. Nullstellige Funktionssymbole heißen auch *Konstanten.*
Nun können wir (wiederum induktiv) definieren, was *Formeln* (der Prädikatenlogik) sind.

1. Falls P ein Prädikatsymbol der Stelligkeit k ist, und falls $t_1, \ldots, t_k$ Terme sind, dann ist $P(t_1, \ldots, t_k)$ eine Formel.

2. Für jede Formel F ist auch $\neg F$ eine Formel.

3. Für alle Formeln F und G sind auch $(F \wedge G)$ und $(F \vee G)$ Formeln.

4. Falls x eine Variable ist und F eine Formel, so sind auch $\exists x F$ und $\forall x F$
   Formeln.

Atomare Formeln nennen wir genau die, die gemäß 1. aufgebaut sind.
Falls F eine Formel ist und F als Teil einer Formel G auftritt, so heißt F
Teilformel von G.

Alle Vorkommen von Variablen in einer Formel werden in *freie* und *gebundene* Vorkommen unterteilt. Dabei heißt ein Vorkommen der Variablen x in
der Formel F gebunden, falls x in einer Teilformel von F der Form $\exists x G$ oder
$\forall x G$ vorkommt. Andernfalls heißt dieses Vorkommen von x frei. (Dieselbe
Variable kann also in einer Formel an verschiedenen Stellen sowohl frei als
auch gebunden vorkommen).
Eine Formel ohne Vorkommen einer freien Variablen heißt *geschlossen* oder
eine *Aussage.* Das Symbol $\exists$ wird *Existenzquantor* und $\forall$ *Allquantor* genannt.
Die *Matrix* einer Formel F ist diejenige Formel, die man aus F erhält, indem jedes Vorkommen von $\exists$ bzw. $\forall$, samt der dahinterstehenden Variablen
gestrichen wird. Symbolisch bezeichnen wir die Matrix der Formel F mit F^*.

Beispiel: $F = (\exists x_1 P_5^2(x_1, f_2^1(x_2))) \lor \neg \forall x_2 P_4^2(x_2, f_7^2(f_4^0, f_5^1(x_3))))$ ist eine Formel. Sämtliche Teilformeln von F sind:

$$F$$
$$\exists x_1 P_5^2(x_1, f_2^1(x_2))$$
$$P_5^2(x_1, f_2^1(x_2))$$
$$\neg \forall x_2 P_4^2(x_2, f_7^2(f_4^0, f_5^1(x_3)))$$
$$\forall x_2 P_4^2(x_2, f_7^2(f_4^0, f_5^1(x_3)))$$
$$P_4^2(x_2, f_7^2(f_4^0, f_5^1(x_3)))$$

Alle in F vorkommenden Terme sind:

$$x_1$$
$$x_2$$
$$f_2^1(x_2)$$
$$f_7^2(f_4^0, f_5^1(x_3))$$
$$f_4^0$$
$$f_5^1(x_3)$$
$$x_3$$

Alle Vorkommen von x_1 in F sind gebunden. Das erste Vorkommen von x_2 ist frei, alle weiteren sind gebunden. Ferner kommt x_3 in F frei vor. Die Formel F ist also keine Aussage. Der Term f_4^0 stellt eine Konstante dar.

Die Matrix von F ist die Formel

$$F^* = (P_5^2(x_1, f_2^1(x_2)) \lor \neg P_4^2(x_2, f_7^2(f_4^0, f_5^1(x_3))))$$

Übung 42: Sei *Frei(F)* die Menge der in F frei vorkommenden Variablen. Man definiere *Frei(F)* formal (per Induktion über den Term- und Formelaufbau von F).

Wir vereinbaren wieder die vereinfachenden Schreibweisen wie in der Aussagenlogik. Hinzu kommen noch die folgenden:

u, v, w, x, y, z stehen für Variablen

a, b, c stehen für Konstanten

f, g, h stehen für Funktionssymbole, wobei die zugehörige Stelligkeit immer aus dem Kontext hervorgeht.

P, Q, R stehen für Prädikatsymbole. Die Stelligkeit geht aus dem Kontext hervor.

Übung 43: Man gebe sämtliche Teilformeln und Terme an, die in der Formel

$$F = ((Q(x) \lor \exists x \forall y (P(f(x), z) \land Q(a))) \lor \forall z R(x, z, g(x)))$$

enthalten sind. Welche Teilformeln sind Aussagen? Für jedes Vorkommen einer Variablen bestimme man, ob es frei oder gebunden ist. Wie lautet die Matrix von F ?

Um Formeln der Prädikatenlogik zu interpretieren, müssen die Funktionssymbole als gewisse Funktionen, die Prädikatsymbole als gewisse Prädikate (jeweils auf einer gewissen Grundmenge) gedeutet werden. Hinzu kommt, dass evtl. vorkommende freie Variablen als Elemente der Grundmenge interpretiert werden müssen. All dies wird in der folgenden Definition formal getan.

Definition (Semantik der Prädikatenlogik)

Eine *Struktur* ist ein Paar $\mathcal{A} = (U_{\mathcal{A}}, I_{\mathcal{A}})$ wobei $U_{\mathcal{A}}$ eine beliebige aber nicht leere Menge ist, die die *Grundmenge* von $\mathcal{A}$ (oder der *Grundbereich*, der *Individuenbereich*, das *Universum*) genannt wird. Ferner ist $I_{\mathcal{A}}$ eine Abbildung, die

- jedem k-stelligen Prädikatsymbol P (das im Definitionsbereich von $I_{\mathcal{A}}$ liegt) ein k-stelliges Prädikat über $U_{\mathcal{A}}$ zuordnet,

- jedem k-stelligen Funktionssymbol f (das im Definitionsbereich von $I_{\mathcal{A}}$ liegt) eine k-stellige Funktion auf $U_{\mathcal{A}}$ zuordnet,

- jeder Variablen x (sofern $I_{\mathcal{A}}$ auf x definiert ist) ein Element der Grundmenge $U_{\mathcal{A}}$ zuordnet.

Mit anderen Worten, der Definitionsbereich von $I_{\mathcal{A}}$ ist eine Teilmenge von $\{P_i^k, f_i^k, x_i \mid i = 1, 2, 3, \ldots \text{ und } k = 0, 1, 2, \ldots\}$, und der Wertebereich von $I_{\mathcal{A}}$ ist eine Teilmenge aller Prädikate und Funktionen auf $U_{\mathcal{A}}$, sowie der Elemente von $U_{\mathcal{A}}$. Wir schreiben abkürzend statt $I_{\mathcal{A}}(P)$ einfach $P^{\mathcal{A}}$, statt $I_{\mathcal{A}}(f)$ einfach $f^{\mathcal{A}}$ und statt $I_{\mathcal{A}}(x)$ einfach $x^{\mathcal{A}}$.

Sei F eine Formel und $\mathcal{A} = (U_{\mathcal{A}}, I_{\mathcal{A}})$ eine Struktur. $\mathcal{A}$ heißt zu F *passend*, falls $I_{\mathcal{A}}$ für alle in F vorkommenden Prädikatsymbole, Funktionssymbole und freien Variablen definiert ist.

Beispiel: $F = \forall x P(x, f(x)) \land Q(g(a, z))$ ist eine Formel. Hierbei ist P ein zweistelliges und Q ein einstelliges Prädikatsymbol und f ein einstelliges, g ein zweistelliges und a ein nullstelliges Funktionssymbol. Die Variable z kommt in F frei vor. Eine zu F passende Struktur ist z.B. $\mathcal{A} = (U_{\mathcal{A}}, I_{\mathcal{A}})$ mit

$$U_{\mathcal{A}} = \{0, 1, 2, \ldots\} = \mathbb{N},$$
$$I_{\mathcal{A}}(P) = P^{\mathcal{A}} = \{(m, n) \mid m, n \in U_{\mathcal{A}} \text{ und } m < n\},$$

$$I_{\mathcal{A}}(Q) = Q^{\mathcal{A}} = \{n \in U_{\mathcal{A}} \mid n \text{ ist Primzahl}\}$$
$$I_{\mathcal{A}}(f) = f^{\mathcal{A}} = \text{die Nachfolgerfunktion auf } U_{\mathcal{A}},$$
$$\text{also } f^{\mathcal{A}}(n) = n + 1,$$
$$I_{\mathcal{A}}(g) = g^{\mathcal{A}} = \text{die Additionsfunktion auf } U_{\mathcal{A}},$$
$$\text{also } g^{\mathcal{A}}(m, n) = m + n,$$
$$I_{\mathcal{A}}(a) = a^{\mathcal{A}} = 2,$$
$$I_{\mathcal{A}}(z) = z^{\mathcal{A}} = 3.$$

In dieser Struktur "gilt" F offensichtlich (was wir gleich formal definieren werden), denn jede natürliche Zahl ist kleiner als ihr Nachfolger und die Summe von 2 und 3 ist eine Primzahl.

Man kann sich natürlich auch für diese Beispielformel F (zu F passende) Strukturen vorstellen, in denen F nicht gilt. F ist also nicht in jeder Struktur gültig.

Um nicht den Eindruck aufkommen zu lassen, dass der Grundbereich $U_{\mathcal{A}}$ immer aus Zahlen bestehen muss, geben wir nun eine Struktur an, die auf den ersten Blick etwas künstlich wirken mag, aber im Kapitel 2.4 eine wichtige Rolle spielen wird. Sei $\mathcal{A} = (U_{\mathcal{A}}, I_{\mathcal{A}})$, wobei $U_{\mathcal{A}}$ die Menge der variablenfreien Terme ist, die aus den Bestandteilen von F (also den Funktionssymbolen) aufgebaut werden können. Für obige Beispielformel wäre

$$U_{\mathcal{A}} = \{a, f(a), g(a, a), f(g(a, a)), g(f(a), a), \dots\}.$$

Für jeden Term $t \in U_{\mathcal{A}}$ sei $f^{\mathcal{A}}(t)$ definiert als der Term $f(t) \in U_{\mathcal{A}}$, und für alle Terme t_1, t_2 sei $g^{\mathcal{A}}(t_1, t_2)$ definiert als der Term $g(t_1, t_2) \in U_{\mathcal{A}}$. Ferner sei $a^{\mathcal{A}} = a$.

Der Leser sollte sich unbedingt klarmachen, was für eine Wechselwirkung zwischen syntaktischen Objekten (den Elementen von $U_{\mathcal{A}}$) und den semantischen Interpretationen ($f^{\mathcal{A}}, g^{\mathcal{A}}$ und $a^{\mathcal{A}}$) hier stattfindet. Um $\mathcal{A}$ vollständig zu definieren, muss noch $P^{\mathcal{A}}, Q^{\mathcal{A}}$ und $x^{\mathcal{A}}$ angegeben werden. Wir überlassen es dem Leser, diese Definition einmal so vorzunehmen, dass $\mathcal{A}$ Modell für F ist, und so, dass $\mathcal{A}$ kein Modell für F ist.

Definition (Semantik der Prädikatenlogik – Fortsetzung)
Sei F eine Formel und $\mathcal{A}$ eine zu F passende Struktur. Für jeden Term t, den man aus den Bestandteilen von F bilden kann (also aus den Variablen und Funktionssymbolen), definieren wir nun den *Wert* von t in der Struktur $\mathcal{A}$, den wir mit $\mathcal{A}(t)$ bezeichnen. Die Definition ist wieder induktiv.

1. Falls t eine Variable ist (also $t = x$), so ist $\mathcal{A}(t) = x^{\mathcal{A}}$.

2. Falls t die Form hat $t = f(t_1, \ldots, t_k)$ wobei $t_1, \ldots, t_k$ Terme und f ein k-stelliges Funktionssymbol ist, so ist
$$\mathcal{A}(t) = f^{\mathcal{A}}(\mathcal{A}(t_1), \ldots, \mathcal{A}(t_k)).$$

Der Fall 2 schließt auch die Möglichkeit ein, dass f nullstellig ist, also t die Form hat $t = a$. In diesem Fall ist also $\mathcal{A}(t) = a^{\mathcal{A}}$.

Auf analoge Weise definieren wir (induktiv) den *(Wahrheits-) Wert* der Formeln F unter der Struktur $\mathcal{A}$, wobei wir ebenfalls die Bezeichnung $\mathcal{A}(F)$ verwenden.

1. Falls F die Form hat $F = P(t_1, \ldots, t_k)$ mit den Termen $t_1, \ldots, t_k$ und k-stelligem Prädikatsymbol P, so ist

$$\mathcal{A}(F) = \begin{cases} 1, \text{ falls } (\mathcal{A}(t_1), \ldots, \mathcal{A}(t_k)) \in P^{\mathcal{A}} \\ 0, \text{ sonst} \end{cases}$$

2. Falls F die Form $F = \neg G$ hat, so ist

$$\mathcal{A}(F) = \begin{cases} 1, \text{ falls } \mathcal{A}(G) = 0 \\ 0, \text{ sonst} \end{cases}$$

3. Falls F die Form $F = (G \wedge H)$ hat, so ist

$$\mathcal{A}(F) = \begin{cases} 1, \text{ falls } \mathcal{A}(G) = 1 \text{ und } \mathcal{A}(H) = 1 \\ 0, \text{ sonst} \end{cases}$$

4. Falls F die Form $F = (G \vee H)$ hat, so ist

$$\mathcal{A}(F) = \begin{cases} 1, \text{ falls } \mathcal{A}(G) = 1 \text{ oder } \mathcal{A}(H) = 1 \\ 0, \text{ sonst} \end{cases}$$

5. Falls F die Form $F = \forall x G$ hat, so ist

$$\mathcal{A}(F) = \begin{cases} 1, \text{ falls für alle } d \in U_{\mathcal{A}} \text{ gilt: } \mathcal{A}_{[x/d]}(G) = 1 \\ 0, \text{ sonst} \end{cases}$$

6. Falls F die Form $F = \exists x G$ hat, so ist

$$\mathcal{A}(F) = \begin{cases} 1, \text{ falls es ein } d \in U_{\mathcal{A}} \text{ gibt mit: } \mathcal{A}_{[x/d]}(G) = 1 \\ 0, \text{ sonst} \end{cases}$$

Hierbei bedeutet $\mathcal{A}_{[x/d]}$ diejenige Struktur $\mathcal{A}'$, die überall mit $\mathcal{A}$ identisch ist, bis auf die Definition von $x^{\mathcal{A}'}$: Es sei nämlich $x^{\mathcal{A}'} = d$, wobei $d \in U_{\mathcal{A}} = U_{\mathcal{A}'}$ – unabhängig davon, ob $I_{\mathcal{A}}$ auf x definiert ist oder nicht.

Falls für eine Formel F und eine zu F passende Struktur $\mathcal{A}$ gilt $\mathcal{A}(F) = 1$, so schreiben wir wieder $\mathcal{A} \models F$ (Sprechweise: F *gilt* in $\mathcal{A}$ oder $\mathcal{A}$ ist *Modell* für F). Falls jede zu F passende Struktur ein Modell für F ist, so schreiben wir $\models F$ (Sprechweise: F ist *(allgemein-)gültig*), andernfalls $\not\models F$. Falls es mindestens ein Modell für die Formel F gibt, so heißt F *erfüllbar*, andernfalls *unerfüllbar*.

Übung 44: Gegeben sei folgende Formel:

$$F = \forall x \exists y P(x, y, f(z)) .$$

Man gebe eine Struktur $\mathcal{A}$ an, die Modell für F ist, und eine Struktur $\mathcal{B}$, die kein Modell für F ist.

Einige Begriffe aus der Aussagenlogik wie "Folgerung" und "Äquivalenz" können nun in offensichtlicher Weise direkt in die Prädikatenlogik übertragen werden. Wir verwenden diese Begriffe im Folgenden, ohne sie noch einmal explizit zu definieren.

Bemerkungen

1. Völlig analog zum aussagenlogischen Fall lässt sich zeigen, dass für jede Formel F gilt:

F ist gültig genau dann, wenn $\neg F$ unerfüllbar ist.

2. Die Prädikatenlogik ist im folgenden Sinne eine Erweiterung der Aussagenlogik: Falls alle Prädikatsymbole nullstellig sein müssen (dann erübrigen sich automatisch Terme, Variablen und Quantoren), erhalten wir im Prinzip die Formeln der Aussagenlogik, wobei nun die nullstelligen Prädikatsymbole die Rolle der atomaren Formeln der Aussagenlogik übernehmen. Die Begriffe "erfüllbar", "gültig" usw. aus der Aussagen- und der Prädikatenlogik sind dann identisch.

Es genügt sogar, lediglich die Variablen (und damit die Quantoren) zu verbieten, damit die Prädikatenlogik zur Aussagenlogik "degeneriert". Sei z.B.

$$F = (Q(a) \vee \neg R(f(b), c)) \wedge P(a, b)$$

eine Formel ohne Variablen (aber mit mehr als 0-stelligen Prädikatensymbolen!). Indem wir die vorkommenden atomaren Formeln mit entsprechenden atomaren Formeln der Aussagenlogik identifizieren

$$Q(a) \longleftrightarrow A_1$$
$$R(f(b), c) \longleftrightarrow A_2$$
$$P(a, b) \longleftrightarrow A_3$$

erhalten wir die aussagenlogische Formel

$$F' = (A_1 \vee \neg A_2) \wedge A_3 .$$

Offensichtlich ist (ein solcherart gewonnenes) F' erfüllbar (oder gültig) genau dann, wenn F erfüllbar (oder gültig) ist.

3. Man beachte, dass prädikatenlogische Formeln, sofern sie keine Quantoren enthalten (z.B. die Matrix einer gegebenen Formel), mit den Mitteln der Aussagenlogik in **KNF** bzw. **DNF** umgeformt werden können. Der einzige Unterschied ist, dass die Rolle der aussagenlogischen atomaren Formeln (dies sind die A_i) nun von den prädikatenlogischen atomaren Formeln übernommen wird (dies sind die Formeln der Form $P(t_1, \ldots, t_n)$).

4. Die Prädikatenlogik ist zwar "ausdrucksstärker" als die Aussagenlogik, jedoch kann nicht jede mathematische Aussage im Rahmen der Prädikatenlogik formuliert werden. Wir erhalten eine noch größere "Ausdrucksstärke", falls wir auch Quantifizierungen über Prädikaten- und Funktionssymbole erlauben, z.B.

$$F = \forall P \exists f \forall x P(f(x)) .$$

Dies ist der sog. *Prädikatenlogik der zweiten Stufe* vorbehalten (die wir hier nicht behandeln wollen). Die oben definierte Prädikatenlogik heißt auch *Prädikatenlogik der ersten Stufe*. Prädikate und Funktionen werden also als *zweit*stufige Objekte verstanden, während die Elemente des Grundbereichs *erst*stufige Objekte sind.

Übung 45: Gegeben seien die Formeln F_1, F_2 und F_3, die gerade die Reflexivität, Symmetrie und Transitivität von P "besagen".

$$F_1 = \forall x P(x, x)$$
$$F_2 = \forall x \forall y (P(x, y) \rightarrow P(y, x))$$
$$F_3 = \forall x \forall y \forall z ((P(x, y) \wedge P(y, z)) \rightarrow P(x, z))$$

Man zeige, dass keine dieser Formeln Folgerung der anderen beiden ist, indem man für jedes Formelpaar ein Modell angibt, das aber nicht Modell für die jeweils dritte Formel ist.

Übung 46: In der *Prädikatenlogik mit Identität* ist auch das Symbol = zugelassen, das Gleichheit zwischen Termen bedeuten soll. Wie muss die *Syntax*
(Definition von Formeln) und *Semantik* (Definition von $\mathcal{A}(F)$) der Prädikatenlogik erweitert werden, um die Prädikatenlogik mit Identität zu erhalten?

Übung 47: Welche der folgenden Strukturen sind Modelle für die Formel

$$F = \exists x \exists y \exists z (P(x,y) \wedge P(z,y) \wedge P(x,z) \wedge \neg P(z,x)) \ ?$$

(a) $U_{\mathcal{A}} = \mathbb{N}, P^{\mathcal{A}} = \{(m,n) \mid m,n \in \mathbb{N}, m < n\}$

(b) $U_{\mathcal{A}} = \mathbb{N}, P^{\mathcal{A}} = \{(m, m+1) \mid m \in \mathbb{N}\}$

(c) $U_{\mathcal{A}} = \mathcal{P}^{\mathbb{N}}$ (die Potenzmenge von $\mathbb{N}$),
   $P^{\mathcal{A}} = \{(A,B) \mid A,B \subseteq \mathbb{N}, A \subseteq B\}$

Übung 48: Sei F eine Formel und die in F frei vorkommenden Variablen
seien $x_1, x_2, \ldots, x_n$. Man zeige:

(a) F ist gültig genau dann, wenn $\forall x_1 \forall x_2 \cdots \forall x_n F$ gültig ist,

(b) F ist erfüllbar genau dann, wenn $\exists x_1 \exists x_2 \cdots \exists x_n F$ erfüllbar ist.

Übung 49: Man formuliere eine erfüllbare Aussage F, so dass für alle Mo-
delle $\mathcal{A}$ von F gilt: $|U_{\mathcal{A}}| \geq 3$.

Übung 50: Sei F eine erfüllbare Formel und $\mathcal{A}$ sei ein Modell für F mit
$|U_{\mathcal{A}}| = n$. Man zeige: dann gibt es auch für jedes $m \geq n$ ein Modell $\mathcal{B}_m$ für
F mit $|U_{\mathcal{B}_m}| = m$. Außerdem gibt es ein Modell $\mathcal{B}_\infty$ für F mit $|U_{\mathcal{B}_\infty}| = \infty$.

Übung 51: Man gebe eine erfüllbare prädikatenlogische Aussage F mit Iden-
tität an (vgl. Übung 46), so dass für jedes Modell $\mathcal{A}$ von F gilt $|U_{\mathcal{A}}| \leq 2$.

Diese Übung scheint der vorhergehenden zu widersprechen. Lösen Sie diesen
anscheinenden Widerspruch auf!

Übung 52: Man formuliere prädikatenlogische Aussagen mit Identität (vgl.
Übung 46), in denen das zweistellige Prädikatsymbol P (bzw. das einstellige
Funktionssymbol f) vorkommt, die "besagen":

(a) P ist eine antisymmetrische Relation,

(b) f ist eine injektive Funktion,

(c) f ist eine surjektive Funktion.

Übung 53: Man formuliere eine Aussage F im Rahmen der Prädikatenlogik mit Identität (vgl. Übung 46), in der ein zweistelliges Funktionssymbol f vorkommt, so dass für jedes Modell $\mathcal{A}$ von F gilt:

$$(U_{\mathcal{A}}, f^{\mathcal{A}}) \text{ ist eine Gruppe.}$$

Übung 54: Ein *Keller* (engl. stack) ist eine aus der Informatik bekannte abstrakte Datenstruktur, für die bestimmte Prädikate und Funktionen (oder Operationen) definiert sind. So ist *IsEmpty* ein einstelliges Prädikat und *nullstack* eine Konstante. Ferner sind *top* und *pop* einstellige Funktionen und *push* eine zweistellige Funktion. Man "axiomatisiere" diese Operationen, die auf einem Keller erlaubt sind, in solcher Weise durch eine Formel mit Identität, dass jedes Modell dieser Formel ein (abstrakter) Keller ist.
Hinweis: Ein Bestandteil der Formel könnte z.B.

$$\forall x \forall y (top(push(x, y)) = x)$$

sein.

2.2 Normalformen

Der Äquivalenzbegriff der Aussagenlogik lässt sich in naheliegender Weise in die Prädikatenlogik übertragen: zwei prädikatenlogische Formeln F und G sind *äquivalent*, falls für alle sowohl zu F als auch zu G passenden Strukturen $\mathcal{A}$ gilt $\mathcal{A}(F) = \mathcal{A}(G)$.

Wir beobachten zunächst, dass alle im aussagenlogischen Teil bewiesenen Äquivalenzen auch in der Prädikatenlogik gelten. Z.B. gilt für alle prädikatenlogischen Formeln F und G das deMorgansche Gesetz:

$$\neg(F \wedge G) \equiv (\neg F \vee \neg G)$$

Um prädikatenlogische Formeln in gewisse Normalformen umzuformen, benötigen wir jedoch auch Äquivalenzen, die Quantoren mit einbeziehen.

Satz
Seien F und G beliebige Formeln.

1. $\neg\forall x F \equiv \exists x \neg F$
   $\neg\exists x F \equiv \forall x \neg F$

2. Falls x in G nicht frei vorkommt, gilt:
   $(\forall x F \wedge G) \equiv \forall x(F \wedge G)$
   $(\forall x F \vee G) \equiv \forall x(F \vee G)$
   $(\exists x F \wedge G) \equiv \exists x(F \wedge G)$
   $(\exists x F \vee G) \equiv \exists x(F \vee G)$

3. $(\forall x F \wedge \forall x G) \equiv \forall x(F \wedge G)$
   $(\exists x F \vee \exists x G) \equiv \exists x(F \vee G)$

4. $\forall x \forall y F \equiv \forall y \forall x F$
   $\exists x \exists y F \equiv \exists y \exists x F$

Beweis: Wir führen exemplarisch nur den Beweis für die erste Äquivalenz in 2. vor. Sei $\mathcal{A} = (U_A, I_A)$ eine zu den beiden Seiten der zu beweisenden Äquivalenz passende Struktur. Es gilt:

$\mathcal{A}(\forall x F \wedge G) = 1$

gdw. $\mathcal{A}(\forall x F) = 1$ und $\mathcal{A}(G) = 1$

gdw. für alle $d \in U_A$ gilt $\mathcal{A}_{[x/d]}(F) = 1$ und $\mathcal{A}(G) = 1$

gdw. für alle $d \in U_A$ gilt $\mathcal{A}_{[x/d]}(F) = 1$ und $\mathcal{A}_{[x/d]}(G) = 1$ (da x in G nicht frei vorkommt, ist nämlich $\mathcal{A}(G) = \mathcal{A}_{[x/d]}(G)$)

gdw. für alle $d \in U_A$ gilt $\mathcal{A}_{[x/d]}((F \wedge G)) = 1$

gdw. $\mathcal{A}(\forall x(F \wedge G)) = 1$.   ■

Interessanter noch erscheint hier zu bemerken, welche ganz ähnlich aussehenden Formelpaare *nicht* äquivalent sind:

$$(\forall x F \vee \forall x G) \not\equiv \forall x(F \vee G)$$
$$(\exists x F \wedge \exists x G) \not\equiv \exists x(F \wedge G)$$

Übung 55: Man bestätige dies durch Angabe von Gegenbeispielen.

Übung 56: Man zeige, dass $F = (\exists x P(x) \rightarrow P(y))$ äquivalent ist zu $G = \forall x(P(x) \rightarrow P(y))$.

Übung 57: Man beweise, dass $\forall x \exists y P(x, y)$ eine Folgerung von $\exists y \forall x\, P(x, y)$ ist, aber nicht umgekehrt.

Ferner bemerken wir, dass das *Ersetzbarkeitstheorem* der Aussagenlogik in analoger Weise auch für Formeln der Prädikatenlogik gilt. Der im Kapitel 1.2 geführte Induktionsbeweis (über den Formelaufbau) muss lediglich um die bei prädikatenlogischen Formeln zusätzlich vorkommenden Fälle ergänzt werden. (*Fall 4*: F hat die Form $F = \exists x G$, *Fall 5*: F hat die Form $F = \forall x G$).

Dies führt gleich über zu der nächsten Bemerkung. Induktionsbeweise über den Formelaufbau können – wie soeben bemerkt – auch bei prädikatenlogischen Formeln geführt werden (mit entsprechend mehr Fallunterscheidungen). Da jedoch der Definition von Formeln die Definition von Termen vorausgeht, muss bei dem Beweis einer Behauptung $\mathcal{B}$, die für alle prädikatenlogischen Formel gelten soll, evtl. ein weiterer Induktionsbeweis über den Termaufbau vorausgehen. Hierzu muss die Behauptung $\mathcal{B}$ evtl. auf Terme angepasst bzw. umgeformt werden.

Man beachte, dass die Äquivalenzumformungen 1–3 des obigen Satzes – von links nach rechts angewandt – die in einer Formel evtl. vorkommenden Quantoren "nach außen treiben".

Beispiel:

$$(\neg(\exists x P(x, y) \lor \forall z Q(z)) \land \exists w P(f(a, w)))$$
$$\equiv ((\neg \exists x P(x, y) \land \neg \forall z Q(z)) \land \exists w P(f(a, w))) \text{ (deMorgan)}$$
$$\equiv ((\forall x \neg P(x, y) \land \exists z \neg Q(z)) \land \exists w P(f(a, w))) \text{ (wegen 1.)}$$
$$\equiv (\exists w P(f(a, w)) \land (\forall x \neg P(x, y) \land \exists z \neg Q(z))) \text{ (Kommutativität)}$$
$$\equiv \exists w (P(f(a, w)) \land \forall x (\neg P(x, y) \land \exists z \neg Q(z))) \text{ (wegen 2.)}$$
$$\equiv \exists w (\forall x (\exists z \neg Q(z) \land \neg P(x, y)) \land P(f(a, w))) \text{ (Kommutativität)}$$
$$\equiv \exists w (\forall x \exists z (\neg Q(z) \land \neg P(x, y)) \land P(f(a, w))) \text{ (wegen 2.)}$$
$$\equiv \exists w \forall x \exists z (\neg Q(z) \land \neg P(x, y) \land P(f(a, w))) \text{ (wegen 2.)}$$

Mehreres fällt hierbei auf. Die Quantorenreihenfolge, die sich am Ende der Umformungskette ergibt, liegt nicht unbedingt eindeutig von vornherein fest. Sie hängt von der Art und Reihenfolge der Umformungsschritte ab. Im obigen Beispiel hätte sich jede mögliche Permutation von "$\exists w$", "$\forall x$" und "$\exists z$" erreichen lassen. (Dies muss aber nicht immer so sein!). Nebeneinanderstehende gleichartige Quantoren können jedoch immer vertauscht werden (vgl. Punkt 4 des Satzes).

Um Punkt 2 des obigen Satzes immer anwenden zu können, müssen wir die Möglichkeit vorsehen Variablen umzubenennen.

Definition

Sei F eine Formel, x eine Variable und t ein Term. Dann bezeichnet $F[x/t]$ diejenige Formel, die man aus F erhält, indem jedes freie Vorkommen der Variablen x in F durch den Term t ersetzt wird. Durch $[x/t]$ wird eine *Substitution* beschrieben.

Substitutionen (oder auch Folgen von Substitutionen) behandeln wir auch als selbständige Objekte. So soll z.B.

$$sub = [x/t_1][y/t_2]$$

diejenige Substitution bedeuten, die in einer Formel (oder auch in einem Term) jedes freie Vorkommen von x durch t_1 und dann jedes freie Vorkommen von y durch t_2 ersetzt. (Man beachte hierbei, dass t_1 auch y enthalten darf).

Bemerkung: Man unterscheide deutlich zwischen $\mathcal{A}_{[x/d]}$ und $F[x/t]$. Zum einen erhalten wir eine neue Struktur, bei der x den Wert d erhält (Semantik) und zum anderen erhalten wir eine neue Formel, bei der x durch t ersetzt ist (Syntax).

In der folgenden Übung soll der Zusammenhang zwischen beiden Notationen hergestellt werden.

Übung 58: Man beweise (per Induktion über den Term- und Formelaufbau), dass das folgende *Überführungslemma* für jede Formel F, jede Variable x, und jeden Term t, der keine in F gebundene Variable enthält, gilt:

$$\mathcal{A}(F[x/t]) = \mathcal{A}_{[x/\mathcal{A}(t)]}(F)$$

Der Beweis des folgenden Lemmas ist genauso einfach.

Lemma (gebundene Umbenennung)

Sei $F = QxG$ eine Formel mit $Q \in \{\exists, \forall\}$. Es sei y eine Variable, die in G nicht vorkommt. Dann gilt $F \equiv QyG[x/y]$.

Durch systematisches Ausführen von gebundenen Umbenennungen, wobei immer neue, noch nicht vorkommende Variablen verwendet werden, können wir das nächste Lemma beweisen.

Lemma

Zu jeder Formel F gibt es eine äquivalente Formel G in *bereinigter* Form. Hierbei heißt eine Formel *bereinigt*, sofern es keine Variable gibt, die in der Formel sowohl gebunden als auch frei vorkommt, und sofern hinter allen vorkommenden Quantoren verschiedene Variablen stehen.

Übung 59: Man gebe eine zu

$$F = \forall x \exists y P(x, f(y)) \land \forall y (Q(x, y) \lor R(x))$$

äquivalente, bereinigte Formel an!

Wie in obigem Beispiel bereits angedeutet, kann jede Formel durch Anwenden der Äquivalenzumformungen des obigen Satzes und durch eventuelles gebundenes Umbenennen in eine äquivalente und bereinigte Formel überführt werden, in der alle Quantoren "ganz vorne" stehen. Wir fassen diese Sachlage in einer Definition und einem Satz zusammen.

Definition

Eine Formel heißt *pränex* oder in *Pränexform*, falls sie die Bauart hat

$$Q_1 y_1 Q_2 y_2 \ldots Q_n y_n F,$$

wobei $Q_i \in \{\exists, \forall\}$, $n \geq 0$, und die y_i Variablen sind. Es kommt ferner kein Quantor in F vor.

Satz

Für jede Formel F gibt es eine äquivalente (und bereinigte) Formel G in Pränexform.

Beweis: (Induktion über den Formelaufbau)

Induktionsanfang: F ist atomare Formel. Dann liegt F bereits in der gewünschten Form vor. Wähle also $G = F$.

Induktionsschritt: Wir betrachten wieder die verschiedenen Fälle:

1. F hat die Form $\neg F_1$ und $G_1 = Q_1 y_1 Q_2 y_2 \cdots Q_n y_n G'$ sei die nach Induktionsvoraussetzung existierende zu F_1 äquivalente Formel. Dann gilt

$$F \equiv \overline{Q_1} y_1 \overline{Q_2} y_2 \cdots \overline{Q_k} y_k \neg G'$$

   wobei $\overline{Q_i} = \exists$, falls $Q_i = \forall$; und $\overline{Q_i} = \forall$, falls $Q_i = \exists$. Diese Formel hat die gewünschte Form.

2. F hat die Form $(F_1 \circ F_2)$ mit $\circ \in \{\wedge, \vee\}$. Dann gibt es zu F_1 und F_2 äquivalente Formeln G_1 und G_2 in bereinigter Pränexform. Durch gebundenes Umbenennen können wir die gebundenen Variablen von G_1 und G_2 disjunkt machen. Dann habe G_1 die Form $Q_1 y_1 Q_2 y_2 \cdots Q_k y_k G_1'$ und G_2 die Form $Q_1' z_1 Q_2' z_2 \cdots Q_l' z_l G_2'$ mit $Q_i, Q_j' \in \{\exists, \forall\}$. Damit folgt, dass F zu

$$Q_1 y_1 Q_2 y_2 \cdots Q_k y_k Q_1' z_1 Q_2' z_2 \cdots Q_l' z_l (G_1' \circ G_2')$$

äquivalent ist. Diese Formel hat die gewünschte Form.

3. F hat die Form $Q x F_1$ mit $Q \in \{\exists, \forall\}$. Die nach Induktionsvoraussetzung existierende bereinigte Pränexformel von F_1 habe die Bauart $Q_1 y_1 Q_2 y_2 \cdots Q_k y_k F_1'$. Durch gebundenes Umbenennen kann die Variable x verschieden gemacht werden von $y_1, y_2, \ldots, y_k$. Dann ist F zu

$$Q x Q_1 y_1 Q_2 y_2 \cdots Q_k y_k F_1'$$

äquivalent.   ∎

Übung 60: Im obigen Induktionsbeweis verbirgt sich ein Algorithmus zur Herstellung von äquivalenten Formeln in bereinigter Pränexform. Man formuliere einen entsprechenden Algorithmus.

Übung 61: Formen Sie die Formel

$$F = (\forall x \exists y P(x, g(y, f(x))) \vee \neg Q(z)) \vee \neg \forall x R(x, y)$$

um in bereinigte Pränexform.

Im folgenden verwenden wir die Abkürzung **BPF** für "bereinigt und in Pränexform".

Definition (Skolemform)
Für jede Formel F in **BPF** definieren wir ihre *Skolemform(-el)* als das Resultat der Anwendung folgenden Algorithmus' auf F:

> **while** F enthält einen Existenzquantor **do**
> **begin**

F habe die Form $F = \forall y_1 \forall y_2 \cdots \forall y_n \exists z G$ für eine Formel G
in **BPF** und $n \geq 0$ (der Allquantorblock kann auch leer sein);
Sei f ein neues bisher in F nicht vorkommendes n-stelliges
Funktionssymbol;
$F := \forall y_1 \forall y_2 \cdots \forall y_n G[z/f(y_1, y_2, \ldots, y_n)]$;
(d.h. der Existenzquantor in F wird gestrichen und jedes Vorkommen der Variablen z in G durch $f(y_1, y_2, \ldots, y_n)$ ersetzt)
end

Beispiel: Betrachten wir die Formel

$$\exists x \forall y \exists z \forall u \exists v P(x, y, z, u, v)$$

Der obige Skolem-Algorithmus erzeugt in den einzelnen
while-Schleifendurchläufen die folgenden Formeln:

$$\forall y \exists z \forall u \exists v P(a, y, z, u, v)$$
$$\forall y \forall u \exists v P(a, y, f(y), u, v)$$
$$\forall y \forall u P(a, y, f(y), u, g(y, u))$$

Hierbei sind a (0-stellig), f (1-stellig) und g (2-stellig) die neu eingeführten
Skolemfunktionen.

Übung 62: Man gebe die Skolemform der Formel

$$\forall x \exists y \forall z \exists w (\neg P(a, w) \vee Q(f(x), y))$$

an.

Satz
Für jede Formel F in **BPF** gilt: F ist erfüllbar genau dann, wenn die Skolemform von F erfüllbar ist.

Beweis: Wir zeigen, dass in jedem einzelnen, in einem **while**-Schleifen-
durchlauf durchgeführten Umformungsschritt eine Formel entsteht, die erfüllbar ist, genau dann wenn die Ausgangsformel F erfüllbar ist. Sei also

$$F = \forall y_1 \forall y_2 \cdots \forall y_n \exists z G .$$

Die nach einem **while**-Schleifendurchlauf entstehende Formel hat dann die
Form

$$F' = \forall y_1 \forall y_2 \cdots \forall y_n G[z/f(y_1, y_2, \ldots, y_n)] .$$

Wir nehmen zunächst an, dass F' erfüllbar ist. Dann gibt es eine Struktur $\mathcal{A}$, passend zu F', mit $\mathcal{A}(F') = 1$. Dann passt $\mathcal{A}$ auch zu F und es gilt:

für alle $u_1, u_2, \ldots, u_n \in U_\mathcal{A}$ ist

$$\mathcal{A}_{[y_1/u_1][y_2/u_2]\cdots[y_n/u_n]}(G[z/f(y_1, y_2, \cdots y_n)]) = 1 .$$

Mit dem Überführungslemma folgt:

für alle $u_1, u_2, \ldots, u_n \in U_\mathcal{A}$ ist

$$\mathcal{A}_{[y_1/u_1][y_2/u_2]\cdots[y_n/u_n][z/v]}(G) = 1 ,$$

wobei $v = f^\mathcal{A}(u_1, u_2, \cdots, u_n)$. Damit folgt:

für alle $u_1, u_2, \ldots, u_n \in U_\mathcal{A}$ gibt es ein $v \in U_\mathcal{A}$ mit

$$\mathcal{A}_{[y_1/u_1][y_2/u_2]\cdots[y_n/u_n][z/v]}(G) = 1 .$$

Deshalb ist

$$\mathcal{A}(\forall y_1 \forall y_2 \cdots \forall y_n \exists z G) = 1 .$$

D.h., $\mathcal{A}$ ist auch Modell für F.

Sei nun umgekehrt angenommen, F besitze das Modell $\mathcal{A}$. Wir können annehmen, dass $I_\mathcal{A}$ auf keinen anderen als den in F vorkommenden Funktionssymbolen, Prädikatsymbolen und freien Variablen definiert ist. Wegen $\mathcal{A}(F) = 1$ gilt:

für alle $u_1, u_2, \ldots, u_n \in U_\mathcal{A}$ gibt es ein $v \in U_\mathcal{A}$ (∗)
mit $\mathcal{A}_{[y_1/u_1]\cdots[y_n/u_n][z/v]}(G) = 1 .$

Wir definieren nun eine neue Struktur $\mathcal{A}'$, die eine Erweiterung von $\mathcal{A}$ ist derart, dass $\mathcal{A}'$ überall mit $\mathcal{A}$ identisch ist, lediglich das Funktionszeichen f in $\mathcal{A}'$ eine Interpretation $f^{\mathcal{A}'}$ erhält. Es sei

$$f^{\mathcal{A}'}(u_1, \ldots, u_n) = v,$$

wobei $v \in U_\mathcal{A} = U_{\mathcal{A}'}$ gemäß (∗) gewählt wird. (An dieser Stelle des Beweises wird das *Auswahlaxiom* benötigt, welches gerade die Existenz einer derartigen Funktion garantiert). Mit dieser Definition von $f^{\mathcal{A}'}$ ergibt sich:

für alle $u_1, \ldots, u_n \in U_\mathcal{A}$ gilt

$$\mathcal{A}'_{[y_1/u_1]\cdots[y_n/u_n][z/f^{\mathcal{A}'}(u_1,\ldots,u_n)]}(G) = 1.$$

Mit dem Überführungslemma erhalten wir:

für alle $u_1, \ldots, u_n \in U_\mathcal{A}$ gilt

$$\mathcal{A}'_{[y_1/u_1]\cdots[y_n/u_n]}(G[z/f(y_1, \ldots, y_n)]) = 1,$$

und damit

$$\mathcal{A}'(\forall y_1 \cdots \forall y_n G[z/f(y_1, \ldots, y_n)]) = 1.$$

Also ist $\mathcal{A}'$ Modell für F'.   ∎

Man beachte, dass die Umformung in Skolemform keine Äquivalenzum-
formung ist in dem Sinne, dass die entstehende Formel äquivalent zur Ausgangsformel ist. Es liegt lediglich *Erfüllbarkeitsäquivalenz* vor: die entstehende Formel besitzt ein Modell genau dann, wenn die Ausgangsformel ein
Modell besitzt.

Übung 63: Man wende alle in diesem Kapitel vorgestellten Umformungsschritte (bereinigen, Pränexform, Skolemform) auf die Formel

$$\forall z \exists y (P(x, g(y), z) \lor \neg \forall x Q(x)) \land \neg \forall z \exists x \neg R(f(x, z), z)$$

an!

Übung 64: Wenn man im Algorithmus zur Erzeugung der Skolemform die
Rollen von $\exists$ und $\forall$ vertauscht, so entsteht ein Algorithmus, der aus gegebener Formel F in **BPF** eine Formel F' erzeugt, die keine *Allquantoren* mehr
enthält. Man zeige: F ist genau dann *gültig*, wenn F' *gültig* ist.

Übung 65: Man gebe ein algorithmisches Verfahren an, das zu gegebener, bereinigter Formel F *direkt* (also ohne vorheriges Erstellen einer Pränexformel)
eine Skolemformel von F erzeugt. Hierzu überlege man sich, dass die Existenzquantoren der Pränexformel genau von denjenigen Existenz- (bzw. All-
)quantoren der Ausgangsformel herstammen, die sich im "Wirkungsbereich"
einer geraden (bzw. ungeraden) Anzahl von Negationszeichen befinden.

Es sollen noch einmal alle behandelten Umformungsschritte zusammenge-
stellt werden, die eine Formel durchlaufen muss , um für die Anwendung der
später zu betrachtenden Algorithmen in adäquater Form vorzuliegen.

Gegeben: eine prädikatenlogische Formel F (mit eventuellen Vorkommen
von freien Variablen).

1. Bereinige F durch systematisches Umbenennen der gebunden Variablen. Es entsteht eine zu F äquivalente Formel F_1.

2. Seien $y_1, y_2, \ldots, y_n$ die in F bzw. F_1 vorkommenden freien Variablen. Ersetze F_1 durch $F_2 = \exists y_1 \exists y_2 \cdots \exists y_n F_1$. Dann ist F_2 erfüllbarkeitsäquivalent zu F_1 und F (vgl. Übung 48) und enthält keine freien Variablen mehr.

3. Stelle eine zu F_2 äquivalente (und damit zu F erfüllbarkeitsäquivalente) Aussage F_3 in Pränexform her.

4. Eliminiere die vorkommenden Existenzquantoren durch Übergang zur Skolemform von F_3. Diese sei F_4 und ist dann erfüllbarkeitsäquivalent zu F_3 und damit auch zu F.

5. Forme die Matrix von F_4 um in **KNF** (und schreibe diese Formel F_5 dann als Klauselmenge auf).

Wir führen dies an einem **Beispiel** vor. Gegeben sei

$$F = (\neg \exists x(P(x, z) \vee \forall y Q(x, f(y)))) \vee \forall y P(g(z, y), z))$$

Umbenennen von y zu w im zweiten Disjunktionsglied liefert die bereinigte Form

$$F_1 = (\neg \exists x(P(x, z) \vee \forall y Q(x, f(y)))) \vee \forall w P(g(z, w), z))$$

Die Variable z kommt in F_1 frei vor. Wir bilden deshalb

$$F_2 = \exists z(\neg \exists x(P(x, z) \vee \forall y Q(x, f(y)))) \vee \forall w P(g(z, w), z)).$$

Umformen in Pränexform liefert (z.B.)

$$F_3 = \exists z \forall x \exists y \forall w((\neg P(x, z) \wedge \neg Q(x, f(y))) \vee P(g(z, w), z)).$$

Wir gehen nun zur Skolemform über, wobei ein neues 0-stelliges Funktionssymbol a (eine Konstante) für z und $h(x)$ für y substituiert wird.

$$F_4 = \forall x \forall w(\neg(P(x, a) \wedge \neg Q(x, f(h(x)))) \vee P(g(a, w), a)).$$

Umformen der Matrix von F_4 in **KNF** liefert

$$F_5 = \forall x \forall w((\neg P(x, a) \vee P(g(a, w), a)) \wedge (\neg Q(x, f(h(x))) \vee P(g(x, w), a))).$$

Nun kann F_5 in Klauselform geschrieben werden:

$$\{\{\neg P(x, a), P(g(a, w), a)\}, \{\neg Q(x, f(h(x))), P(g(a, w), a)\}\}.$$

Hierbei erübrigt sich das explizite Aufschreiben der Quantoren. Jede vorkommende Variable in dieser Klauseldarstellung ist aufzufassen als per Allquantor gebunden.

Diese Klauseldarstellung ist Ausgangspunkt verschiedener, auf Resolution basierender Algorithmen (vgl. Abschnitt 2.5).

Es sei bemerkt, dass alle Umformungsschritte rein "mechanisch" durch einen Algorithmus ausgeführt werden können.

2.3 Unentscheidbarkeit

Ein Leitthema unseres Vorgehens ist die Suche nach einem algorithmischen Test für die Erfüllbarkeit oder Gültigkeit von Formeln. Wir werden in diesem Abschnitt jedoch sehen, dass derartige Algorithmen für prädikatenlogische Formeln aus prinzipiellen Gründen nicht existieren können. Kurz gesagt, die Prädikatenlogik ist *unentscheidbar*. (Genauer formuliert: sowohl das Erfüllbarkeitsproblem als auch das Gültigkeitsproblem für prädikatenlogische Formeln ist unentscheidbar). Wir werden uns mit einem sog. *Semi-Entscheidungsverfahren* für die Prädikatenlogik begnügen müssen. Ein solches Semi-Entscheidungsverfahren wird dann im nächsten Abschnitt vorgestellt.

Die Wahrheitstafelmethode in der Aussagenlogik konnte aus der Beobachtung abgeleitet werden, dass es zur Bestimmung der Erfüllbarkeit oder Gültigkeit einer Formel genügt, eine endliche (wenn auch exponentiell große) Anzahl von Belegungen durchzuprobieren. In der Prädikatenlogik haben wir es mit den Strukturen zu tun statt mit den Belegungen. Kann man sich auch hier auf die Betrachtung von endlich vielen (und zwar auch endlich großen) Strukturen beschränken? Die obige Diskussion deutet an, dass dies nicht so ist.

Beobachtung: Es gibt prädikatenlogische Formeln, die zwar erfüllbar sind, jedoch nur unendliche Modelle besitzen (also solche mit unendlicher Grundmenge).

Man betrachte z.B. die Formel

$$F = \forall x P(x, f(x))$$
$$\wedge \forall y \neg P(y, y)$$
$$\wedge \forall u \forall v \forall w((P(u, v) \wedge P(v, w)) \to P(u, w)).$$

Diese Formel F ist erfüllbar, denn sie besitzt z.B. das folgende (unendliche)

Modell $\mathcal{A} = (U_A, I_A)$ mit

$$
\begin{aligned}
U_A &= \{0, 1, 2, \ldots\}, \\
P^A &= \{(m, n) \mid m < n\}, \\
f^A(n) &= n + 1.
\end{aligned}
$$

Diese Formel F besitzt jedoch kein endliches Modell. Nehmen wir an, $\mathcal{B} = (U_B, I_B)$ sei ein Modell für F, wobei U_B endlich ist. Sei m ein beliebiges Element aus U_B. Wir betrachten die Folge

$$
m_0, m_1, m_2, \ldots \in U_B \text{ mit } m_0 = m \text{ und } m_{i+1} = f^B(m_i).
$$

Da U_B endlich ist, muss es natürliche Zahlen i und j, $i < j$, geben mit $m_i = m_j$. Wegen des ersten Konjunktionsglieds von F gilt: $(m_0, m_1) \in P^B, (m_1, m_2) \in P^B, (m_2, m_3) \in P^B, \ldots$. Das dritte Konjunktionsglied von F besagt außerdem, dass P^B eine transitive Relation sein muss. Dies impliziert insbesondere, dass $(m_i, m_j) \in P^B$. Da aber $m_i = m_j$, haben wir also ein Element n des Universums U_B gefunden mit $(n, n) \in P^B$. Dies widerspricht jedoch dem zweiten Konjunktionsglied von F, das besagt, dass P^B irreflexiv ist. Dieser Widerspruch zeigt, dass F lediglich unendliche Modelle besitzt.

Es sei deutlich betont, dass obige Beobachtung noch *kein* Beweis für die Unentscheidbarkeit der Prädikatenlogik ist. Die Existenz von erfüllbaren Formeln mit lediglich unendlichen Modellen zeigt nur, dass sich die Wahrheitstafelmethode nicht in die Prädikatenlogik übertragen lässt, um ein Entscheidungsverfahren zu erhalten. Die mögliche Existenz von ganz anderen Entscheidungsverfahren ist durch obige Beobachtung allein zunächst nicht ausgeschlossen.

Um einen Unentscheidbarkeitsbeweis zu führen, müsste zunächst der zugrundeliegende Berechenbarkeitsbegriff geklärt bzw. definiert werden. Dies ist Thema der Berechenbarkeitstheorie und soll hier nicht behandelt werden. Dort wird eine Funktion für *berechenbar* (oder ein Problem für *entscheidbar*) erklärt, falls die Funktion durch eine gewisse abstrakte Maschine (Turing-Maschine) in endlich vielen Rechenschritten berechnet werden kann (bzw. die Fragestellung des Problems in endlicher Zeit entschieden werden kann). Wir wollen es bei folgender informaler "Definition" belassen: Ein (ja/nein-) Problem heißt *entscheidbar* oder *rekursiv*, falls es ein Rechenverfahren gibt (z.B. formuliert als PASCAL-Programm), das angesetzt auf Eingaben der zugrundeliegenden Problemstellung, immer nach endlicher Zeit stoppt, und dann korrekt (in Bezug auf die Fragestellung) "ja" oder "nein" ausgibt. Andernfalls heißt ein Problem *unentscheidbar*.

Um es noch einmal zu verdeutlichen, wir zeigen also im Folgenden, dass u.a.
dieses Problem unentscheidbar ist:

> *gegeben*: Eine prädikatenlogische Formel F.
>
> *gefragt*: Ist F eine gültige Formel?

Hierzu verwenden wir ein bekanntes Resultat aus der Berechenbarkeitstheorie, das wir hier nicht beweisen wollen, nämlich dass das sog. *Postsche Korrespondenzproblem* unentscheidbar ist. Dies ist das folgende Problem:

> *gegeben*: Eine endliche Folge von Wortpaaren $(x_1, y_1), \ldots, (x_k, y_k)$,
> wobei $x_i, y_i \in \{0, 1\}^+$.
>
> *gefragt*: Gibt es eine Folge von Indizes $i_1, i_2, \ldots, i_n \in \{1, 2, \ldots, k\}$,
> $n \geq 1$, mit $x_{i_1} x_{i_2} \ldots x_{i_n} = y_{i_1} y_{i_2} \ldots y_{i_n}$?

Wir nennen $i_1, i_2, \ldots, i_n$ dann eine *Lösung* des Korrespondenzproblems
$(x_1, y_1), (x_2, y_2), \ldots, (x_k, y_k)$.

Beispiel: Das Korrespondenzproblem

$$K = ((1, 101), (10, 00), (011, 11)),$$

also

$$
\begin{array}{lll}
x_1 = 1 & x_2 = 10 & x_3 = 011 \\
y_1 = 101 & y_2 = 00 & y_3 = 11
\end{array}
$$

besitzt die Lösung $(1, 3, 2, 3)$, denn es gilt:

$$x_1 x_3 x_2 x_3 = 101110011 = y_1 y_3 y_2 y_3$$

Übung 66: Man zeige, dass folgendes Korrespondenzproblem eine Lösung
besitzt:

$$
\begin{array}{llll}
x_1 = 001 & x_2 = 01 & x_3 = 01 & x_4 = 10 \\
y_1 = 0 & y_2 = 011 & y_3 = 101 & y_4 = 001.
\end{array}
$$

(Achtung: die kürzeste Lösung besteht aus 66 Indizes. Ohne Computereinsatz kann man dieses Problem jedoch auch "von Hand" lösen, wenn man die Lösung "von hinten nach vorn" bestimmt).

Wir benutzen die Beweismethode der *Reduktion* und zeigen: wenn das obige Gültigkeitsproblem der Prädikatenlogik entscheidbar ist, folgt dass auch das Postsche Korrespondenzproblem entscheidbar ist – im Widerspruch zu den Resultaten der Berechenbarkeitstheorie. Aus einem fiktiven Entscheidungsverfahren für das Gültigkeitsproblem der Prädikatenlogik müssen wir ein fiktives Entscheidungsverfahren für das Postsche Korrespondenzproblem konstruieren. Viele Unentscheidbarkeitsresultate in der Theorie der Formalen Sprachen werden mittels dieser Methode der Reduktion geführt – insbesondere auch unter Verwendung der Unentscheidbarkeit des Postschen Korrespondenzproblems.

Satz (Church)

Das Gültigkeitsproblem der Prädikatenlogik ist unentscheidbar.

Beweis: Wie oben bereits ausgeführt, besteht die Aufgabe darin, eine algorithmische Vorschrift anzugeben, die jedes beliebige vorgelegte Postsche Korrespondenzproblem K in endlicher Zeit in eine prädikatenlogische Formel $F = F_K$ überführt, so dass K eine Lösung besitzt, genau dann wenn F_K gültig ist. Daraus ergibt sich dann, dass die fiktive Existenz eines Entscheidungsverfahrens für die Prädikatenlogik die Existenz eines Entscheidungsverfahrens für das Postsche Korrespondenzproblem nach sich zieht. Sei also

$$K = ((x_1, y_1), (x_2, y_2), \ldots, (x_k, y_k))$$

ein Postsches Korrespondenzproblem. Die gesuchte Formel $F = F_K$ wird wie folgt konstruiert. F enthält ein nullstelliges Funktionssymbol a (also eine Konstante), sowie zwei einstellige Funktionssymbole f_0 und f_1. Ferner kommt ein zweistelliges Prädikatensymbol P vor. Wir verwenden zur Darstellung von F eine abkürzende Schreibweise:
Statt

$$f_{j_1}(f_{j_2}(\ldots f_{j_l}(x) \ldots)) \text{ mit } j_i \in \{0, 1\}$$

schreiben wir

$$f_{j_l \ldots j_2 j_1}(x).$$

(Die Indizes stehen nun also in umgekehrter Reihenfolge). Unsere Formel $F = F_K$ hat die Bauart

$$F = ((F_1 \wedge F_2) \rightarrow F_3)$$

und kann offensichtlich in endlicher Zeit aus K algorithmisch konstruiert werden. Hierbei ist

$$F_1 = \bigwedge_{i=1}^{k} P(f_{x_i}(a), f_{y_i}(a))$$

$$F_2 = \forall u \forall v (P(u,v) \rightarrow \bigwedge_{i=1}^{k} P(f_{x_i}(u), f_{y_i}(v)))$$

$$F_3 = \exists z P(z,z).$$

Wir müssen nun zeigen, dass diese Formel F gültig ist genau dann, wenn K eine Lösung besitzt. Nehmen wir zunächst an, F sei gültig. Dann gilt für jede zu F passende Struktur $\mathcal{A}$, dass $\mathcal{A} \models F$. Dies gilt dann auch für folgende spezielle Struktur $\mathcal{A} = (U_\mathcal{A}, I_\mathcal{A})$ mit

$$
\begin{aligned}
U_\mathcal{A} &= \{0,1\}^* \text{ (die Menge aller endlichen Wörter, die} \\
&\quad \text{sich mit dem Alphabet } \{0,1\} \text{ bilden lassen),} \\
a^\mathcal{A} &= \varepsilon \text{ (das leere Wort),} \\
f_0^\mathcal{A}(\alpha) &= \alpha 0 \text{ (die Konkatenation von } \alpha \text{ mit 0),} \\
f_1^\mathcal{A}(\alpha) &= \alpha 1 \text{ (die Konkatenation von } \alpha \text{ mit 1),} \\
P^\mathcal{A} &= \{(\alpha,\beta) \mid \alpha,\beta \in \{0,1\}^+ \text{ und es gibt Indi-} \\
&\quad \text{zes } i_1, i_2, \ldots, i_t \text{ mit } \alpha = x_{i_1} x_{i_2} \ldots x_{i_t} \text{ und } \beta = \\
&\quad y_{i_1} y_{i_2} \ldots y_{i_t} \}.
\end{aligned}
$$

Ein Wortpaar (α,β) liegt also in $P^\mathcal{A}$, falls α mittels derselben Indexfolge $i_1, i_2, \ldots, i_t$ aus den x_i aufgebaut ist, wie β aus den y_i aufgebaut ist.

Man stellt nun leicht fest, dass $\mathcal{A}$ zu F passend ist. Somit gilt $\mathcal{A} \models F$. Ferner kann man nachprüfen, dass $\mathcal{A} \models F_1$ und $\mathcal{A} \models F_2$ gelten. Da F die Bauart einer Implikation $((F_1 \wedge F_2) \rightarrow F_3)$ hat, folgt $\mathcal{A} \models F_3$.

Inhaltlich bedeutet $\mathcal{A} \models F_3$ aber nichts anderes, als dass ein Wort $\gamma \in \{0,1\}^+$ existiert, das mittels derselben Indexfolge aus den x_i, wie auch aus den y_i, aufgebaut werden kann. Mit anderen Worten, das Korrespondenzproblem K besitzt eine Lösung.

Sei nun umgekehrt angenommen, dass K die Lösung $i_1, i_2, \ldots, i_n$ besitzt. Es gilt also $x_{i_1} x_{i_2} \ldots x_{i_n} = y_{i_1} y_{i_2} \ldots y_{i_n}$. Ferner sei $\mathcal{A}$ eine beliebige zu F passende Struktur. Wir müssen nun zeigen, dass $\mathcal{A} \models F$ gilt. Falls $\mathcal{A} \not\models F_1$ oder $\mathcal{A} \not\models F_2$, so folgt wegen der Bauart von F sofort, dass $\mathcal{A} \models F$. Nehmen wir für das Folgende also an, dass $\mathcal{A} \models F_1$ und $\mathcal{A} \models F_2$, also $\mathcal{A} \models (F_1 \wedge F_2)$, gilt.

Wir definieren nun eine Abbildung (oder *Einbettung*) $\mu : \{0,1\}^* \rightarrow U_\mathcal{A}$ durch folgende induktive Definition:

$$
\begin{aligned}
\mu(\varepsilon) &= a^\mathcal{A}, \\
\mu(x0) &= f_0^\mathcal{A}(\mu(x)), \\
\mu(x1) &= f_1^\mathcal{A}(\mu(x)).
\end{aligned}
$$

Mit anderen Worten, $\mu(x) = f_x^{\mathcal{A}}(a^{\mathcal{A}})$. Beispiel:

$$\mu(01101) = f_1^{\mathcal{A}}(f_0^{\mathcal{A}}(f_1^{\mathcal{A}}(f_1^{\mathcal{A}}(f_0^{\mathcal{A}}(a^{\mathcal{A}}))))).$$

Wegen $\mathcal{A} \models F_1$ gilt für $i = 1, 2, \ldots, k$: $(\mu(x_i), \mu(y_i)) \in P^{\mathcal{A}}$. Wegen $\mathcal{A} \models F_2$ gilt für $i = 1, 2, \ldots, k$, dass aus $(\mu(u), \mu(v)) \in P^{\mathcal{A}}$ folgt $(\mu(ux_i), \mu(vy_i)) \in P^{\mathcal{A}}$. Durch Induktion folgt, dass insbesondere gilt:

$$(\mu(x_{i_1} x_{i_2} \ldots x_{i_n}), \mu(y_{i_1} y_{i_2} \ldots y_{i_n})) \in P^{\mathcal{A}}.$$

Mit anderen Worten, für $u = \mu(x_{i_1} x_{i_2} \ldots x_{i_n}) = \mu(y_{i_1} y_{i_2} \ldots y_{i_n})$ gilt $(u, u) \in P^{\mathcal{A}}$. Daraus folgt $\mathcal{A} \models \exists z P(z, z)$, und somit $\mathcal{A} \models F_3$. Damit ist $\mathcal{A} \models F$ gezeigt. ∎

Folgerung: Das Erfüllbarkeitsproblem der Prädikatenlogik (*gegeben*: eine Formel F, *gefragt*: Ist F erfüllbar?) ist unentscheidbar.

Beweis: Da eine Formel F gültig ist genau dann, wenn $\neg F$ unerfüllbar ist, würde die Existenz eines fiktiven Entscheidungsverfahrens für das Erfüllbarkeitsproblem zur Existenz eines Entscheidungsverfahrens für das Gültigkeitsproblem führen. Da das Gültigkeitsproblem unentscheidbar ist, kann es ein solches Verfahren also nicht geben. ∎

Der Leser wird sofort bemerkt haben, dass dieses Argument wiederum nichts anderes als die Methode der Reduktion ist.

Übung 67: Man zeige, dass das Gültigkeitsproblem (und damit auch das Erfüllbarkeitsproblem) bereits für Formeln ohne Funktionssymbole unentscheidbar ist.

Übung 68: Man zeige, dass folgende Variante des Postschen Korrespondenzproblems entscheidbar ist.

> *gegeben*: Eine endliche Folge von Wortpaaren $(x_1, y_1), \ldots, (x_k, y_k)$, wobei $x_i, y_i \in \{0, 1\}^+$.

> *gefragt*: Gibt es Folgen von Indizes $i_1, i_2, \ldots, i_n$, $n \geq 1$, und $j_1, j_2, \ldots, j_m$, $m \geq 1$, mit $x_{i_1} x_{i_2} \ldots x_{i_n} = y_{j_1} y_{j_2} \ldots y_{j_m}$?

Übung 69: In der *monadischen* Prädikatenlogik dürfen die Formeln keine Funktionssymbole enthalten und alle Prädikatensymbole müssen einstellig (monadisch) sein.

Man zeige: Falls eine Aussage F der monadischen Prädikatenlogik mit den einstelligen Prädikatensymbolen $P_1, \ldots, P_n$ erfüllbar ist, dann gibt es bereits ein Modell für F der Mächtigkeit 2^n. Hieraus folgere man, dass das Erfüllbarkeits- (und Gültigkeits-) problem für Formeln der monadischen Prädikatenlogik entscheidbar ist!

Hinweis: Man zeige, dass der Grundbereich eines jeden Modells $\mathcal{A}$ für F in 2^n Äquivalenzklassen unterteilt werden kann. Die Äquivalenz zweier Elemente $u, v \in U_\mathcal{A}$ ergibt sich aus ihrem gleichartigen Verhalten bzgl. $P_1^\mathcal{A}, \ldots, P_n^\mathcal{A}$. Sodann kann man ein neues Modell $\mathcal{B}$ für F definieren, wobei die Elemente von $U_\mathcal{B}$ gerade diese Äquivalenzklassen sind.

Übung 70: Man zeige, dass folgendes Problem unentscheidbar ist.

   gegeben: Die Beschreibung eines Algorithmus' A.

   gefragt: Stoppt A nach endlicher Zeit, wenn A auf seiner eigenen Beschreibung als Eingabe gestartet wird?

Exkurs (mathematische Theorien)

Wir wollen an dieser Stelle auf einige in der mathematischen Logik wichtige Begriffe und Resultate hinweisen, deren Bedeutung in der Informatik – zumindest in diesem Buch – in den Hintergrund tritt.

Eine *Theorie* ist eine Menge von Formeln **T** – möglicherweise beschränkt auf solche Formeln, die nur aus bestimmten vorgegebenen Bestandteilen (d.h. Prädikatensymbolen, Funktionssymbolen) aufgebaut sind –, die gegenüber Folgerbarkeit abgeschlossen ist. Das heißt genauer, **T** ist eine Theorie, wenn für alle $F_1, F_2, \ldots, F_n \in$ **T** und alle Formeln G gilt: wenn G eine Folgerung von $\{F_1, F_2, \ldots, F_n\}$ ist, so ist $G \in$ **T**. Die Formeln, die Elemente einer Theorie **T** sind, heißen auch *Sätze* der Theorie **T**.

Jede Theorie **T** umfasst alle gültigen Formeln (evtl. mit der obigen syntaktischen Einschränkung). Ferner gilt, dass **T** entweder *alle* Formeln enthält (dies ist der entartete Fall einer *widersprüchlichen* Theorie), oder dass **T** disjunkt ist zu der Menge der unerfüllbaren Formeln. Im nicht-entarteten Fall kann eine Theorie auch keine Aussage F zusammen mit ihrer Negation $\neg F$ enthalten. Das Diagramm zeigt ein nicht-entartetes Beispiel einer Theorie **T**.

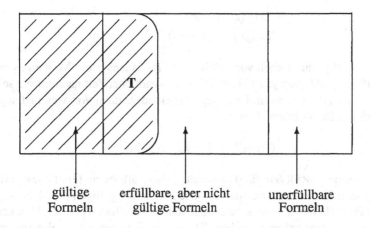

| gültige | erfüllbare, aber nicht | unerfüllbare |
| Formeln | gültige Formeln | Formeln |

Es gibt zwei grundsätzlich unterschiedliche Arten, Theorien zu definieren.

Bei der *modelltheoretischen* Methode gibt man eine Struktur $\mathcal{A}$ vor und nimmt als deren zugeordnete Theorie die Menge aller Formeln, evtl. mit Identität, die unter $\mathcal{A}$ gelten. Formal geschrieben:

$$Th(\mathcal{A}) = \{F \mid \mathcal{A} \models F\}.$$

Es ist klar, dass eine Formelmenge der Form $Th(\mathcal{A})$ eine Theorie, also unter Folgerbarkeit abgeschlossen, ist. Ferner ist eine derartige Theorie **T** immer *vollständig*, d.h. für jede Aussage F gilt entweder $F \in \mathbf{T}$ oder $\neg F \in \mathbf{T}$ (aber nicht beides).

Beispiele solcher Theorien sind $Th(\mathbb{N}, +)$ und $Th(\mathbb{N}, *, +)$. Hierbei sind $(\mathbb{N}, +)$ bzw. $(\mathbb{N}, *, +)$ diejenigen Strukturen mit Grundbereich $\mathbb{N}$ und fixierter Interpretation von $+$ als Additionsfunktion und $*$ als Multiplikationsfunktion. (Dies ist die sog. *Presburger-Arithmetik* und die (volle) *Arithmetik*).

Bei der *axiomatischen* Methode gibt man ein *Axiomensystem*, also eine Menge von Formeln **M** vor, und definiert die zu **M** gehörige Theorie als den Abschluss von **M** unter dem Folgerbarkeitsbegriff (evtl. eingeschränkt auf solche Formeln, die nur aus den in **M** vorkommenden Bestandteilen aufgebaut sind). Formal ausgedrückt:

$$Cons(\mathbf{M}) = \{G \mid \text{es gibt Formeln } F_1, \ldots, F_n \in \mathbf{M},$$
$$\text{so dass } G \text{ aus } \{F_1, \ldots, F_n\} \text{ folgt}\}.$$

Ein Beispiel ist die *Theorie der Gruppen*. Dies ist $Cons(\mathbf{M})$, wobei

$$\mathbf{M} = \{\forall x \forall y \forall z (f(f(x, y), z) = f(x, f(y, z))),$$

$$\forall x(f(x,e) = x),$$
$$\forall x \exists y(f(x,y) = e)\}.$$

Man fordert grundsätzlich von solch einem Axiomensystem $\mathbf{M}$, dass es *entscheidbar* ist, d.h. von jeder Formel F soll in endlicher Zeit nachprüfbar sein, ob $F \in \mathbf{M}$ gilt oder nicht. Dies liegt insbesondere dann vor, wenn $\mathbf{M}$ sogar endlich ist. Es gilt beispielsweise

$$Cons(\emptyset) = \{ F \mid F \text{ ist gültig} \}.$$

Eine Theorie $\mathbf{T}$ heißt *(endlich) axiomatisierbar*, falls es ein (endliches) Axiomensystem $\mathbf{M}$ gibt mit $\mathbf{T}=Cons(\mathbf{M})$. (Die Menge der gültigen prädikatenlogischen Formeln bildet somit eine endlich axiomatisierbare Theorie.) Man kann zeigen, dass jede axiomatisierbare Theorie semi-entscheidbar, also rekursiv aufzählbar ist (zu diesen Begriffen vgl. Kapitel 2.4). Ferner ist jede vollständige und axiomatisierbare Theorie entscheidbar. Nun gibt es zwei prinzipielle Fragestellungen, die untersucht werden können.

1. Sind gewisse (axiomatisierbare) Theorien sogar entscheidbar? Wir haben zum Beispiel gezeigt, dass die axiomatisierbare Theorie $Cons(\emptyset)$ nicht entscheidbar ist (und deshalb nicht vollständig sein kann).

2. Sind gewisse modelltheoretisch definierte Theorien axiomatisierbar, oder sogar entscheidbar? Als Beispielresultat mag dienen, dass $Th(\mathbb{N}, *, +)$ nicht axiomatisierbar und damit auch nicht entscheidbar ist. Anders ausgedrückt: jedes arithmetische Axiomensystem (z.B. die *Peano-Arithmetik*) führt auf eine unvollständige Theorie. (Dies ist der sog. Gödelsche Unvollständigkeitssatz). Im Unterschied hierzu gilt jedoch, dass $Th(\mathbb{N}, +)$ entscheidbar ist.

Übung 71: Wieso ist jede vollständige und axiomatisierbare Theorie entscheidbar?

2.4 Herbrand-Theorie

Ein Problem beim Umgang mit prädikatenlogischen Formeln ist, dass die Definition von Strukturen $\mathcal{A} = (U_A, I_A)$ zulässt, dass U_A *beliebige* Mengen sein können. Insbesondere scheint es zunächst keine Möglichkeit zu geben, Aussagen über deren Mächtigkeit, geschweige denn über den Aufbau von I_A zu machen. Es scheint ein unmögliches Unterfangen zu sein, auf irgendeine systematische Art und Weise alle potenziellen Strukturen für eine gegebene

Formel aufzuzählen, um sie daraufhin auf ihre Modelleigenschaft zu untersuchen.

In der Tat, im letzten Abschnitt wurde gerade gezeigt, dass das Problem, festzustellen, ob eine gegebene Formel ein Modell besitzt oder nicht, unentscheidbar ist. Dies zeigt die nicht überschreitbare Grenze an: ein Entscheidungsverfahren für die Erfüllbarkeit von prädikatenlogischen Formeln können wir nicht erwarten. Trotzdem wollen wir uns in diesem Abschnitt mit den verbleibenden positiven Aspekten beschäftigen, insoweit sie nicht in Widerspruch zu diesem negativen Resultat der Unentscheidbarkeit stehen.

Die (algorithmische) Suche nach potenziellen Modellen für eine Formel kann auf eine gewisse *kanonische* Art erfolgen, beziehungsweise beschränkt bleiben. Diese im Folgenden zu entwickelnde Theorie geht im Wesentlichen auf Jacques Herbrand, Kurt Gödel und Thoralf Skolem zurück. Insbesondere werden die Arbeiten von Herbrand mit dieser Theorie verbunden.

Ausgangspunkt für die folgenden Betrachtungen sind *geschlossene* Formeln, also Aussagen, in Skolemform (und damit auch in **BPF**). Im Abschnitt 2.2 wurde gezeigt, dass jede prädikatenlogische Formel in eine erfüllbarkeitsäquivalente Formel dieser Art umgeformt werden kann.

Definition (Herbrand-Universum)

Das *Herbrand-Universum* $D(F)$ einer geschlossenen Formel F in Skolemform ist die Menge aller variablenfreien Terme, die aus den Bestandteilen von F gebildet werden können. Im speziellen Fall, dass in F keine Konstante vorkommt, wählen wir zunächst eine beliebige Konstante, zum Beispiel a, und bilden dann die variablenfreien Terme. Formaler ausgedrückt, $D(F)$ wird wie folgt induktiv definiert:

1. Alle in F vorkommenden Konstanten sind in $D(F)$. Falls F keine Konstante enthält, so ist a in $D(F)$.

2. Für jedes in F vorkommende n-stellige Funktionssymbol f und Terme $t_1, t_2, \ldots, t_n$ in $D(F)$ ist der Term $f(t_1, t_2, \ldots, t_n)$ in $D(F)$.

Beispiel: Gegeben seien die Formeln F und G:

$$F = \forall x \forall y \forall z P(x, f(y), g(z, x))$$
$$G = \forall x \forall y Q(c, f(x), h(y, b))$$

Für die Formel F liegt der Spezialfall vor (kein Vorkommen einer Konstanten). Deshalb ist

$$D(F) = \{a, f(a), g(a, a), f(g(a, a)), f(f(a)), g(a, f(a)), g(f(a), a),$$

$$g(f(a), f(a)), \ldots\}$$

und

$$
\begin{aligned}
D(G) \;=\; \{ & c, b, f(c), f(b), h(c,c), h(c,b), h(b,c), h(b,b), \\
& f(f(c)), f(f(b)), f(h(c,c)), f(h(c,b)), f(h(b,c)), \ldots \}
\end{aligned}
$$

Es sei an dieser Stelle gleich vorwegnehmend erwähnt, dass für eine gegebene Aussage F in Skolemform $D(F)$ als "Standard"-Grundbereich verwendet wird, um nach möglichen Modellen für F zu suchen; und wir werden zeigen, dass dies ausreichend ist.

Definition (Herbrand-Strukturen)
Sei F eine Aussage in Skolemform. Dann heißt jede zu F passende Struktur $\mathcal{A} = (U_{\mathcal{A}}, I_{\mathcal{A}})$ eine *Herbrand-Struktur* für F, falls folgendes gilt:

1. $U_{\mathcal{A}} = D(F)$,

2. für jedes in F vorkommende n-stellige Funktionssymbol f und $t_1, t_2, \ldots, t_n \in D(F)$ ist $f^{\mathcal{A}}(t_1, t_2, \ldots, t_n) = f(t_1, t_2, \ldots, t_n)$.

Beispiel: Eine Herbrand-Struktur $\mathcal{A} = (U_{\mathcal{A}}, I_{\mathcal{A}})$ für obige Beispielformel F muss also folgende Bedingungen u.a. erfüllen:

$$U_{\mathcal{A}} = D(F) = \{a, f(a), g(a,a), \ldots\}$$

und

$$
\begin{aligned}
f^{\mathcal{A}}(a) &= f(a) \\
f^{\mathcal{A}}(f(a)) &= f(f(a)) \\
f^{\mathcal{A}}(g(a,a)) &= f(g(a,a))
\end{aligned}
$$
usw.

Die Wahl von $P^{\mathcal{A}}$ ist noch offen. Zum Beispiel könnten wir festlegen:

$$(t_1, t_2, t_3) \in P^{\mathcal{A}} \text{ gilt genau dann, wenn } g(t_1, t_2) = g(t_2, f(t_3)).$$

Die so definierte Herbrand-Struktur $\mathcal{A}$ wäre dann also kein Modell für F, da z.B. bereits für $t_1 = a$, $t_2 = f(a)$, $t_3 = g(a,a)$ gilt, dass $g(a, f(a)) \neq g(f(a), f(g(a,a)))$.

Übung 72: Man gebe eine Herbrand-Struktur an für diese Beispielformel F, die ein Modell für F ist.

Bei Herbrand-Strukturen sind also der Grundbereich und die Interpretation der Funktionssymbole per Definition festgelegt. Was noch frei gewählt werden kann, ist die Interpretation der Prädikatsymbole.

Man sollte an dieser Stelle nicht weiterlesen, bevor man nicht die subtile Bedeutung von Punkt 2 in obiger Definition verstanden hat. Hier werden Syntax und Semantik von Termen sozusagen "gleichgeschaltet". Terme werden "durch sich selbst" interpretiert. Das heißt, bei einer Herbrand-Struktur $\mathcal{A}$ gilt für jeden variablenfreien Term t, dass $\mathcal{A}(t) = t$.

Für Herbrand-Strukturen $\mathcal{A}$ erhält damit das Überführungslemma folgende vereinfachte Form

$$\mathcal{A}_{[x/t]}(F) = \mathcal{A}(F[x/t]),$$

die wir des öfteren verwenden werden.

Wir nennen im Folgenden eine Herbrand-Struktur ein *Herbrand-Modell* für eine Formel F, falls sie ein Modell für F ist.

Satz

Sei F eine Aussage in Skolemform. Dann ist F genau dann erfüllbar, wenn F ein Herbrand-Modell besitzt.

Beweis: Da ein Herbrand-Modell für F ein Modell für F ist, ist die Beweisrichtung von rechts nach links klar.

Sei also $\mathcal{A} = (U_{\mathcal{A}}, I_{\mathcal{A}})$ ein beliebiges Modell für F. Falls in F keine Konstante vorkommt (dies ist der Spezialfall in der Definition von $D(F)$), so erweitern wir $\mathcal{A}$ noch um die Festlegung

$$a^{\mathcal{A}} = m,$$

wobei m ein willkürliches Element aus $U_{\mathcal{A}}$ sein soll. Diese evtl. erforderliche Modifikation von $\mathcal{A}$ ändert nichts an der Modelleigenschaft. Wir geben nun eine Herbrand-Struktur $\mathcal{B} = (D(F), I_{\mathcal{B}})$ für F an. Es bleibt noch festzulegen, wie die Prädikatsymbole zu interpretieren sind. Sei P ein n-stelliges Prädikatsymbol in F und seien $t_1, t_2, \ldots, t_n \in D(F)$. (Man beachte, dass wegen obiger Modifikation von $\mathcal{A}$, $\mathcal{A}(t_1), \ldots, \mathcal{A}(t_n)$ wohldefinierte Elemente aus $U_{\mathcal{A}}$ sind). Wir legen nun fest:

$$(t_1, t_2, \ldots, t_n) \in P^{\mathcal{B}} \quad \textbf{gdw.} \quad (\mathcal{A}(t_1), \mathcal{A}(t_2), \ldots, \mathcal{A}(t_n)) \in P^{\mathcal{A}}$$

Die Definition von $P^{\mathcal{B}}$ "imitiert" also die Definition von $P^{\mathcal{A}}$, indem die Argumente $t_1, \ldots, t_n \in D(F) = U_{\mathcal{B}}$ zunächst mittels $\mathcal{A}$ in den Grundbereich von $\mathcal{A}$ transformiert werden.

Wir behaupten nun, dass $\mathcal{B}$ ein Modell für F ist. Hierzu zeigen wir eine stärkere Behauptung: Für jede Aussage G in Skolemform, die aus den Bestandteilen von F aufgebaut ist, gilt: falls $\mathcal{A} \models G$, so auch $\mathcal{B} \models G$. Dann ergibt sich die erste Behauptung als Spezialfall $F = G$ aus der zweiten.

Wir führen den Beweis per Induktion über die Anzahl n der Allquantoren von G.

Induktionsanfang ($n = 0$). Falls G keine Allquantoren (also überhaupt keine Quantoren) enthält, so ist aus der Definition von $\mathcal{B}$ unmittelbar klar, dass sogar gilt: $\mathcal{A}(G) = \mathcal{B}(G)$.

Induktionsschritt ($n > 0$). Sei G eine Formel mit n Allquantoren der Bauart $G = \forall x H$, wobei H nur $n - 1$ Allquantoren enthält. Auf H selbst ist die Induktionsvoraussetzung zunächst nicht anwendbar, da H keine Aussage mehr ist (x kann in H frei vorkommen). Da nach Voraussetzung $\mathcal{A} \models G$, gilt für alle $u \in U_{\mathcal{A}}$, dass $\mathcal{A}_{[x/u]}(H) = 1$. Dann gilt erst recht für alle $u \in U_{\mathcal{A}}$ der speziellen Form $u = \mathcal{A}(t)$ mit $t \in D(G)$, dass $\mathcal{A}_{[x/u]}(H) = 1$. Anders ausgedrückt, für alle $t \in D(G)$ gilt $\mathcal{A}_{[x/\mathcal{A}(t)]}(H) = \mathcal{A}(H[x/t]) = 1$ (wegen Überführungslemma). Nach Induktionsvoraussetzung ist nun $\mathcal{B}(H[x/t]) = 1$ für alle $t \in D(G)$. Wieder mit dem Überführungslemma folgt, dass für alle $t \in D(G)$ gilt $\mathcal{B}_{[x/\mathcal{B}(t)]}(H) = \mathcal{B}(H[x/t]) = 1$. Also ist $\mathcal{B}(\forall x H) = \mathcal{B}(G) = 1$, was zu zeigen war.   ∎

Der Leser möge nachvollziehen, dass für diesen Beweis wesentlich ist, dass die Formel F eine Aussage ist, und dass keine Existenzquantoren in F vorkommen.

Folgerung (Satz von Löwenheim-Skolem)

Jede erfüllbare Formel der Prädikatenlogik besitzt bereits ein abzählbares Modell (also eines mit abzählbarer Grundmenge).

Beweis: Mit den Methoden aus Abschnitt 2.2 kann jede prädikatenlogische Formel F in eine erfüllbarkeitsäquivalente Aussage G in Skolemform überführt werden. Diese Umformungen sind solcherart, dass jedes Modell für G auch Modell für F ist. Da F erfüllbar ist, ist G erfüllbar und G besitzt dann ein Herbrand-Modell (welches auch Modell für F ist). Dieses Herbrand-Modell besitzt die Grundmenge $D(G)$, welche abzählbar ist.   ∎

Definition (Herbrand-Expansion)

Sei $F = \forall y_1 \forall y_2 \cdots \forall y_n F^*$ eine Aussage in Skolemform. Dann ist $E(F)$, die *Herbrand-Expansion* von F, definiert als

$$E(F) = \{F^*[y_1/t_1][y_2/t_2] \cdots [y_n/t_n] \mid t_1, t_2, \ldots, t_n \in D(F)\}$$

Die Formeln in $E(F)$ entstehen also, indem die Terme in $D(F)$ in jeder möglichen Weise für die Variablen in F^* substituiert werden.

Beispiel: Für die oben behandelte Beispielformel

$$F = \forall x \forall y \forall z P(x, f(y), g(z, x))$$

sind die einfachsten Formeln in $E(F)$ die folgenden:

$$
\begin{array}{ll}
P(a, f(a), g(a, a)) & \text{mit} \quad [x/a]\,[y/a]\,[z/a], \\
P(f(a), f(a), g(a, f(a))) & \text{mit} \quad [x/f(a)]\,[y/a]\,[z/a], \\
P(a, f(f(a)), g(a, a)) & \text{mit} \quad [x/a]\,[y/f(a)]\,[z/a], \\
P(a, f(a), g(f(a), a)) & \text{mit} \quad [x/a]\,[y/a]\,[z/f(a)], \\
P(g(a, a), f(a), g(a, g(a, a))) & \text{mit} \quad [x/g(a, a)]\,[y/a]\,[z/a],
\end{array}
$$

usw.

Man beachte, dass die Formeln in $E(F)$ letztlich wie *aussagenlogische* Formeln behandelt werden können, da sie keine Variablen enthalten. Anstelle von $A_1, A_2, A_3, \ldots$ wird sozusagen ein anderes Bezeichnungssystem für die atomaren Formeln verwendet. Bei der Angabe einer Struktur für die Formeln in $E(F)$ genügt es, die Wahrheitswerte der atomaren Formeln in $E(F)$ anzugeben. Die Angabe eines Grundbereichs und der Interpretation der Terme ist überflüssig.

Satz (Gödel-Herbrand-Skolem)

Für jede Aussage F in Skolemform gilt: F ist erfüllbar genau dann, wenn die Formelmenge $E(F)$ (im aussagenlogischen Sinn) erfüllbar ist.

Beweis: Es genügt zu zeigen, dass F ein Herbrand-Modell besitzt genau dann, wenn $E(F)$ erfüllbar ist.

Die Formel F habe die Form $F = \forall y_1 \forall y_2 \ldots \forall y_n F^*$. Nun gilt:

$\mathcal{A}$ ist ein Herbrand-Modell für F

gdw. für alle $t_1, t_2, \ldots, t_n \in D(F)$ gilt:

$$\mathcal{A}_{[y_1/t_1][y_2/t_2]\ldots[y_n/t_n]}(F^*) = 1$$

gdw. für alle $t_1, t_2, \ldots, t_n \in D(F)$ gilt:

$$\mathcal{A}(F^*[y_1/t_1][y_2/t_2]\ldots[y_n/t_n]) = 1 \qquad \text{(Überführungslemma)}$$

gdw. für alle $G \in E(F)$ gilt $\mathcal{A}(G) = 1$

gdw. $\mathcal{A}$ ist ein Modell für $E(F)$. ∎

Der Satz von Gödel-Herbrand-Skolem kann dahingehend interpretiert werden, dass es möglich ist, prädikatenlogische Formeln durch i.a. unendlich viele aussagenlogische Formeln (die Formeln in $E(F)$) zu approximieren. Indem wir diesen Satz von Gödel-Herbrand-Skolem noch mit dem Endlichkeitssatz der Aussagenlogik kombinieren, erhalten wir den

Satz (von Herbrand)
Eine Aussage F in Skolemform ist unerfüllbar genau dann, wenn es eine endliche Teilmenge von $E(F)$ gibt, die (im aussagenlogischen Sinn) unerfüllbar ist.

Beweis: Eine direkte Kombination des Satzes von Gödel-Herbrand-Skolem mit dem Endlichkeitssatz der Aussagenlogik. ∎

Wir sind nun in der Lage, ein *Semi-Entscheidungsverfahren* für (die Unerfüllbarkeit von) Formeln der Prädikatenlogik zu formulieren. Hierbei verstehen wir unter einem Semi-Entscheidungsverfahren für ein Entscheidungsproblem einen Algorithmus, der genau auf denjenigen Eingaben nach endlicher Zeit stoppt, für die die zugrundeliegende Fragestellung mit "ja" zu beantworten ist. Die Korrektheit des Verfahrens ergibt sich unmittelbar aus dem Satz von Herbrand. Im folgenden fixieren wir eine beliebige Aufzählung von $E(F) = \{F_1, F_2, F_3, \ldots\}$.

Algorithmus von Gilmore

Eingabe: Eine prädikatenlogische Aussage F in Skolemform (Jede prädikatenlogische Formel kann in eine erfüllbarkeitsäquivalente Formel dieser Art überführt werden, vgl. Abschnitt 2.2).

$n := 0;$

repeat $n := n + 1$;

until $(F_1 \wedge F_2 \wedge \cdots \wedge F_n)$ ist unerfüllbar; (dies kann mit Mitteln der Aussagenlogik, z.B. Wahrheitstafeln, getestet werden).

Gib "unerfüllbar" aus und stoppe;

Dieser Algorithmus hat die Eigenschaft, dass er auf unerfüllbaren Formeln nach endlicher Zeit stoppt mit der Ausgabe "unerfüllbar"; auf erfüllbaren Formeln dagegen nicht stoppt.

Diese Situation entspricht der sog. *Semi-Entscheidbarkeit*; auf den ja-Instanzen des zugrundeliegenden Problems (hier: "Ist F unerfüllbar?") stoppt das Verfahren, nicht jedoch auf den nein-Instanzen.

Durch Eingabe von $\neg F$ anstatt F in den Algorithmus wird aus dem Unerfüllbarkeitstest ein Gültigkeitstest. Somit können wir zusammenfassen:

Satz

(a) Das Unerfüllbarkeitsproblem für prädikatenlogische Formeln ist semi-entscheidbar.

(b) Das Gültigkeitsproblem für prädikatenlogische Formeln ist semi-entscheidbar.

Übung 73: Man zeige, dass der hier eingeführte Begriff der Semi-Entscheidbarkeit identisch ist mit dem Begriff der rekursiven Aufzählbarkeit. Hierbei heißt eine Menge **M** rekursiv aufzählbar, falls **M** = $\emptyset$ oder falls es eine algorithmisch berechenbare Funktion f gibt mit **M** = $\{f(1), f(2), f(3), \ldots\}$. Die Menge **M** wäre im obigen Beispiel die Menge aller unerfüllbaren prädikatenlogischen Formeln.

Übung 74: Man zeige: Ein Problem ist entscheidbar genau dann, wenn es rekursiv aufzählbar ist (vgl. vorherige Übung), wobei für die aufzählende Funktion f gilt: $f(n) \leq f(n+1)$ für alle n.

Übung 75: Man zeige, dass das Postsche Korrespondenzproblem (vgl. Abschnitt 2.3) semi-entscheidbar ist.

Durch Kombination des Unerfüllbarkeitstests und des Gültigkeitstests können wir einen Algorithmus erhalten, der zumindest auf den unerfüllbaren und den

gültigen Formeln stoppt (mit der Ausgabe "unerfüllbar" bzw. "gültig"). Man
könnte noch ein drittes Verfahren hinzunehmen, das Formeln auf ihre Erfüllbarkeit in endlichen Modellen testet, indem es systematisch die Modelle der
Mächtigkeit $n = 1, 2, 3, \ldots$ durchprobiert.
Zusammengefasst ergibt dies ein Verfahren, das genau auf den Formeln in den
schraffierten Zonen nach endlicher Zeit stoppt – mit entsprechender Ausgabe.

alle prädikatenlogische Formeln

Die weiße Fläche in diesem Diagramm könnte zwar noch etwas weiter ver-
kleinert weden (z.B. für Formeln in Pränexform ohne Funktionssymbole, wobei nur bestimmte Anordnungen der Quantoren zugelassen sind), kann jedoch
nie vollständig eliminiert werden. Dies würde in Widerspruch zum Unent-
scheidbarkeitsergebnis von Kapitel 2.3 stehen.

2.5   Resolution

Die Tests auf Unerfüllbarkeit der jeweiligen endlichen Teilmengen von $E(F)$,
die im Gilmore-Algorithmus durchgeführt werden müssen, können im Prinzip auch per (aussagenlogischer) Resolution erledigt werden. Voraussetzung
hierzu ist, dass die Matrix der Ausgangsformel in **KNF** vorliegt. (Dies kann
immer erreicht werden, vgl. Kapitel 1.2 und 2.2.) Da alle Formeln in $E(F)$
mittels Substitution der Variablen in F^* durch variablenfreie Terme aus $D(F)$

entstehen, liegen dann auch alle Formeln aus $E(F)$ in **KNF** vor. Damit bietet sich die nachfolgende Modifikation des Gilmore-Algorithmus' an, deren Korrektheit sich unmittelbar aus der Korrektheit des Gilmore-Algorithmus' ergibt.

Wir nennen diesen Algorithmus *Grundresolutionsalgorithmus*. Diese Bezeichnung ergibt sich aus dem Verständnis, dass Substitutionen, die alle freien Variablen durch variablenfreie Terme ersetzen, *Grundsubstitutionen* sind. Die Substitutionen, die in der Definition von $E(F)$ vorkommen, sind also Grundsubstitutionen. Sofern alle Variablen in F^* durch eine Grundsubstitution ersetzt sind, so ist das Resultat eine sogenannte *Grundinstanz* von F^*. Falls eine Formel G aus einer Formel F durch Substitution der Variablen in F durch (nicht notwendigerweise variablenfreie) Terme entsteht, so heißt G eine *Instanz* von F.

Im folgenden sei $F_1, F_2, F_3, \ldots$ wieder eine Aufzählung aller Formeln in $E(F)$.

Grundresolutionsalgorithmus

Eingabe: eine Aussage F in Skolemform mit der Matrix F^* in **KNF**

$i := 0;$

$M := \emptyset;$

repeat

$\quad i := i + 1; \quad M := M \cup \{F_i\}; \quad M := Res^*(M)$

until $\square \in M;$

Gib "unerfüllbar" aus und stoppe.

Aus dem Satz von Herbrand und dem aussagenlogischen Resolutionssatz ergibt sich zusammenfassend dann der folgende Satz.

Satz

Bei Eingabe einer Aussage F in Skolemform mit Matrix F^* in **KNF** stoppt der Grundresolutionsalgorithmus nach endlich vielen Schritten mit der Ausgabe "unerfüllbar" genau dann, wenn F unerfüllbar ist.

Wie auch beim aussagenlogischen Resolutionsalgorithmus werden während des Ablaufs des Grundresolutionsalgorithmus' evtl. wesentlich mehr Elemente in M erzeugt, als für die "Demonstration" der Unerfüllbarkeit von F wirklich von Belang sind (abgesehen von der Tatsache, dass bei einer erfüllbaren Formel F der Algorithmus nicht stoppt und dann i.a. *unendlich* viele Elemente in M erzeugt). Von Belang sind nur diejenigen Grundinstanzen von Klauseln in F^*, die für die Resolutionsherleitung der leeren Klausel auch benötigt werden. Wir können uns somit bei der Darstellung eines "Beweises" für die Unerfüllbarkeit einer prädikatenlogischen Formel F darauf beschränken, zunächst geeignete Grundinstanzen der Klauseln in F^* anzugeben, und diese dann in einem Resolutionsgraphen, der auf die leere Klausel führt, zu verknüpfen.

Beispiel: Gegeben sei folgende unerfüllbare Formel:

$$F = \forall x (P(x) \land \neg P(f(x))).$$

Hierbei ist $F^* = (P(x) \land \neg P(f(x)))$, und in Klauselform geschrieben, $F^* = \{\{P(x)\}, \{\neg P(f(x))\}\}$. Ferner ist $D(F) = \{a, f(a), f(f(a)), \ldots\}$ und $E(F) = \{(P(a) \land \neg P(f(a))), (P(f(a)) \land \neg P(f(f(a)))), \ldots\}$. Bereits die ersten beiden Substitutionen $[x/a]$ und $[x/f(a)]$ liefern eine unerfüllbare Klauselmenge, diese entspricht den ersten beiden Elementen von $E(F)$, und enthält damit vier Klauseln.

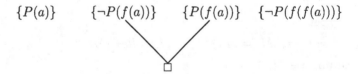

Bei diesem Beispiel werden jedoch schon zwei Klauseln generiert, die für die Herleitung der leeren Klausel nicht benötigt werden. Es genügt somit, für jede Klausel in F^* *individuell* geeignete Substitutionen zu finden, die dann auf diese Klausel, nicht jedoch auf die ganze Klauselmenge F^* angewandt werden. Schematisch können wir dies im obigen Beispiel folgendermaßen darstellen.

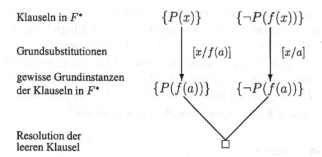

Betrachten wir nun ein komplizierteres Beispiel. Sei

$$F = \forall x \forall y ((\neg P(x) \vee \neg P(f(a)) \vee Q(y)) \wedge P(y) \wedge (\neg P(g(b,x)) \vee \neg Q(b))).$$

Dann erhalten wir die Klauseldarstellung

$$F^* = \{\{\neg P(x), \neg P(f(a)), Q(y)\}, \{P(y)\}, \{\neg P(g(b,x), \neg Q(b)\}\}.$$

Die Formel F ist unerfüllbar. Ein Beweis für die Unerfüllbarkeit von F ist z.B. gegeben durch folgendes Diagramm.

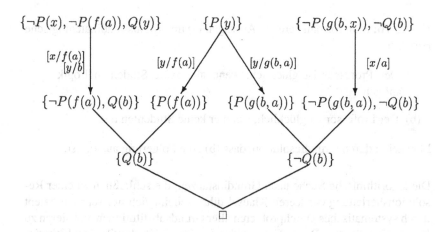

Linien mit einer Pfeilspitze bedeuten hierbei wieder Grundsubstitutionen. Es treten in diesem Beispiel zwei neue Aspekte auf. Zum einen kann es durchaus notwendig sein, aus derselben prädikatenlogischen Klausel mehrere verschiedene Grundinstanzen zu generieren, um eine Resolutionsherleitung der leeren Klausel zu ermöglichen. (Dies ist für die Klausel $\{P(y)\}$ der Fall).

Zum anderen kann aus einer n-elementigen prädikatenlogischen Klausel nach der Grundsubstitution eine m-elementige $(m \leq n)$ Klausel aus $E(F)$ entstehen. Hierbei ist $m < n$, falls durch die Grundsubstitution gewisse Literale der Ausgangsklausel identisch werden, und daher, wegen der Mengendarstellung, zu einem Element verschmelzen. (Dies ist bei der Klausel $\{\neg P(x), \neg P(f(a)), Q(y)\}$ und der Substitution $[x/f(a)][y/b]$ der Fall). Wir fassen unsere Beobachtungen nochmals zusammen.

Grundresolutionssatz

Eine Aussage in Skolemform $F = \forall y_1 \forall y_2 \ldots \forall y_k F^*$ mit der Matrix F^* in **KNF** ist unerfüllbar genau dann, wenn es eine Folge von Klauseln $K_1, K_2, \ldots, K_n$ gibt mit der Eigenschaft:

K_n ist die leere Klausel und für $i = 1, \ldots, n$ gilt:

entweder ist K_i eine Grundinstanz einer Klausel $K \in F^*$, d.h. K_i hat die Form $K_i = K[y_1/t_1] \cdots [y_k/t_k]$ mit $t_1, t_2, \ldots, t_k \in D(F)$,

oder K_i ist (aussagenlogischer) Resolvent zweier Klauseln K_a und K_b mit $a, b < i$.

Übung 76: Man formalisiere die Aussagen (a) und (b) als prädikatenlogische Formeln.

(a) Der Professor ist glücklich, wenn alle seine Studenten Logik mögen.

(b) Der Professor ist glücklich, wenn er keine Studenten hat.

Man zeige durch Grundresolution, dass (b) eine Folgerung aus (a) ist.

Die algorithmische Suche nach Grundinstanzen, die schließlich zu einer Resolutionsherleitung der leeren Klausel führt, scheint sich nur sehr ineffizient durch systematisches Durchprobieren aller Grundsubstitutionen realisieren zu lassen. Es müssen z.B. die Entscheidungen für einige der Grundsubstitutionen in "vorausschauender" Weise getroffen werden, um Resolutionen, die erst "weiter unten" im Diagramm vorkommen, zu ermöglichen. Dies legt eine Modifikation nahe, nämlich die Substitutionen in einer "zurückhaltenden" Weise auszuführen, und nur insoweit Substitutionen durchzuführen, wie es für den direkt nachfolgenden Resolutionsschritt erforderlich ist.

Wir führen nun eine prädikatenlogische Form der Resolution ein, die auf J.A. Robinson zurückgeht. Die Grundidee hierbei ist, dass *prädikatenlogische Resolventen* aus prädikatenlogischen Klauseln erzeugt werden können, wobei jeder Resolutionsschritt mit einer geeigneten Substitution einhergeht, die gewisse Literale in den beiden Ausgangsklauseln zueinander komplementär (d.h. bis auf die Negationszeichen identisch) macht. Diese Substitutionen müssen in einer möglichst "zurückhaltenden" Art und Weise ausgeführt werden. Es genügt z.B. bei den beiden Klauseln $\{P(x), \neg Q(g(x))\}$ und $\{\neg P(f(y))\}$, die Substitution $[x/f(y)]$ durchzuführen, um den (prädikatenlogischen) Resolventen $\{\neg Q(g(f(y))\}$ zu erhalten. Es besteht keine Notwendigkeit, an dieser Stelle bereits eine Substitution für die Variable y vorzusehen.

Zentral für die folgenden Betrachtungen ist das Finden von Substitutionen, die eine Menge von Literalen (evtl. mehr als zwei Literale) *unifiziert*, d.h. identisch macht. Im obigen Beispiel unifiziert $[x/f(y)]$ die beiden Literale $P(x)$ und $P(f(y))$. Ebenso würde die Substitution $[x/f(a)][y/a]$ diese beiden Literale unifizieren, jedoch mit dem Unterschied, dass hier sozusagen mehr substituiert wird als notwendig. Diese Substitution erfüllt dann nicht die Definition eines *allgemeinsten Unifikators*.

Definition (Unifikator, allgemeinster Unifikator)

Eine Substitution sub (also eine Ersetzung von evtl. mehreren Variablen durch Terme) ist ein *Unifikator* einer (endlichen) Menge von Literalen L $= \{L_1, L_2, \ldots, L_k\}$, falls $L_1 sub = L_2 sub = \ldots = L_k sub$. D.h., durch Anwenden der Substitution sub auf jedes Literal in L entsteht ein und dasselbe Literal.

Wir schreiben für diesen Sachverhalt auch $|L sub| = 1$, und sagen L ist *unifizierbar*. Ein Unifikator sub einer Literalmenge L heißt *allgemeinster Unifikator* von L, falls für jeden Unifikator sub' von L gilt, dass es eine Substitution s gibt mit $sub'=sub\,s$.

(Hierbei bedeutet die Gleichung $sub' = sub\,s$, dass für jede Formel F $F\,sub' = F\,sub\,s$ gilt).

Das folgende Diagramm beschreibt diese Situation.

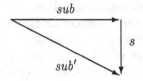

Unifikationssatz (Robinson)
Jede unifizierbare Menge von Literalen besitzt auch einen allgemeinsten Unifikator.

Beweis: Wir beweisen diesen Satz konstruktiv, indem wir einen Algorithmus angeben, der bei Eingabe einer Literalmenge **L** entweder mit der Ausgabe "unifizierbar" oder "nicht unifizierbar" terminiert, und im Falle der Unifizierbarkeit sogar einen allgemeinsten Unifikator ausgibt. Ein Beweis der Korrektheit eines derartigen Algorithmus' ist dann gleichzeitig ein Beweis der Aussage des Satzes. Wir geben nun diesen *Unifikationsalgorithmus* an.

Unifikationsalgorithmus

Eingabe: eine nicht-leere Literalmenge **L**.

$sub := [\ ]$; (dies ist die leere Substitution)
while $|\mathbf{L}sub| > 1$ **do**
  begin
    Durchsuche die Literale in $\mathbf{L}sub$ von links nach rechts, bis die erste Position gefunden ist, wo sich mindestens zwei Literale (sagen wir L_1 und L_2) in den vorkommenden Zeichen unterscheiden;
    if keines der beiden Zeichen ist eine Variable **then**
      stoppe mit der Ausgabe "nicht unifizierbar"
    else
      begin
        Sei x die Variable und t sei der im anderen Literal beginnende Term (dies kann auch eine Variable sein);
        if x kommt in t vor **then**
          stoppe mit der Ausgabe "nicht unifizierbar"
        else $sub := sub[x/t]$;
          (dies bedeutet die Hintereinanderausführung von sub und $[x/t]$)
      end;
  end;
Gib sub als allgemeinsten Unifikator von **L** aus;

Zur Korrektheit des Unifikationsalgorithmus' beobachten wir zunächst, dass
er immer terminiert, da in jedem **while**-Schleifendurchlauf eine Variable x
durch einen Term t (in dem x nicht selbst vorkommt), ersetzt wird. Nach
Ausführung dieser Substitution kommt x in Lsub also nicht mehr vor. Die
Anzahl der verschiedenen Variablen in Lsub wurde um 1 vermindert. Es
können also höchstens so viele Schleifendurchläufe auftreten, wie zu Beginn
verschiedene Variablen in L vorhanden sind.

Wenn der Algorithmus erfolgreich zu Ende kommt und eine Substitution sub
ausgibt, so muss diese notwendigerweise ein Unifikator sein, da die **while**-
Schleife nur dann verlassen werden kann, wenn $|\text{L}sub| = 1$. Da, wie soeben
bewiesen, der Algorithmus immer terminiert, muss der Algorithmus bei Eingabe einer nicht-unifizierbaren Literalmenge L zwangsläufig nach endlicher
Zeit innerhalb der **while**-Schleife zur Ausgabe von "nicht unifizierbar" kommen.

Es verbleibt noch zu beweisen, dass im Falle einer unifizierbaren Literalmenge L als Eingabe am Ende tatsächlich ein *allgemeinster* Unifikator von L ausgegeben wird. Sei sub_i die nach dem i-ten Schleifendurchlauf erreichte Substitution. Dann ist $sub_0 = [\ ]$. Wir zeigen nun durch Induktion über i, dass für
jeden Unifikator sub' von L eine geeignete Substitution s_i gefunden werden
kann mit $sub' = sub_i s_i$, und dass die **while**-Schleife entweder im i-ten Schritt
erfolgreich beendet wird oder die beiden **else**-Zweige in der **while**-Schleife
betreten werden. Da nach dem letzten, (sagen wir: n-ten) Schleifendurchlauf
$sub = sub_n$ ein Unifikator von L ist, ist sub dann ein allgemeinster Unifikator.
Für $i = 0$ und gegebenes sub' setzen wir $s_0 = sub'$. Dann ist $sub' = s_0 = $
$[\ ]s_0 = sub_0 s_0$
Sei nun im Induktionsschritt $i > 0$ und ein Unifikator sub' von L gegeben. Nach Induktionsvoraussetzung existiert eine Substitution s_{i-1} mit $sub' = $
$sub_{i-1} s_{i-1}$. Nun gilt entweder $|\text{L}sub_{i-1}| = 1$ und die **while**-Schleife wird er-
folgreich beendet, oder es ist $|\text{L}sub_{i-1}| > 1$ und die Schleife wird zum i-ten
Mal betreten. Da $|\text{L}sub_{i-1}| > 1$ und da sub_{i-1} mittels s_{i-1} zu einem Unifika-
tor von L fortgesetzt werden kann, muss es eine Variable x und einen Term
t geben (an einer Stelle, wo sich zwei Literale L_1, L_2 in L unterscheiden), so
dass x in t nicht vorkommt. (Die beiden **else**-Zweige werden also betreten).
Dann muss s_{i-1} auch x und t unifizieren, also $x s_{i-1} = t s_{i-1}$. Außerdem ist
$sub_i = sub_{i-1}[x/t]$. Wir restringieren s_{i-1} nun so, dass x nicht ersetzt wird
(und halten alle anderen Substitutionen bei). Das Resultat dieser Restriktion

sei s_i. Wir behaupten, dass s_i die gewünschte Eigenschaft hat. Es gilt

$$
\begin{aligned}
sub_i s_i &= sub_{i-1}[x/t]s_i \\
&= sub_{i-1}s_i[x/ts_i] && \text{da } x \text{ in } s_i \text{ nicht ersetzt wird} \\
&= sub_{i-1}s_i[x/ts_{i-1}] && \text{da } x \text{ in } t \text{ nicht vorkommt} \\
&= sub_{i-1}s_{i-1} && \text{wegen } xs_{i-1} = ts_{i-1} \\
& && \text{und Definition von } s_i \\
&= sub' && \text{nach Induktionsvoraussetzung}
\end{aligned}
$$

Damit ist der Unifikationssatz bewiesen.   ∎

Beispiel: Wir wenden den Unifikationsalgorithmus auf die Literalmenge

$$L = \{\neg P(f(z, g(a, y)), h(z)), \neg P(f(f(u, v), w), h(f(a, b)))\}$$

an und erhalten im ersten Schritt

$$
\begin{aligned}
&\neg P(f(z, g(a, y)), h(z)) \\
&\neg P(f(f(u, v), w), h(f(a, b))) \\
&\quad\uparrow
\end{aligned}
$$

was die Substitution $sub = [z/f(u, v)]$ ergibt. Im zweiten Schritt ergibt sich dann, nach Einsetzen von $[z/f(u, v)]$:

$$
\begin{aligned}
&\neg P(f(f(u, v), g(a, y)), h(f(u, v))) \\
&\neg P(f(f(u, v), w), h(f(a, b))) \\
&\qquad\qquad\uparrow
\end{aligned}
$$

Nun wird die Substitution erweitert um $[w/g(a, y)]$. Im dritten Schritt erhalten wir:

$$
\begin{aligned}
&\neg P(f(f(u, v), g(a, y)), h(f(u, v))) \\
&\neg P(f(f(u, v), g(a, y)), h(f(a, b))) \\
&\qquad\qquad\qquad\qquad\uparrow
\end{aligned}
$$

Nun wird sub erweitert um $[u/a]$. Im vierten Schritt

$$
\begin{aligned}
&\neg P(f(f(a, v), g(a, y)), h(f(a, v))) \\
&\neg P(f(f(a, v), g(a, y)), h(f(a, b))) \\
&\qquad\qquad\qquad\qquad\qquad\uparrow
\end{aligned}
$$

ergibt sich schließlich $sub = [z/f(u, v)][w/g(a, y)][u/a][v/b]$. Dies ist dann ein allgemeinster Unifikator von L, und es ist

$$Lsub = \{\neg P(f(f(a, b)), g(a, y)), h(f(a, b)))\}.$$

Man beachte, dass *sub* keine Grundsubstitution für **L** ist, da nach wie vor die Variable y in **L***sub* vorkommt.

Oft ist es günstiger, Substitutionen zu "entflechten", so dass alle Teilsubstitutionen voneinander unabhängig in jeder beliebigen Reihenfolge, bzw. parallel, ausgeführt werden können, ohne das Resultat zu ändern. Eine "entflochtene" Version obiger Substitution *sub* wäre

$$sub = [z/f(a,b)][w/g(a,y)][u/a][v/b].$$

Übung 77: Man zeige, wie man nach Konkatenieren (Hintereinander schreiben) zweier "entflochtenen", also parallel ausführbaren, Substitutionen diese wieder entflechten kann.

Übung 78: Man wende den Unifikationsalgorithmus an auf die Literalmenge

$$\mathbf{L} = \{P(x,y), P(f(a),g(x)), P(f(z),g(f(z)))\}.$$

Übung 79: Zeigen Sie, dass der Unifikationsalgorithmus (naiv implementiert) exponentielle Laufzeit haben kann.
Hinweis: Man betrachte das Beispiel

$$\mathbf{L} = \{P(x_1,x_2,\ldots,x_n), P(f(x_0,x_0),f(x_1,x_1),\ldots,f(x_{n-1},x_{n-1}))\}.$$

Man überlege sich eine geeignete Datenstruktur für Literale bzw. Literalmengen, so dass das Unifizieren effizienter durchgeführt werden kann.

Übung 80: In manchen Implementierungen des Unifikationsalgorithmus' (z.B. bei Interpretern der Programmiersprache PROLOG) wird aus Effizienzgründen auf den Test "kommt x in t vor?" verzichtet (der *occur check*).
Man gebe ein Beispiel einer zweielementigen, nicht unifizierbaren Literalmenge $\{L_1, L_2\}$ an, so dass L_1 und L_2 keine gemeinsamen Variablen enthalten, und ein Unifikationsalgorithmus ohne occur check – je nach Implementierung – in eine unendliche Schleife gerät oder fälschlicherweise "unifizierbar" konstatiert.

Unter wesentlicher Ausnutzung des Unifikationsprinzips sind wir nun in der Lage, die weiter oben diskutierten Ideen zu realisieren und eine prädikatenlogische Version der Resolution anzugeben.

Definition (prädikatenlogische Resolution)

Seien K_1, K_2 und R prädikatenlogische Klauseln. Dann ist R ein *prädikatenlogischer Resolvent* von K_1 und K_2, falls folgendes gilt:

1. Es gibt gewisse Substitutionen s_1 und s_2, die Variablenumbenennungen sind, so dass $K_1 s_1$ und $K_2 s_2$ keine gemeinsamen Variablen enthalten.

2. Es gibt eine Menge von Literalen $L_1, \ldots, L_m \in K_1 s_1$ $(m \geq 1)$ und $L'_1, \ldots, L'_n \in K_2 s_2$ $(n \geq 1)$, so dass $\mathbf{L} = \{\overline{L_1}, \overline{L_2}, \ldots, \overline{L_m}, L'_1, L'_2, \ldots, L'_n\}$ unifizierbar ist. Es sei sub allgemeinster Unifikator von $\mathbf{L}$.

3. R hat die Form

$$R = ((K_1 s_1 - \{L_1, \ldots, L_m\}) \cup (K_2 s_2 - \{L'_1, \ldots, L'_n\})) sub .$$

Wir notieren diesen Sachverhalt durch das Diagramm

wobei möglicherweise die Literale $L_1, \ldots, L_m, L'_1, \ldots, L'_n$ der Deutlichkeit halber unterstrichen werden und die verwendeten Substitutionen rechts neben dem Diagramm notiert werden.

Beispiel:

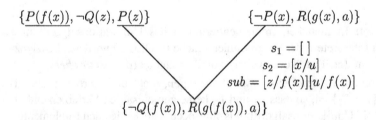

Bemerkung: Die aussagenlogische Resolution ist ein Spezialfall der prädikatenlogischen Resolution, wobei $s_1 = s_2 = sub = [\ ]$ und $m = n = 1$ ist.

Da die prädikatenlogische Resolution eine Erweiterung der aussagenlogischen Resolution ist, übernehmen wir die in der Aussagenlogik eingeführte

Notation und erweitern die Bedeutung nun auch auf die Prädikatenlogik. Insbesondere sei für eine prädikatenlogische Klauselmenge F definiert

$$
\begin{aligned}
Res(F) &= F \cup \{\, R \mid R \text{ ist ein prädikatenlogischer Resolvent} \\
&\qquad \text{zweier Klauseln } K_1, K_2 \in F\,\}, \\
Res^0(F) &= F \\
Res^{n+1}(F) &= Res(Res^n(F)) \text{ für } n \geq 0 \\
&\text{und} \\
Res^*(F) &= \bigcup_{n \geq 0} Res^n(F).
\end{aligned}
$$

Nun ist klar, dass $\square \in Res^*(F)$ genau dann gilt, wenn es eine Folge $K_1, K_2, \ldots, K_n$ von Klauseln gibt, so dass $K_n = \square$, und für $i = 1, 2, \ldots, n$ ist K_i entweder Element von F oder K_i ist prädikatenlogischer Resolvent zweier Klauseln K_a und K_b mit $a, b < i$.

Übung 81: Geben Sie (bis auf Variablenumbenennungen) alle Resolventen der beiden folgenden Klauseln K_1 und K_2 an.

$$
\begin{aligned}
K_1 &= \{\neg P(x, y), \neg P(f(a), g(u, b)), Q(x, u)\} \\
K_2 &= \{P(f(x), g(a, b)), \neg Q(f(a), b), \neg Q(a, b)\}
\end{aligned}
$$

Als Vorbereitung für den anschließend zu beweisenden prädikatenlogischen Resolutionssatz, zeigen wir nun, dass aussagenlogische Resolutionen von Grundinstanzen gewisser prädikatenlogischer Klauseln "geliftet" werden können in prädikatenlogische Resolutionen. Dieses "Lifting-Lemma" erlaubt uns dann, die prädikatenlogische Resolution auf die aussagenlogische bzw. die Grundresolution zurückzuführen.

Lifting-Lemma

Seien K_1, K_2 zwei prädikatenlogische Klauseln und K_1', K_2' seien beliebige Grundinstanzen hiervon, die resolvierbar sind (im aussagenlogischen Sinn), so dass R' ein Resolvent von K_1', K_2' ist. Dann gibt es einen prädikatenlogischen Resolventen R von K_1 und K_2, so dass R' eine Grundinstanz von R ist.

Die folgenden beiden Diagramme veranschaulichen den Sachverhalt.

Voraussetzung des Lifting-Lemmas

Behauptung des Lifting-Lemmas

Beweis: Seien zunächst s_1 und s_2 Variablen-Umbenennungen, so dass $K_1 s_1$ und $K_2 s_2$ keine gemeinsamen Variable enthalten. Da K_1', K_2' Grundinstanzen von K_1 und K_2 sind, sind sie auch Grundinstanzen von $K_1 s_1$ und $K_2 s_2$. Seien sub_1 und sub_2 Grundsubstitutionen, so dass $K_1' = K_1 s_1 sub_1$ und $K_2' = K_2 s_2 sub_2$. Da es keine Variable gibt, die sowohl in sub_1 als auch in sub_2 ersetzt wird, setzen wir $sub = sub_1 sub_2$ und es gilt $K_1' = K_1 s_1 sub$ und $K_2' = K_2 s_2 sub$. K_1' und K_2' sind nach Voraussetzung (aussagenlogisch) resolvierbar und R' ist ein Resolvent von K_1', K_2'. Deshalb muss es ein Literal $L \in K_1'$ mit $\overline{L} \in K_2'$ geben, so dass $R' = (K_1' - \{L\}) \cup (K_2' - \{\overline{L}\})$. Das Literal L entstammt aus einem oder mehreren Literalen aus $K_1 s_1$ durch die Grundsubstitution sub. Ähnliches gilt für $\overline{L}$ und $K_2 s_2$. Es gilt also für gewisse Literale $L_1, \ldots, L_m \in K_1 s_1$ $(m \geq 1)$ und $L_1', \ldots, L_n' \in K_2 s_2$ $(n \geq 1)$, dass $L = L_1 sub = \ldots = L_m sub$ und $\overline{L} = L_1' sub = \ldots = L_n' sub$. Deshalb sind $K_1 s_1$ und $K_2 s_2$ resolvierbar, denn sub ist ein Unifikator für die Literalmenge $\mathbf{L} = \{L_1, \ldots, L_m, \overline{L_1'}, \ldots, \overline{L_n'}\}$. Es sei sub_0 der vom Unifikationsalgorithmus bestimmte allgemeinste Unifikator von $\mathbf{L}$. Dann ist

$$R = ((K_1 s_1 - \{L_1, \ldots, L_m\}) \cup (K_2 s_2 - \{L_1', \ldots, L_n'\})) sub_0$$

ein prädikatenlogischer Resolvent von K_1 und K_2.

Da sub_0 allgemeinster Unifikator und sub Unifikator von $\mathbf{L}$ ist, gibt es eine Substitution s mit $sub_0 s = sub$. Damit erhalten wir

$$
\begin{aligned}
R' &= (K_1' - \{L\}) \cup (K_2' - \{\overline{L}\}) \\
&= (K_1 s_1 sub - \{L\}) \cup (K_2 s_2 sub - \{\overline{L}\})
\end{aligned}
$$

$$= ((K_1 s_1 - \{L_1, \ldots, L_m\}) \cup (K_2 s_2 - \{L'_1, \ldots, L'_n\})) sub$$
$$= ((K_1 s_1 - \{L_1, \ldots, L_m\}) \cup (K_2 s_2 - \{L'_1, \ldots, L'_n\})) sub_0 \, s$$
$$= R \, s$$

Damit ist gezeigt, dass R' eine Grundinstanz von R (mittels Substitution s) ist. ∎

Übung 82: Gegeben sei folgende Grundresolution

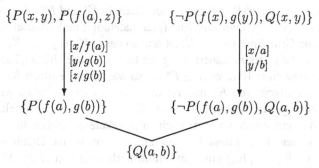

Vollziehen Sie im Beweis des Lifting-Lemmas nach, welche prädikatenlogische Resolution hieraus entsteht.

Resolutionssatz (der Prädikatenlogik)

Sei F eine Aussage in Skolemform mit der Matrix F^* in **KNF**. Dann gilt: F ist unerfüllbar genau dann, wenn $\square \in Res^*(F^*)$

Beweis: (Korrektheit) Wir zeigen zunächst, dass aus $\square \in Res^*(F^*)$ folgt, dass F unerfüllbar ist. Für eine Formel H mit den freien Variablen $x_1, x_2, \ldots, x_n$ bezeichne $\forall H$ ihren *Allabschluss*. Dieses ist die Formel $\forall H = \forall x_1 \forall x_2 \ldots \forall x_n H$. Man beachte, dass $F \equiv \bigwedge_{K \in F^*} \forall K$. Wir zeigen nun, dass für jeden Resolventen R zweier Klauseln K_1, K_2 gilt, dass $\forall R$ eine Folgerung von $\forall K_1$ und $\forall K_2$ ist. Dann ist die leere Klausel Folgerung von F, und damit ist die Unerfüllbarkeit von F gezeigt.

Sei also $\mathcal{A}$ eine Struktur mit $\mathcal{A}(\forall K_1) = \mathcal{A}(\forall K_2) = 1$. (Dann ist auch $\mathcal{A}(K_1 s_1) = \mathcal{A}(K_2 s_2) = 1$). Der Resolvent R habe die Form

$$R = ((K_1 s_1 - \{L_1, \ldots, L_m\}) \cup (K_2 s_2 - \{L'_1, \ldots, L'_n\})) sub$$
$$= (K_1 s_1 \, sub - \{L\}) \cup (K_2 s_2 \, sub - \{\overline{L}\})$$

wobei sub der   allgemeinste   Unifikator   der
Literalmenge $\mathbf{L} = \{L_1, \ldots, L_m, \overline{L'_1}, \ldots, \overline{L'_n}\}$ ist. Es sei $L = L_1 sub = \ldots = L_m sub = \overline{L'_1} sub = \ldots = \overline{L'_n} sub$.

Nehmen wir nun an, $\mathcal{A}(\forall R) = 0$. Dann gibt es eine Struktur $\mathcal{A}'$ mit $\mathcal{A}'(R) = 0$, wobei $\mathcal{A}'$ identisch ist mit $\mathcal{A}$ und zusätzlich geeignete Interpretationen der vorkommenden Variablen enthält. Es gilt dann $\mathcal{A}'(K_1 s_1 sub - \{L\}) = 0$ und $\mathcal{A}'(K_2 s_2 sub - \{\overline{L}\}) = 0$. Wegen $1 = \mathcal{A}'(K_1 s_1 sub) = \mathcal{A}'(K_2 s_2 sub)$ folgt, dass $\mathcal{A}'(L) = \mathcal{A}'(\overline{L}) = 1$, was ein Widerspruch ist.

(Vollständigkeit) Sei F unerfüllbar. Mit dem Grundresolutionssatz gibt es dann eine Folge von Klauseln $(K'_1, K'_2, \ldots, K'_n)$ so, dass $K'_n = \square$ und für $i = 1, 2, \ldots, n$ gilt: K'_i ist entweder Grundinstanz einer Klausel in F^* oder K'_i ist (aussagenlogischer) Resolvent zweier Klauseln K'_a und K'_b mit $a, b < i$. Für $i = 1, 2, \ldots, n$ geben wir nun eine (prädikatenlogische) Klausel K_i an, so dass K'_i eine Grundinstanz von K_i ist und so dass $(K_1, K_2, \ldots, K_n)$ eine prädikatenlogische Resolutionsherleitung der leeren Klausel K_n ist. Falls K'_i eine Grundinstanz einer Klausel $K \in F^*$ ist, so wählen wir einfach $K_i = K$. Falls K'_i ein Resolvent von K'_a und K'_b mit $a, b < i$ ist, so haben wir bereits prädikatenlogische Klauseln K_a und K_b zu K'_a und K'_b ermittelt. Mit dem Lifting-Lemma erhalten wir dann einen prädikatenlogischen Resolventen K_i von K_a und K_b, so dass K'_i Grundinstanz von K_i ist. Damit ist gezeigt, dass $(K_1, K_2, \ldots, K_n)$ eine Resolutionsherleitung von $\square$ ist. Also ist $\square \in Res^*(F^*)$.   ∎

Beispiel: Die Klauselmenge

$$F = \{\{\neg P(x), Q(x), R(x, f(x))\}, \{\neg P(x), Q(x), S(f(x))\}, \{T(a)\},$$
$$\{P(a)\}, \{\neg R(a, z), T(z)\}, \{\neg T(x), \neg Q(x)\}, \{\neg T(y), \neg S(y)\}\}$$

ist unerfüllbar. Eine Deduktion der leeren Klausel aus F ist gegeben durch

(1) $\{T(a)\}$		Klausel in F
(2) $\{\neg T(x), \neg Q(x)\}$		Klausel in F
(3) $\{\neg Q(a)\}$		Resolvent von (1) und (2)
(4) $\{\neg P(x), Q(x), S(f(x))\}$		Klausel in F
(5) $\{P(a)\}$		Klausel in F
(6) $\{Q(a), S(f(a))\}$		Resolvent von (4) und (5)
(7) $\{S(f(a))\}$		Resolvent von (3) und (6)

(8) $\{\neg P(x), Q(x), R(x, f(x))\}$ Klausel in F

(9) $\{Q(a), R(a, f(a))\}$ Resolvent von (5) und (8)

(10) $\{R(a, f(a))\}$ Resolvent von (3) und (9)

(11) $\{\neg R(a, z), T(z)\}$ Klausel in F

(12) $\{T(f(a))\}$ Resolvent von (10) und (11)

(13) $\{\neg T(y), \neg S(y)\}$ Klausel in F

(14) $\{\neg S(f(a))\}$ Resolvent von (12) und (13)

(15) $\square$ Resolvent von (7) und (14)

Übung 83: Bei endlichen aussagenlogischen Klauselmengen F ist $Res^*(F)$ immer eine endliche Menge. Man gebe eine endliche prädikatenlogische Klauselmenge F an, so dass für alle n gilt:

$$Res^n(F) \neq Res^*(F).$$

Beispiel: Den Einsatz des Resolutionskalküls in automatischen Beweissystemen illustriert das folgende Beispiel. Wir betrachten den mathematischen Begriff der Gruppe mit einer zweistelligen Operation $\circ$. Mit $P(x, y, z)$ drücken wir aus, dass $x \circ y = z$ gilt. Dann können die Gruppenaxiome durch folgende prädikatenlogische Formeln dargestellt werden.

1. $\forall x \forall y \exists z P(x, y, z)$
   (Abgeschlossenheit)

2. $\forall u \forall v \forall w \forall x \forall y \forall z ((P(x, y, u) \wedge P(y, z, v)) \rightarrow (P(x, v, w) \leftrightarrow P(u, z, w)))$
   (Assoziativität)

3. $\exists x (\forall y P(x, y, y) \wedge \forall y \exists z P(z, y, x))$
   (Existenz eines links-neutralen Elementes
   und Existenz von Links-Inversen)

Nun wollen wir beweisen, dass aus (1), (2) und (3) auch die Existenz von Rechts-Inversen folgt. Dies wird ausgedrückt durch Formel (4).

4. $\exists x (\forall y P(x, y, y) \wedge \forall y \exists z P(y, z, x))$

Indem wir nun (1) $\wedge$ (2) $\wedge$ (3) $\wedge$ $\neg$(4) in Klauselform bringen, erhalten wir:

(a) $\{P(x,y,m(x,y))\}$

(b) $\{\neg P(x,y,u), \neg P(y,z,v), \neg P(x,v,w), P(u,z,w)\}$

(c) $\{\neg P(x,y,u), \neg P(y,z,v), \neg P(u,z,w), P(x,v,w)\}$

(d) $\{P(e,y,y)\}$

(e) $\{P(i(y),y,e)\}$

(f) $\{\neg P(x,j(x),j(x)), \neg P(k(x),z,x)\}$

Hierbei sind m (2-stellig), e (0-stellig), i (1-stellig) und k (1-stellig) neu eingeführte Skolemfunktionen. Eine Resolutionsherleitung der leeren Klausel und damit einen Beweis der Unerfüllbarkeit der Klauselmenge (a)–(f) stellt folgendes Diagramm dar.

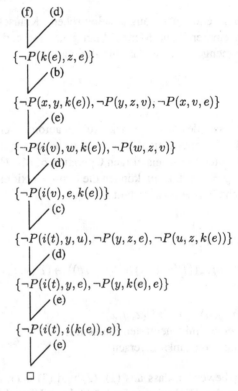

Übung 84: Aus den oben angegebenen (prädikatenlogisch formulierten)

Gruppenaxiomen folgere man mittels Resolutionskalkül:

(a) Es gibt ein rechts-neutrales Element.

(b) Falls G eine abelsche Gruppe ist (d.h. es gilt zusätzlich das Kommutativgesetz), dann gilt für alle x, y in G, dass $x \circ y \circ x^{-1} = y$.

Übung 85: Man drücke folgende Tatsachen aus als prädikatenlogische Formeln.

(a) Jeder Drache ist glücklich, wenn alle seine Kinder fliegen können.

(b) Grüne Drachen können fliegen.

(c) Ein Drache ist grün, wenn er Kind mindestens eines grünen Drachen ist.

Man zeige durch Resolution, dass aus (a), (b) und (c) folgt, dass alle grünen Drachen glücklich sind.

Übung 86: Gegeben seien folgende Fakten.

(a) Jeder Barbier rasiert alle Personen, die sich nicht selbst rasieren.

(b) Kein Barbier rasiert jemanden, der sich selbst rasiert.

Man formalisiere (a) und (b) als prädikatenlogische Formeln. Man verwende $B(x)$ für "x ist Barbier" und $R(x, y)$ für "x rasiert y". Formen Sie um in Klauselform und zeigen Sie per Resolution, dass aus (a) und (b) folgt:

(c) Es gibt keine Barbiere.

2.6 Verfeinerung der Resolution

Nach wie vor erschwert eine ungeheuere kombinatorische Explosion das effiziente Finden von Resolutionsherleitungen. Das Problem ist, dass es i.a. viele Möglichkeiten gibt, zwei Klauseln zu finden, die resolvierbar sind, um so neue Resolventen zu erzeugen. Es gibt also eine große Anzahl von Wahlmöglichkeiten, von denen eventuell nur sehr wenige für die Resolution der leeren Klausel eine Rolle spielen. Erschwerend kommt hinzu, dass Resolventen durchaus länger werden können als die Ausgangsklauseln, und damit die Anzahl der Resolutionsmöglichkeiten im Laufe einer Resolutionsherleitung noch zunehmen kann.

Wir stellen nun einige Möglichkeiten der Verfeinerung der Resolution vor, die diese kombinatorische Explosion bis zu einem gewissen Grad einschränken können. Bei diesen Verfeinerungen unterscheiden wir zwischen Resolutions-*Strategien* und Resolutions-*Restriktionen*.

Strategien sind lediglich heuristische Regeln, die die Reihenfolge, in der die Resolutionsschritte vorzunehmen sind, vorschreiben. Die vielen Wahlmöglichkeiten, die in jedem Schritt existieren, werden hierbei auf eine bestimmte Art aufgelöst, mit dem Gedanken bzw. der Hoffnung, dass die jeweilige Strategie möglichst wenige überflüssige Resolventen erzeugt. Im ungünstigsten Fall müssen jedoch schließlich auch alle Alternativen durchgespielt werden. Ein Beispiel ist die *Einheiten- Präferenz-Strategie*, bei der wo immer möglich Resolutionen durchgeführt werden, bei denen mindestens eine der Elternklauseln eine *Einheit*, also einelementig, ist.

Diese Strategien scheinen bei den getesteten Beispielen ganz gut zu funktionieren, jedoch ist aus theoretischer Sicht unklar und nahezu unerforscht, ob und inwieweit solche Strategien wirklich und immer zu besseren Resultaten führen. Diesen Strategien soll hier nicht weiter nachgegangen werden. Es sei nur erwähnt, dass sie sich mit den nachfolgend diskutierten Restriktionen kombinieren lassen.

Bei den Resolutionsrestriktionen wird die Wahlfreiheit bei der Auswahl der zu resolvierenden Klauseln dadurch eingeschränkt, dass gewisse Resolutionsschritte schlicht verboten sind, weil die Klauseln nicht die der jeweiligen Restriktion entsprechende Form haben. Diese nun zu diskutierenden Resolutionsrestriktionen schränken also den Resolutionskalkül echt ein, und verkleinern damit i.a. den Suchraum. Es stellt sich natürlich sofort die Frage, ob solche Restriktionen nicht auch "zu weit" gehen können, so dass der entstandene Kalkül die Vollständigkeitseigenschaft verliert. (Dies wäre dann der Fall, wenn bei einer unerfüllbaren Klauselmenge F die leere Klausel nicht unter Einhaltung der Restriktionsbedingung herzuleiten ist). Dies wird im Folgenden zu diskutieren sein. Wir stellen nun diese Resolutionsrestriktionen vor.

Bei der *P-Restriktion* (oder P-Resolution) darf nur dann ein Resolvent zweier Klauseln K_1, K_2 gebildet werden, sofern eine der beiden Klauseln positiv ist, also nur aus positiven Literalen besteht. Analog darf bei der *N-Restriktion* (oder N-Resolution) nur resolviert werden, wenn eine der beiden Elternklauseln nur aus negativen Literalen besteht. Wir werden zeigen, dass P- und N-

Resolution vollständig sind.

Die leere Klausel ist aus einer Klauselmenge F *linear resolvierbar, basierend auf einer Klausel* $K \in F$, falls es eine Folge von Klauseln $(K_0, K_1, \ldots, K_n)$ gibt mit $K_0 = K$, $K_n = \square$ und für $i = 1, 2, \ldots, n$ gilt

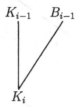

wobei die Klausel B_{i-1} (eine sogenannte *Seitenklausel*) entweder ein Element von F ist oder $B_{i-1} = K_j$ für ein $j < i$.

Wir werden zeigen, dass die lineare Resolution vollständig ist, das heißt, für jede unerfüllbare Kauselmenge F gibt es eine Klausel K (die *Basisklausel*), so dass die leere Klausel aus F linear resolvierbar ist, basierend auf K.

Beispiel: Gegeben sei die unerfüllbare Klauselmenge

$$F = \{\{A, B\}, \{A, \neg B\}, \{\neg A, B\}, \{\neg A, \neg B\}\}.$$

Eine (übliche) Resolutionsherleitung der leeren Klausel ohne Einhaltung einer dieser Restriktionen benötigt 3 Resolutionsschritte.

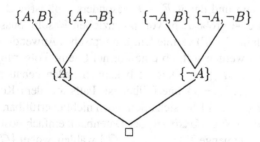

Eine lineare Resolution der leeren Klausel aus F, basierend auf $\{A, B\}$, ist z.B. gegeben durch das folgende Diagramm (dies ist gleichzeitig auch Beispiel für eine P-Resolution).

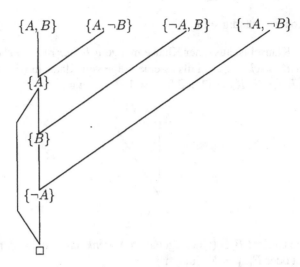

Man beachte, dass dieser Resolutionsbeweis 4 Schritte benötigt. Man kann erahnen, dass der Preis, der für die Einschränkung der Wahlmöglichkeiten bei den Resolutionsrestriktionen bezahlt werden muss, in einer Zunahme der Beweislänge liegt. Diesen Effekt genau zu quantifizieren ist aktuelles Thema der Forschung (vgl. hierzu Übung 87).

Bei der *Stützmengenrestriktion* der Resolution muss zu der gegebenen Klauselmenge F eine Teilmenge T bekannt sein, so dass $F - T$ erfüllbar ist. Ein Resolutionsbeweis der leeren Klausel aus F, relativ zur Stützmenge T, muss die Bedingung erfüllen, dass niemals zwei Klauseln aus $F - T$ miteinander resolviert werden. Diese Einschränkung bringt vor allem dann Vorteile, wenn T besonders klein und damit $F - T$ besonders groß ist, z.B. bei $|T| = 1$. Dadurch wird eine große Zahl von potenziellen Resolutionsschritten (zwischen Klauseln in $F - T$) vermieden. Ein typisches Anwendungsbeispiel ist, dass festgestellt werden soll, ob eine Formel G eine Folgerung der "Datenbank" $\{F_1, F_2, \ldots, F_k\}$ ist. Dies ist bekanntermaßen genau dann der Fall, wenn $\{F_1, F_2, \ldots, F_k, \neg G\}$ unerfüllbar ist. Falls aus dem Kontext bekannt ist, dass $\{F_1, F_2, \ldots, F_k\}$ für sich allein noch nicht unerfüllbar, also erfüllbar, ist; oder falls diese sog. *Konsistenz* der Datenbank einfach postuliert wird, so kann man als Stützmenge $T = \{G_1, \ldots, G_l\}$ wählen, wobei $\{G_1, \ldots, G_l\}$ die Klauselform von $\neg G$ ist.

Wir werden später sehen, dass die Stützmengenresolution vollständig ist.

Bei der *Input-Restriktion* muss bei jedem Resolutionsschritt eine der beiden Elternklauseln ein "Input", also Element der Ausgangsklauselmenge F sein. Man sieht leicht ein, dass jeder Resolutionsbeweis, der die Input-Restriktion einhält, auch ein linearer Resolutionsbeweis ist. Aber im Unterschied zur linearen Resolution ist die Input-Resolution nicht vollständig. Ein einfaches Gegenbeispiel ist die unerfüllbare Klauselmenge

$$F = \{\{A, B\}, \{A, \neg B\}, \{\neg A, B\}, \{\neg A, \neg B\}\}.$$

Bei einer Inputresolution entsteht im ersten Schritt immer ein Resolvent mit mindestens einem Literal. Bei jedem weiteren Resolutionsschritt können wieder nur Resolventen mit mindestens einem Literal entstehen. Die leere Klausel ist bei diesem Beispiel per Input-Resolution also nicht herleitbar. Wir werden aber später zeigen, dass die Input-Resolution vollständig für die Klasse der Hornformeln ist.

Eine weitere unvollständige Resolutionsrestriktion, die aber vollständig für die Klasse der Hornformeln ist, ist die *Einheitsresolution* (vgl. Übung 35). Es darf nur dann ein Resolvent gebildet werden, wenn mindestens eine Elternklausel einelementig ist. Diese Resolutionsrestriktion hat den Vorteil, dass die Anzahl der Literale bei jedem Resolutionsschritt abnimmt. Die Unvollständigkeit der Einheitsresolution ist durch das gleiche Gegenbeispiel wie bei der Input-Restriktion einzusehen. (Diese Ähnlichkeit mit der Input-Restriktion ist kein Zufall: Es kann gezeigt werden, dass eine Klauselmenge F einen Einheitsresolutionsbeweis der leeren Klausel besitzt *genau dann, wenn* F einen Input-Resolutionsbeweis der leeren Klausel besitzt, vgl. Übung 91).

Schließlich kommen wir zur *SLD-Resolution*. Diese Restriktion ist nur für Hornformeln definiert (bzw. wir betrachten ihre Verallgemeinerung auf beliebige Klauselmengen, die SL-Resolution hier nicht). Diese Resolutionsrestriktion spielt eine entscheidende Rolle bei der Logik-Programmierung, die wir im nächsten Kapitel diskutieren wollen. SLD-Resolutionen sind Input- (und damit auch lineare) Resolutionen, die eine spezielle Form haben. Und zwar muss die Resolutionsherleitung auf einer negativen Klausel (einer sog. *Zielklausel*) basieren, und bei jedem Resolutionsschritt ist eine Elternklausel eine nicht-negative Inputklausel. (Nicht-negative Hornklauseln heißen auch *definite Klauseln* oder *Programmklauseln*).

Sei z.B. $F = \{K_1, K_2, \ldots, K_n, N_1, \ldots, N_m\}$, wobei $K_1, K_2, \ldots, K_n$ die definiten und $N_1, \ldots, N_m$ die negativen Klauseln sind. Eine SLD-Resolutionsherleitung der leeren Klausel hat dann die folgende Form (für ein geeignetes $j \in \{1, \ldots, m\}$ und eine geeignete Folge $i_1, i_2, \ldots, i_l \in \{1, \ldots, n\}$).

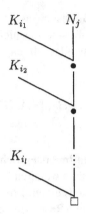

Die hierbei durch Punkte dargestellten Klauseln, also die "Zwischen-resultate", können nur negative Klauseln sein, da sie durch Resolution einer negativen mit einer definiten Hornklausel entstehen. Das heißt, SLD-Resolutionen sind immer auch N-Resolutionen. Gleichfalls sind SLD-Resolutionen auch immer Stützmengenresolutionen, wobei die Stützmenge $\{N_1, \ldots, N_m\}$ ist.

Bemerkung: Die Abkürzung SLD steht für "linear resolution with selection function for definite clauses". In unserer Betrachtung ignorieren wir zunächst diesen zusätzlichen Aspekt einer *Auswahlfunktion*, die in jedem Resolutions-schritt dasjenige Literal angibt, nach dem als nächstes zu resolvieren ist. Wir kommen jedoch auf diesen Punkt in Kapitel 3.3 zurück. Für den Moment be-trachten wir die SLD-Resolution als identisch mit der sog. *LUSH-Resolution* (LUSH = linear resolution with unrestricted selection for Hornclauses).

Alle Vollständigkeitsbeweise der Resolutionsrestriktionen werden zunächst für den aussagenlogischen Fall (also für die Grundinstanzen der prädikaten-logischen Klauseln) gezeigt. Wie im Beweis des allgemeinen Vollständig-keitssatzes für die prädikatenlogische Resolution verwenden wir das Lifting-Lemma, um aussagenlogische Resolutionsbeweise, die der entsprechenden Restriktion genügen, in die Prädikatenlogik zu "liften". Man beachte, dass durch das Lifting-Lemma die Struktur einer Resolutionsherleitung nicht geändert wird, so dass eine P-,N-, lineare, usw. -Resolution nach Anwendung des Lifting-Lemmas immer noch eine solche ist. Um die Vollständigkeit einer Restriktion in der Aussagenlogik zu zeigen, muss der Vollständigkeitssatz für den aussagenlogischen Resolutionskalkül entsprechend modifiziert werden.

Als Vorbereitung für diese Beweise führen wir folgende Notation ein. Für eine (aussagenlogische) Klauselmenge F und ein in F vorkommendes Literal L sei $F_{L=0}$ die Klauselmenge, die man aus F erhält, indem jedes Vorkommen von L und ferner jede Klausel, in der $\overline{L}$ vorkommt, gestrichen wird. Analog sei $F_{L=1}$ definiert, wobei die Rollen von L und $\overline{L}$ vertauscht sind. Inhaltlich gesprochen ist $F_{L=a}$, $a \in \{0, 1\}$, diejenige Klauselmenge, die aus F entsteht, wenn die Belegung von L mit a fixiert wird. Deshalb gilt, dass sowohl $F_{L=0}$ als auch $F_{L=1}$ unerfüllbar sind, sofern F unerfüllbar ist.

Satz
Die P-Restriktion der Resolution ist vollständig.

Beweis: Wie oben bemerkt, genügt es, den aussagenlogischen Fall zu betrachten. Sei F eine unerfüllbare aussagenlogische Klauselmenge. Wegen des Endlichkeitssatzes dürfen wir wieder annehmen, dass F endlich ist. Wir zeigen durch Induktion über die Anzahl der atomaren Formeln in F, dass die leere Klausel per P-Resolution aus F herleitbar ist.
Induktionsanfang ($n = 0$): Falls $n = 0$, so kann nur $F = \{\Box\}$ sein, und wir sind fertig.
Induktionsschritt ($n > 0$): Die Klauselmenge F besitze $n > 0$ Atomformeln. Sei A eine beliebige Atomformel in F. Da $F_{A=1}$ und $F_{A=0}$ unerfüllbar sind und höchstens $n - 1$ Atomformeln enthalten, folgt mit der Induktionsvoraussetzung, dass die leere Klausel per P-Resolution sowohl aus $F_{A=0}$ als auch aus $F_{A=1}$ herleitbar ist. Wiederherstellen der ursprünglichen Klauseln in $F_{A=0}$ (d.h. Wiedereinfügen von A) liefert dann eine Resolutionsherleitung von $\{A\}$ aus den Klauseln in F. Diese Herleitung von $\{A\}$ stellt immer noch eine P-Resolution dar, da A ein positives Literal ist. Nun fügen wir weitere Resolutionsschritte hinzu, die die so erhaltene Klausel $\{A\}$ mit jeder Klausel in F, die $\neg A$ enthält, resolviert. Man beachte, dass dieses wiederum P-Resolutionen sind. Damit haben wir gerade die Klauseln in $F_{A=1}$ bereitgestellt. Sodann fügen wir den nach Induktionsvoraussetzung existierenden P-Resolutionsbeweis der leeren Klausel an, der die Klauseln in $F_{A=1}$ als Ausgangspunkt hat. Das Ergebnis ist nun eine P-Resolutionsherleitung der leeren Klausel aus F. ∎

Satz
Die N-Restriktion der Resolution ist vollständig.

Beweis: Man vertausche im vorigen Beweis die Rollen von "positiv" und "negativ", von "A" und "$\neg A$", und von "$F_{A=0}$" und "$F_{A=1}$". ∎

Satz

Die lineare Resolutionsrestriktion ist vollständig. (Genauer: Für jede unerfüllbare Klauselmenge F gibt es eine Klausel $K \in F$, so dass die leere Klausel durch lineare Resolution aus F, basierend auf K, herleitbar ist).

Beweis: Sei F unerfüllbar und $F' \subseteq F$ sei eine minimal unerfüllbare Teilmenge von F (d.h. F' ist unerfüllbar, aber für jede Klausel $K \in F'$ gilt, dass $F' - \{K\}$ erfüllbar ist. F' kann aus F konstruiert werden, indem sukzessive Klauseln aus F entfernt werden, bis nur noch Klauseln übrig bleiben, deren Entfernen zur Erfüllbarkeit führt). Wir zeigen nun, dass sogar für *jede* Klausel K in F' gilt, dass es eine lineare Resolutionsherleitung der leeren Klausel aus F gibt, die auf K basiert. Sei K eine beliebige Klausel in F'. Wir führen den Beweis nun durch Induktion über die Anzahl der in F' vorkommenden atomaren Formeln.

Induktionsanfang $(n = 0)$: In diesem Fall ist $F' = \{\Box\}$ und $K = \Box$. Hier ist nichts zu zeigen.

Induktionsschritt $(n > 0)$: F' enthalte $n > 0$ Atomformeln.

Fall 1: $|K| = 1$

Dann ist $K = \{L\}$ für ein Literal L. Für eine Atomformel A ist dann $L = A$ oder $L = \neg A$. Die Klauselmenge $F'_{L=1}$ ist dann unerfüllbar und enthält nur höchstens $n - 1$ Atomformeln, denn A kommt nicht mehr vor. Sei F'' eine minimal unerfüllbare Teilmenge von $F'_{L=1}$. In F'' muss eine Klausel K' vorkommen, so dass $K' \cup \{\overline{L}\} \in F'$, d.h. K' ist gerade durch Streichen von $\overline{L}$ aus einer Klausel in F' entstanden. Eine solche Klausel K' muss deshalb in F'' existieren, weil sonst F'' eine Teilmenge von $F' - \{K\}$ und damit erfüllbar wäre (da F' minimal unerfüllbar ist). Nach Induktionsvoraussetzung gibt es nun eine lineare Resolutionsherleitung der leeren Klausel aus F'', basierend auf der Klausel K'. Hieraus konstruieren wir die gesuchte lineare Resolutionsherleitung von $\Box$, basierend auf $K = \{L\}$, wie folgt: Der erste Resolutionsschritt resolviert die Basisklausel $K = \{L\}$ mit $K' \cup \{\overline{L}\}$. Der Resolvent hierbei ist K'. Sodann übernehmen wir obige, auf K' basierende Resolutionsherleitung der leeren Klausel, wobei wir nun die wiederhergestellten, ursprünglichen Klauseln aus F (also evtl. mit dem Literal $\overline{L}$) hernehmen. Hierdurch entsteht eine lineare Resolutionsherleitung von $\{\overline{L}\}$, basierend auf $K = \{L\}$. Im letzten Resolutionsschritt schließlich resolvieren wir die Basisklausel K mit $\{\overline{L}\}$ und erhalten die leere Klausel.

Fall 2: $|K| > 1$

In diesem Fall wählen wir ein beliebiges Literal $L \in K$ und setzen $K' = K - \{L\}$. Nun ist $F'_{L=0}$ unerfüllbar und K' ist eine Klausel in $F'_{L=0}$. Wir zeigen nun, dass $F'_{L=0} - \{K'\}$ erfüllbar ist. Hierzu sei zunächst $\mathcal{A}$ ein Modell von

$F' - \{K\}$. Dann gilt $\mathcal{A}(K) = 0$, denn es gilt $\mathcal{A}(F') = 0$, weil F' unerfüllbar ist. Somit folgt $\mathcal{A}(L) = 0$, da $L \in K$. Damit ergibt sich $\mathcal{A}(F'_{L=0} - \{K'\}) = 1$. Sei F''' eine minimal unerfüllbare Teilmenge von $F'_{L=0}$. Wie soeben gezeigt, muss F''' die Klausel K' enthalten (denn Weglassen von K' würde Erfüllbarkeit nach sich ziehen). Auf F''' trifft die Induktionsvoraussetzung zu und deshalb gibt es eine lineare Resolutionsherleitung der leeren Klausel aus F''', basierend auf K'. In diesem Resolutionsbeweis fügen wir nun das Literal L überall wieder hinzu, wo es zuvor weggelassen wurde (und damit auch in den Resolventen). Dies ergibt eine lineare Resolutionsherleitung von $\{L\}$ aus F', basierend auf K.

Nun ist aber $(F' - \{K\}) \cup \{\{L\}\}$ unerfüllbar und $F' - \{K\}$ erfüllbar. Unter Verwendung von *Fall 1* wissen wir, dass eine lineare Resolutionsherleitung von $\square$ aus $(F' - \{K\}) \cup \{\{L\}\}$ existiert, basierend auf $\{L\}$. Wir fügen nun diesen Resolutionsbeweis an den oben erhaltenen Resolutionsbeweis, der $\{L\}$ liefert, hinten an und erhalten so die gewünschte Resolutionsherleitung von $\square$ aus F', basierend auf K. ∎

Übung 87: Sei F diejenige unerfüllbare Klauselmenge mit den Atomformeln $A_1, \ldots, A_n$, die alle $m = 2^n$ Klauseln der Form $\{B_1, B_2, \ldots, B_n\}$ mit $B_i \in \{A_i, \neg A_i\}$ enthält. Die übliche Resolutionsherleitung der leeren Klausel aus F enthält $m - 1$ Resolutionsschritte. Man ermittle aus den Vollständigkeitsbeweisen der P-Resolution und der linearen Resolution Rekursionsgleichungen für die Länge der konstruierten Resolutionsherleitungen unter diesen Restriktionen. Lösen Sie diese Rekursionsgleichungen und vergleichen Sie diese Formeln mit $m - 1$.

Satz
Die Stützmengen-Restriktion der Resolution ist vollständig.

Beweis: Dies folgt aus der Vollständigkeit der linearen Resolution. Sei F eine unerfüllbare Klauselmenge und $T \subseteq F$ eine Stützmenge, d.h. $F - T$ ist erfüllbar. Eine minimal unerfüllbare Teilmenge T' von F muss mindestens eine Klausel K aus T enthalten, denn $F - T$ ist erfüllbar. Mit dem vorigen Beweis folgt, dass es eine lineare Resolutionsherleitung gibt, basierend auf K. Dies ist gleichzeitig eine Stützmengenresolution mit Stützmenge $\{K\}$ und damit auch mit Stützmenge T. ∎

Übung 88: Man zeige, dass die Kombination zweier vollständiger Restriktionen i.a. nicht mehr vollständig ist. Hierzu betrachte man zwei vollständige Resolutionsrestriktionen (z.B. P-Resolution und N-Resolution) und gebe ein

Beispiel einer unerfüllbaren Klauselmenge an, so dass die leere Klausel unter Einhaltung *beider* Restriktionen nicht herleitbar ist.

Wir wenden uns nun den im Allgemeinen Fall unvollständigen Resolutions-restriktionen zu und erhalten sofort den folgenden Satz (vgl. Übung 35).

Satz
Die Einheitsresolution ist vollständig für die Klasse der Hornformeln.

Beweis: Da die P-Resolution für den allgemeinen Fall vollständig ist, ist sie es auch für den speziellen Fall der Hornformeln. Positive Hornformeln können jedoch nur einelementig sein. Damit folgt sofort, dass die Einheitsresolution für Hornformeln vollständig ist.   ∎

Satz
Die SLD-Resolution ist vollständig für die Klasse der Hornformeln.

Beweis: Sei F eine unerfüllbare Hornklauselmenge. Eine Klauselmenge ist erfüllbar, wenn sie keine negativen Klauseln enthält (man setze $\mathcal{A}(A) = 1$ für alle Atomformeln A, dann ist $\mathcal{A}$ ein Modell). Deshalb muss in F mindestens eine negative Klausel enthalten sein. Mehr noch, beim Übergang von F zu einer minimal unerfüllbaren Teilmenge F' von F, muss mindestens eine negative Klausel K in F' verbleiben. Wegen der Vollständigkeit der linearen Resolution gibt es dann einen linearen Resolutionsbeweis der leeren Klausel aus F' (also auch aus F), basierend auf K. Diese lineare Resolutionsherleitung muss ferner die Form einer Input-Resolution haben, denn alle Resolventen obiger Herleitung sind negative Klauseln (Resolventen von Hornklauseln mit negativen Klauseln sind negative Klauseln), und negative Klauseln sind nicht mit negativen Klauseln resolvierbar. Dieses Argument beweist, dass diese lineare Resolution sogar die spezielle Form einer SLD-Resolution hat.   ∎

Übung 89: Beweisen Sie die Vollständigkeit der SLD-Resolution für Horn-formeln *direkt*, also ohne Zuhilfenahme der Vollständikeit der linearen Resolution.

Hinweis: Orientieren Sie sich an dem Ablauf des Markierungsalgorithmus' für Hornformeln von Kapitel 1.3. Eine andere Möglichkeit besteht darin, Übung 38 (in verallgemeinerter Form) zu verwenden.

Satz

Die Input-Resolution ist vollständig für die Klasse der Hornformeln.

Beweis: SLD-Resolutionen sind auch Input-Resolutionen.   ∎

Übung 90: Man zeige, dass die Vollständigkeit der Input-Resolution für Hornformeln ebenso einfach aus der Vollständigkeit der N-Resolution folgt.

Übung 91: Man zeige, dass für jede Klauselmenge F gilt: Es gibt einen Einheitsresolutionsbeweis der leeren Klausel aus F *genau dann, wenn* es einen Input-Resolutionsbeweis gibt.

Übung 92: Man zeige, dass die Vollständigkeit des Resolutionskalküls nicht verloren geht, wenn man solche Resolutionsschritte verbietet, bei denen eine Elternklausel eine Tautologie ist. Eine Klausel ist genau dann eine Tautologie, falls sie eine Atomformel und ihr Komplement enthält.

Übung 93: Falls bei einem Resolutionsschritt in den Elternklauseln jeweils nur *ein* Literal zur Unifikation herangezogen wird, so spricht man von *binärer* Resolution. (Mit anderen Worten, in der Definition der prädikatenlogischen Resolution ist $m = n = 1$ gesetzt).

Man zeige durch Angabe eines Gegenbeispiels, dass die Beschränkung auf binäre Resolutionen nicht vollständig ist. Man zeige ferner, dass binäre Resolution für Hornformeln vollständig ist. Mehr noch, jede der bei Hornformeln vollständigen Restriktionen bleibt vollständig, wenn man sie mit der binären Resolution kombiniert. (Tatsächlich ist es genau diese Kombination von binärer und SLD-Resolution, die im nächsten Kapitel intensiver betrachtet wird).

Bemerkung: Wir haben einen großen Aufwand betrieben, um die Möglichkeiten, die die Semi-Entscheidbarkeit der Prädikatenlogik bietet, also die Aussicht, automatische Theorembeweiser zu konstruieren, auszuschöpfen. Trotz alledem zeigt die praktische Erfahrung, dass selbst Theorembeweisprogramme, die diese vorgestellten Resolutionsrestriktionen (und evtl. andere Methoden) verwenden, nicht in der Lage sind, mit vertretbarem Aufwand kompliziertere Theoreme zu beweisen – oder gar die Mathematiker zu ersetzen.

Dies mag daran liegen, dass der Ansatz noch zu allgemein ist. Sei $M = \{F_1, F_2, \ldots, F_k\}$ ein beliebiges Axiomensystem. Der Resolutionskalkül ist grundsätzlich in der Lage, nachzuweisen, ob eine Formel G ein Satz der Theorie $Cons(M)$, also eine Folgerung von M, ist. Man muss nur testen, ob $\{F_1, F_2, \ldots, F_k, \neg G\}$ unerfüllbar ist. Oftmals ist man aber nur an ganz bestimmten (axiomatischen) Theorien interessiert, etwa der Gruppentheorie. Deshalb wird versucht, Kalküle zu entwickeln, die auf diese speziellen Theorien zugeschnitten sind, und die dann effizienter (aber nur für Sätze dieser Theorie) verwendet werden können. Solche Kalküle verkörpern sozusagen mehr *Wissen* über die zugrundeliegende Theorie.

Kapitel 3

Logik-Programmierung

3.1 Erzeugen von Antworten

Wir werden in diesem Abschnitt zeigen, dass das Ausführen eines Programms aufgefasst werden kann als das (automatische) Herleiten der leeren Klausel aus einer gegebenen Klauselmenge (evtl. unter Ausnutzen der Resolutionsverfeinerungen von Abschnitt 2.6), zusammen mit einem neuen Konzept: einer *Antworterzeugungskomponente*. Die aus dem Resolutionsbeweis extrahierte Antwort kann dann als Rechenergebnis des (Logik-) Programms aufgefasst werden. Diese Ideen der Antwortgenerierung aus Resolutionsbeweisen bzw. des Verwendens der Prädikatenlogik (speziell der Klauseldarstellung) als Programmiersprache gehen zurück auf Green und Kowalski.

Sei eine Klauselmenge F gegeben (wobei wir i.a. von einer erfüllbaren Menge ausgehen). Dieses F können wir als ein (Logik-) Programm auffassen: In F kommen gewisse Prädikate und Funktionen vor, und es werden durch die Klauseln in F gewisse Aussagen über deren Beziehung zueinander gemacht, es wird sozusagen der allgemeine Problemkontext formal spezifiziert. Wir betrachten folgendes sehr simple Beispiel (wobei wir der Deutlichkeit halber suggestivere Bezeichnungen als P, f, a usw. verwenden).

$$F = \{ \ \{liebt(Eva, Essen)\},$$
$$\{liebt(Eva, Wein)\},$$
$$\{liebt(Adam, x), \neg liebt(x, Wein)\} \ \}$$

Hierbei ist *liebt* ein zweistelliges Prädikatsymbol, und *Eva*, *Essen*, *Wein*, *Adam* stellen Konstanten dar. Inhaltlich könnten die Klauseln in F folgendes bedeuten:

"Eva liebt zu essen"
"Eva liebt Wein"
"Adam liebt jeden, der Wein liebt"

Hiermit ist der allgemeine (zugegebenermaßen nicht sehr tiefsinnige) Problemkontext beschrieben. Ein *Aufruf* dieses Programms könnte nun die Formel

$$G = \exists y \; liebt(Adam, y)$$

sein. Inhaltlich bedeutet dies: "Gibt es jemanden, den Adam liebt?" und
zusätzlich – dies ist der Antworterzeugungsaspekt – "Wer ist dies?". Typisch
für eine solche als Frage aufgefasste Formel, wie G, sind die vorkommenden
Existenzquantoren. Es soll hierbei nicht nur die Frage, ob die Existenz eines
(oder mehrerer) Objekte mit gewissen Eigenschaften aus dem Programm F
folgt, vom Auswertungsmechanismus (dem *Logik-Programminterpreter*) mit
ja oder *nein* beantwortet werden. Es soll vielmehr im *ja*-Fall ein entsprechendes Objekt (oder möglicherweise alle) ausgegeben werden.

In der Terminologie vom Ende des Abschnitts 2.3 kann der Sachverhalt auch
so gedeutet werden, dass F ein Axiomensystem für eine gewisse Theorie,
nämlich $Cons(F)$, darstellt, und es soll die Frage beantwortet werden, ob G
ein Satz dieser Theorie ist.

Mit anderen Worten, wir wollen wissen, ob G aus F folgt. Wir testen also
mittels Resolution, ob $F \wedge \neg G$ unerfüllbar ist. Es gilt

$$F \wedge \neg G \;\equiv\; \{\, \{liebt(Eva, Essen)\},$$
$$\{liebt(Eva, Wein)\},$$
$$\{liebt(Adam, x), \neg liebt(x, Wein)\},$$
$$\{\neg liebt(Adam, y)\}\,\}.$$

Eine Herleitung der leeren Klausel ist dann gegeben durch folgendes Diagramm.

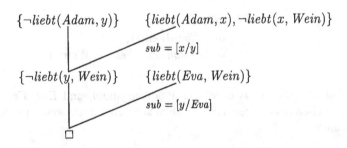

Da die leere Klausel herleitbar ist, ist G tatsächlich eine Folgerung von F.
Es gibt also jemanden, den Adam liebt. Aber wen? Nun, dies kann an den
Substitutionen abgelesen werden, denen die fragliche Variable y im Verlauf
der Resolutionsherleitung der leeren Klausel unterworfen ist. In unserem Fall
wird y durch *Eva* im 2. Resolutionsschritt ersetzt und dies ergibt die Antwort:
"Adam liebt Eva".

Eine Möglichkeit, den Substitutionsprozess transparent zu machen, ist
das Einfügen eines *Antwortprädikats*. Anstelle der ursprünglichen (von
G stammenden) *Aufrufklausel* $\{\neg liebt(Adam, y)\}$ wählen wir nun $\{\neg liebt$
$(Adam, y), Antwort(y)\}$. Ziel ist nun nicht mehr die Resolution der leeren Klausel, sondern die Resolution einer Klausel, die nur noch aus einem
(oder evtl. mehreren) Antwortprädikat(en) besteht. Bei unserem Beispiel ergibt sich:

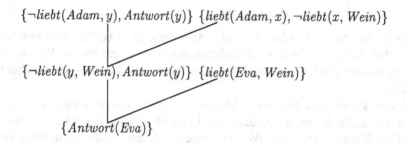

$$\{\neg liebt(Adam, y), Antwort(y)\} \quad \{liebt(Adam, x), \neg liebt(x, Wein)\}$$

$$\{\neg liebt(y, Wein), Antwort(y)\} \quad \{liebt(Eva, Wein)\}$$

$$\{Antwort(Eva)\}$$

Ein Beispiel, in dem die Antwort etwas komplexer ausfällt, ist folgendes.

$$\{\ \{liebt(Eva, Essen)\},$$
$$\{liebt(Eva, Wein), liebt(Anna, Wein)\},$$
$$\{liebt(Adam, x), \neg liebt(x, Wein)\},$$
$$\{\neg liebt(Adam, y), Antwort(y)\}\ \}$$

Dies bedeutet inhaltlich:

"Eva liebt zu essen".
"Eva oder Anna (oder beide) lieben Wein".
"Adam liebt jeden, der Wein liebt".

und die Aufrufklausel mit dem Antwortprädikat bedeutet

"Wen liebt Adam ?"

Die Resolutionsdeduktion einer Antwort sieht nun so aus:

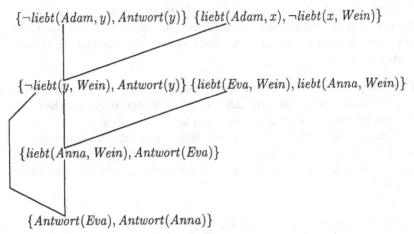

Dies bedeutet, dass Adam Eva *oder* Anna liebt (oder beide). Man beachte hierbei auch, dass die Resolutionsherleitungen immer als *lineare* Resolutionen, basierend auf der Aufrufklausel, angelegt werden können (vgl. Abschnitt 2.6).

Dieser komplexere Fall einer Antwort mit einer *oder*-Verknüpfung konnte nur dadurch entstehen, dass das Logik-Programm die Klausel $\{liebt$ $(Eva, Wein), liebt(Anna, Wein)\}$ enthielt. Allgemein kann diese Situation immer dann entstehen, wenn das Logik-Programm eine Klausel mit mehr als einem positiven Literal, also eine Klausel, die keine Hornklausel ist, enthält. Eine andere Möglichkeit besteht darin, dass die zu beantwortende Frage nach Umformung in Klauselform in *mehrere* Klauseln zerfällt. Jede dieser Klauseln enthält dann das Antwortprädikat. Auch diese Situation kann auf eine *oder*-Antwort führen. Dies ist einer der Gründe, warum bei PROLOG von vorneherein nur *Horn*klauseln und nur *eine* Aufrufklausel gestattet sind. Wir werden den speziellen Fall von Hornklauseln wie bei PROLOG, und damit zusammenhängend, die sich anbietenden speziellen Auswertemechanismen zur Antworterzeugung in den nächsten Abschnitten diskutieren.

Betrachten wir nun die Aufrufklausel

$$\{\neg liebt(Eva, z), Antwort(z)\}$$

nämlich:

"Gibt es jemanden oder etwas, das Eva liebt und gib dieses gegebenenfalls in z aus".

Wir erhalten hier zwei mögliche Deduktionen der leeren Klausel (bzw. der Antwortklausel) und damit zwei mögliche Antworten.

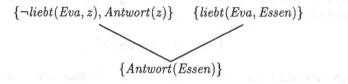

und

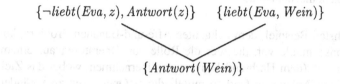

Das heißt also, sowohl $z = Essen$ als auch $z = Wein$ sind mögliche Antworten. Die *und*-Verknüpfung von Antworten ergibt sich hierbei also durch die verschiedenen möglichen Resolutionsherleitungen.

Übung 94: Ändern Sie obiges Beispiel so ab, dass *genau eine* von Eva und Anna Wein liebt, und führen Sie dann wieder die Antwortprädikatmethode durch.

Bemerkung: Sei F eine Klauselmenge (also ein Logik-Programm gemäß unserer neuen Auffassung) und P sei ein in F vorkommendes Prädikatensymbol (wie etwa *liebt* im obigen Beispiel). Nehmen wir der Einfachheit halber an, P sei zweistellig. Dann hat die Frage G im ersten Beispiel oben die Form

$$\exists z\, P(t, z)$$

für einen variablenfreien Term t (z.B. $t = Adam$). Das ergab die zu G gehörige Aufrufklausel $\{\neg P(t, z)\}$ bzw. $\{\neg P(t, z), Antwort(z)\}$. Die Situation kann so aufgefasst werden, dass t der aktuelle *Eingabeparameter* ist und z der *Ausgabeparameter*, über den wir das *Resultat* nach Auswerten des Programms F zurückerwarten (etwa $z = Eva$). Unser Formalismus gestattet also sowohl eine Eingabeparameterübergabe als auch eine Ausgabeparameterübergabe. Beides wird bewerkstelligt durch die jeweiligen allgemeinsten Unifikatoren, die bei den Resolutionsschritten angewandt werden. Und zwar wird die Eingabeparameterübergabe erreicht durch die Substitutionen für die

Variable(n) des Logik-Programms und die Ausgabeparameterübergabe durch
die Substitutionen für die Variable(n) des Antwortprädikates.
Nun beachte man, dass ein und dasselbe Logik-Programm F auch verwendet
werden kann mit einer anderen Aufrufklausel, etwa

$$\{\neg P(y', t'), Antwort(y')\},$$

wobei nun die Rollen von Eingabe- und Ausgabeparameter vertauscht sind.
Man kann also sowohl feststellen, wen oder was Eva liebt (Essen und Wein),
als auch, wer Eva liebt (Adam). Man spricht von *Invertibilität* des Parame-
terübergabemechanismus'.

Im nächsten Beispiel, dem bekannten Affe-und-Bananen-Problem, kommen
Funktionssymbole vor, die hier die Rolle von Operatoren auf einem "Zu-
standsraum" (dem Herbrand-Universum) übernehmen, wobei das Ziel darin
liegt, einen Anfangszustand so mittels dieser Operatoren zu verändern, bis
ein gewünschter Endzustand erreicht wird. Gegeben seien folgende Klauseln

(1) $\{P(a, b, c, d)\}$

Interpretation: "In der Startsituation d befindet sich der Affe bei
Position a, die Banane hängt unter Position b, und der Stuhl steht
bei Position c." (Hierbei sind a, b, c, d Konstanten).

(2) $\{\neg P(x, y, z, s), P(w, y, z, walk(x, w, s))\}$

"Wenn sich der Affe in der Situation s bei Position x befindet,
so bewirkt die Anwendung der Funktion $walk(x, w, s)$, dass der
Affe nachher bei Position w ist. M.a.W., der Affe kann zu jeder
Position hinlaufen." (Hierbei sind x, y, z, s, w Variablen).

(3) $\{\neg P(x, y, x, s), P(w, y, w, push(x, w, s))\}$

"Wenn der Affe beim Stuhl ist, so kann er den Stuhl zu jeder
Position w schieben".

(4) $\{\neg P(x, y, x, s), P(x, y, x, climb(s))\}$

"Wenn der Affe beim Stuhl steht, so kann er jederzeit darauf stei-
gen".

(5) $\{\neg P(x, x, x, climb(s)), Reach(grasp(climb(s)))\}$

"Wenn der Affe auf den Stuhl gestiegen ist, und die Position von
Stuhl, Affe und Banane übereinstimmen, so kann der Affe durch
Greifen nach der Banane diese erreichen."

Diese das Logik-Programm darstellenden Klauseln beschreiben die Problemsituation. Zur Beantwortung der Frage

$$\exists z \, Reach(z),$$

also "gibt es einen Zustand, in dem der Affe die Banane erreicht hat – und wie ist dieser Zustand herzustellen?" wird die Frage negiert und in Klauselform überführt. Dies ergibt zusammen mit dem Antwortprädikat

(6) $\quad \{\neg Reach(z), Antwort(z)\}.$

Eine Resolutionsherleitung der reinen Antwortklausel ist dann gegeben durch die Folge K_1, K_2, K_3, K_4, K_5 mit

$K_1 \;=\; \{\neg P(x, x, x, climb(s)), Antwort(grasp(climb(s)))\}$
(Resolvent von (5) und (6))

$K_2 \;=\; \{\neg P(x, x, x, s), Antwort(grasp(climb(s)))\}$
(Resolvent von (4) und K_1)

$K_3 \;=\; \{\neg P(x, y, x, s), Antwort(grasp(climb(push(x, y, s))))\}$
(Resolvent von (3) und K_2)

$K_4 \;=\; \{\neg P(x, y, z, s), Antwort(grasp(climb(push(x, y, walk(x, z, s)))))\}$
(Resolvent von (2) und K_3)

$K_5 \;=\; \{Antwort(grasp(climb(push(c, b, walk(a, c, d)))))\}$
(Resolvent von (1) und K_4)

Interpretation der Antwort: "Ausgehend von der Situation d gehe von a nach c, schiebe den Stuhl von c nach b, ersteige den Stuhl und ergreife die Banane".

Übung 95: Sechs Münzen, die auf der Vorderseite eine Zahl und auf der Rückseite einen Kopf zeigen, liegen in folgender Anordnung:

Kopf Kopf Kopf Zahl Zahl Zahl

In einem Zug dürfen je zwei nebeneinanderliegende Münzen umgedreht werden. Gesucht ist eine Folge von Zügen, die die Münzen in die Anordnung

Zahl Kopf Zahl Kopf Zahl Kopf

bringt. Formulieren Sie ein entsprechendes Logik-Programm.

Übung 96: Drei junge Frauen und ihre drei eifersüchtigen Freunde möchten an den Strand fahren. Als Transportmittel steht ihnen nur ein Sportwagen mit zwei Sitzgelegenheiten zur Verfügung. Wie stellen sie es an, die Fahrten so zu arrangieren, dass zu keinem Zeitpunkt eine Frau mit einem anderen Mann beisammen ist – außer der eigene Freund ist dabei? Man formuliere ein Logik-Programm mit Antwortprädikat.

Übung 97: Man formuliere das folgende Rätsel in der Prädikatenlogik und verwende die Antwortprädikatmethode, um es zu lösen.
Tom, Mike und John gehören dem Alpenverein an. Jedes Mitglied des Alpenvereins ist entweder Skifahrer oder Bergsteiger oder beides. Kein Bergsteiger liebt den Regen und alle Skifahrer lieben den Schnee. Mike liebt alles, was Tom nicht liebt und umgekehrt. Mike und John lieben den Schnee. Gibt es ein Mitglied des Alpenvereins, das Bergsteiger ist und kein Skifahrer? Wer ist dies?

Übung 98: Man finde mit der Antwortprädikatmethode nachträglich heraus, wie die rechtsinversen Gruppenelemente bei dem Beispiel in Abschnitt 2.5 zu wählen sind.

3.2 Hornklauselprogramme und deren Semantik

Es gibt verschiedene Gründe, Logik-Programme auf Hornklauseln zu beschränken, wie dies in der Programmiersprache PROLOG realisiert ist.

Erstens scheinen die meisten mathematischen Theorien (wenn überhaupt axiomatisierbar) per Hornklauseln axiomatisierbar zu sein. Die meisten Beispiele in diesem Buch (z.B. das Affe-und-Bananen-Problem) stellen sich nachträglich als Hornklauseln heraus. Somit scheint die Beschränkung auf Hornklauseln keine echte Beschränkung zu sein.

Zweitens führen Klauseln, die nicht die Hornform haben, auf komplexere Antwortkonstellationen. Wir haben dies im letzten Abschnitt diskutiert. Dies ist ein Grund dafür, warum bisher keine rigorose Theorie der Antwortgenerierung (sprich: Logik-Programmierung) für Klauselprogramme, die nicht Horn sind, existiert. (Man beachte, dass wir es vermieden haben, im letzten Abschnitt formale Sätze über Korrektheit und Vollständigkeit des Antworterzeugungsprozesses zu beweisen).

Der dritte Grund für die Beschränkung auf Hornklauseln ist die Effizienz. Im aussagenlogischen Fall haben wir sehr effiziente Algorithmen auf der Klasse der Hornformeln kennengelernt – ganz im Gegensatz zu den exponentiellen Algorithmen im allgemeinen Fall. Eine gewisse Form der Effizienz bei Hornformeln schlägt auch noch im prädikatenlogischen Fall durch (wenngleich die Gültigkeit und Erfüllbarkeit auf der Klasse der prädikatenlogischen Hornklauseln gleichfalls unentscheidbar ist).

Insbesondere ist es die Vollständigkeit der SLD-Resolution für die Klasse der Hornformeln, die hier attraktiv ist, denn SLD-Resolutionsherleitungen haben bereits den Charakter von sequentiell ablaufenden Berechnungen und sind deshalb für eine prozedurale Interpretation von Hornklauselprogrammen besonders geeignet. Im Hinblick auf diese prozedurale Interpretation unterscheiden wir folgende Typen von Hornklauseln.

Tatsachenklauseln sind einelementige positive Klauseln, diese bestehen also nur aus einer positiven Atomformel. Diese Klauseln stellen die Behauptung eines Faktums dar.

Prozedurklauseln haben die Form $\{P, \neg Q_1, \ldots, \neg Q_k\}$, wobei $P, Q_1, \ldots, Q_k$ prädikatenlogische Atomformeln sind. Die Notation in PROLOG, nämlich

$$P \; :- \; Q_1, Q_2, \ldots, Q_k.$$

macht den Charakter einer Implikation augenfällig ($:-$ ist ein symbolisierter Pfeil nach links). Hierbei heißt P der *Prozedurkopf* oder *Prozedurname* und $Q_1, \ldots, Q_k$ ist der *Prozedurkörper*. Die einzelnen Q_i stellen *Prozeduraufrufe* dar. Die intendierte Bedeutung hierbei ist, dass P aus den $Q_1, \ldots, Q_k$ folgt, oder in top-down Betrachtungsweise: Um den Prozedurkopf P erfolgreich auszuführen, genügt es, die Prozeduren $Q_1, \ldots, Q_k$ aufzurufen, um diese dann erfolgreich auszuführen. Man beachte, dass Tatsachenklauseln als spezielle Prozedurklauseln ohne Prozedurkörper aufgefasst werden können.

Ein *Hornklauselprogramm* oder schlicht *Logik-Programm* besteht aus einer endlichen Menge von Tatsachen- und Prozedurklauseln. Die Elemente eines Logik-Programms heißen *Programmklauseln* oder *definite Klauseln*.

Schließlich wird ein Logik-Programm *aufgerufen* durch eine *Zielklausel* (oder auch *Aufrufklausel* oder *Frageklausel*). Diese hat die Form $\{\neg Q_1, \neg Q_2, \ldots, \neg Q_k\}$, oder in der PROLOG-Schreibweise:

$$?- \; Q_1, Q_2, \ldots, Q_k.$$

Eine Zielklausel besteht also aus einer Folge von Prozeduraufrufen. Sie stellt das Berechnungsziel dar; jede der Prozeduren $Q_1, \ldots, Q_k$ soll erfolgreich ausgeführt werden.

Die leere Klausel $\square$ wird in diesem Zusammenhang *Halteklausel* genannt. Sie stellt eine erfolgreich abgearbeitete Zielklausel dar.

Die prozedurale Interpretation eines Hornklauselprogramms F bei gegebener Zielklausel G vollzieht sich nun im Sinne einer SLD-Resolutionsherleitung wie folgt. Es wird eine Programmklausel aus F beliebig (d.h. *nichtdeterministisch*) ausgesucht, die mit G resolvierbar ist. Der Resolvent sei dann G'. Dieser kann wieder nur eine Zielklausel sein. Mit dieser neuen Zielklausel wird der Prozess wiederholt, bis evtl. die aktuelle Zielklausel gerade die Halteklausel ist. Das Abarbeiten der Zielklausel wird also aufgefasst wie eine Folge von Prozeduraufrufen, die erfolgreich abgearbeitet werden muss.

Bei den Resolutionsschritten müssen jeweils Variablenumbenennungen (dies sind die Substitutionen s_1 und s_2, vgl. Kapitel 2.5) und allgemeinste Unifikatoren bestimmt werden. Es genügt offensichtlich, die Variablenumbenennung nur in einer der beiden Elternklauseln durchzuführen, um Variablendisjunktheit herzustellen. Wir gehen hier davon aus, dass diese Umbenennungsmaßnahmen immer nur bei den Programmklauseln, also den Seitenklauseln in der SLD-Resolution, nicht bei den Zielklauseln, durchgeführt werden. Dieses nennen wir dann eine *standardisierte* SLD-Resolution.

Beispiel: Betrachten wir die rekursive Definition der Addition (wobei y' den Nachfolger von y bedeutet):

$$x + 0 = x$$
$$x + y' = (x + y)'$$

In prädikatenlogische Klauseln gebracht, lauten diese beiden Zeilen:

(1) $\{A(x, 0, x)\}$

(2) $\{A(x, s(y), s(z)), \neg A(x, y, z)\}$

Hierbei bedeutet $A(x, y, z)$, dass $x + y = z$, und s stellt die Nachfolgerfunktion dar. Die Klauseln (1) und (2) sind das Logik-Programm und eine Zielklausel könnte z.B. sein:

$$\{\neg A(s(s(s(0))), s(s(0)), u)\},$$

also "berechne 3+2, und liefere das Resultat in u ab". Eine standardisierte SLD-Herleitung der leeren Klausel ist gegeben durch das folgende Diagramm (hierbei ist z' eine durch Umbenennung entstandene Variable).

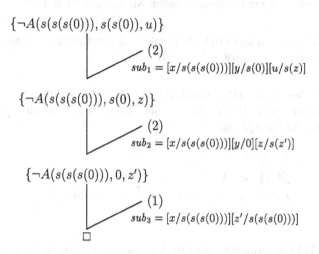

Eine Antwort, also ein *Rechenresultat*, erhalten wir durch Anwenden der berechneten allgemeinsten Unifikatoren sub_1, sub_2, sub_3 auf die ursprüngliche Zielklausel. Es ist

$$\{\neg A(s(s(s(0))), s(s(0)), u\}sub_1 sub_2 sub_3 =$$
$$\{\neg A(s(s(s(0))), s(s(0)), s(s(s(s(s(0)))))))\}.$$

Um es deutlicher zu machen, können wir die Substitution $sub_1 sub_2 sub_3$ auch direkt auf die in der Zielklausel vorkommende Variable u anwenden und wir erhalten:

$$u\, sub_1 sub_2 sub_3 = s(z)sub_2 sub_3$$
$$= s(s(z'))sub_3$$
$$= s(s(s(s(s(0))))).$$

M.a.W., das Resultat ist 5. Diese Art der Bestimmung des Rechenresultats ist in der Wirkung identisch mit der Antwortprädikatmethode des vorigen Abschnitts. An diesem Beispiel kann man erkennen, dass in der reinen Form der Logik-Programmierung keine arithmetischen Berechnungen ausgeführt werden können, lediglich Symbolmanipulationen. (Wir haben "s(s(s(s(s(0))))" als Resultat erhalten und nicht "5".) Die Möglichkeit, Funktionen oder Prädikate zu *evaluieren*, muss in einer konkreten Programmiersprache (wie PROLOG) natürlich zusätzlich vorgesehen sein. Auf diese nicht-logischen Aspekte einer Logik-Programmiersprache gehen wir hier jedoch nicht ein.

Übung 99: Das oben beschriebene Logik-Programm für die Addition kann auch zum Subtrahieren verwendet werden. Wie?

Übung 100: Man füge zu dem Logik-Programm für die Addition weitere Programmklauseln hinzu, die es erlauben, die Fibonaccifunktion zu berechnen. Diese ist die Funktion *fib* mit

$$
\begin{aligned}
fib(0) &= 1 \\
fib(1) &= 1 \\
fib(n) &= fib(n-1) + fib(n-2) \text{ für } n \geq 2.
\end{aligned}
$$

Übung 101: Man formuliere ein Logik-Programm für die Addition, das auf folgender rekursiver Darstellung beruht:

$$
\begin{aligned}
x + 0 &= x \\
x + y' &= x' + y.
\end{aligned}
$$

Man berechne wieder, was 3+2 ist.

Übung 102: Die Ackermannfunktion wird durch folgende rekursive Definition eingeführt.

$$
\begin{aligned}
a(0, y) &= y + 1 \\
a(x, 0) &= a(x - 1, 1) & \text{für } x > 0 \\
a(x, y) &= a(x - 1, a(x, y - 1)) & \text{für } x, y > 0
\end{aligned}
$$

So gilt z.B.

$$
\begin{aligned}
a(1, 2) &= a(0, a(1, 1)) = a(0, a(0, a(1, 0))) \\
&= a(0, a(0, a(0, 1))) = a(0, a(0, 2)) = a(0, 3) \\
&= 4,
\end{aligned}
$$

während $a(4, 2)$ bereits mehr als $19\,000$ Dezimalstellen hat! Beweisen Sie diese Behauptung und weisen Sie ferner nach, dass diese Darstellung von a

wohldefiniert ist, d.h. jedes Berechnen von $a(x, y)$ mit $x, y \in \mathbb{N}$ führt nach endlich vielen Schritten zum Ziel.
Formulieren Sie ein entsprechendes Logik-Programm für die Ackermannfunktion!

Wir wollen diese beispielhaft eingeführten Konzepte nun formalisieren im Hinblick auf eine rigorose Definition der prozeduralen Semantik eines Logik-Programms. In der folgenden Definition wird insbesondere hervorgehoben, dass in der Folge der berechneten allgemeinsten Unifikatoren das Rechenergebnis einer SLD-Resolution entsteht.

Definition (prozedurale Interpretation)
Die prozedurale Interpretation von Hornklauselprogrammen ist gegeben durch die Angabe eines abstrakten *Interpreters* für diese Programme. Hierzu definieren wir als *Konfigurationen* des Interpreters alle Paare (G, sub), wobei G eine Zielklausel und sub eine Substitution ist.
Sei F ein Logik-Programm. *Konfigurationsübergänge* (in Bezug auf F) werden wie folgt definiert: Es gilt $(G_1, sub_1) \vdash_{\overline{F}} (G_2, sub_2)$, falls G_1 die Form hat

$$G_1 = \{\neg A_1, \neg A_2, \ldots, \neg A_k\} \qquad (k \geq 1)$$

und es eine Programmklausel

$$K = \{B, \neg C_1, \neg C_2, \ldots, \neg C_n\} \qquad (n \geq 0)$$

in F gibt, deren Variablen so umbenannt sind, dass G_1 und K keine gemeinsamen Variablen enthalten, und so dass B und A_i für ein $i \in \{1, \ldots, k\}$ unifizierbar sind. Der allgemeinste Unifikator hierbei sei die Substitution s. Dann hat G_2 die Form

$$G_2 = \{\neg A_1, \ldots, \neg A_{i-1}, \neg C_1, \ldots, \neg C_n, \neg A_{i+1}, \ldots, \neg A_k\}s$$

und sub_2 die Form

$$sub_2 = sub_1 s.$$

Eine *Rechnung* von F bei Eingabe von $G = \{\neg A_1, \ldots, \neg A_k\}$ ist jede (endliche oder unendliche) Folge der Form

$$(G, [\,]) \vdash_{\overline{F}} (G_1, sub_1) \vdash_{\overline{F}} (G_2, sub_2) \vdash_{\overline{F}} \cdots$$

Falls es sich um eine endliche Rechnung handelt, und die letzte Konfiguration hierbei die Bauart $(\Box, sub)$ hat, so heißt diese Rechnung *erfolgreich* und die Formel $(A_1 \wedge \cdots \wedge A_k)sub$ ist dann das *Rechenergebnis*.

Man erkennt, dass Rechnungen (in Bezug auf die ersten Komponenten der Konfigurationen) nichts anderes als standardisierte SLD-Resolutionen darstellen. Es kommt lediglich in der zweiten Komponente der Konfigurationen hinzu, dass über die jeweils berechneten allgemeinsten Unifikatoren buchgeführt wird – ähnlich der Antwortprädikatmethode von Abschnitt 3.1.

Man beachte ferner, dass diese Rechnungen von Hornklauselprogrammen *nichtdeterministisch* sind, d.h. jede Konfiguration kann evtl. mehrere Nachfolgekonfigurationen besitzen. Die möglichen Rechnungen eines Logik-Programms F bei gegebener Eingabe G kann man sich somit als Baum vorstellen.

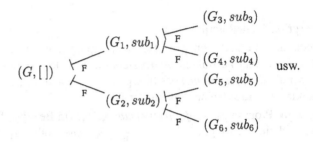

Wenn man von Nachfolgekonfigurationen absieht, die sich nur durch Variablenumbenennungen von anderen unterscheiden, so ist dieser Baum endlich verzweigt, kann jedoch unendliche Pfade enthalten.

Beispiel: Das Logik-Programm

$$F = \{\{P(x,z), \neg Q(x,y), \neg P(y,z)\},$$
$$\{P(u,u)\},$$
$$\{Q(a,b)\}\}$$

oder in der PROLOG-Notation

$$P(x,z) :- Q(x,y), P(y,z).$$
$$P(u,u).$$
$$Q(a,b).$$

hat bei Eingabe der Zielklausel $G = \{\neg P(v,b)\}$ bzw. $?- P(v,b)$ eine nicht erfolgreiche Rechnung

$$(\{\neg P(v,b)\}, [\,])$$
$$\vdash_{\overline{F}} \ (\{\neg Q(v,y), \neg P(y,b)\}, [x/v][z/b])$$

$\vdash_{\overline{F}}$ $(\{\neg P(b,b),\},[x/v][z/b][v/a][y/b])$

$\vdash_{\overline{F}}$ $(\{\neg Q(b,y),\neg P(y,b)\},[x/v][z/b][v/a][y/b][x/b][z/b])$

$\vdash_{\overline{F}}$ $(\{\neg Q(b,b)\},[x/v][z/b][v/a][y/b][x/b][z/b][y/b])$,

die nicht weiter fortgesetzt werden kann. Hierbei wurde zur Resolution die 1., 3., 1. und 2. Programmklausel herangezogen. Es gibt jedoch auch zwei erfolgreiche Rechnungen mit jeweils unterschiedlichen Rechenergebnissen. Dieses sind

$(\{\neg P(v,b)\},[\,])$

$\vdash_{\overline{F}}$ $(\{\neg Q(v,y),\neg P(y,b)\},[x/v][z/b])$ (mit 1. Programmklausel)

$\vdash_{\overline{F}}$ $(\{\neg P(b,b)\},[x/v][z/b][v/a][y/b])$ (mit 3. Programmklausel)

$\vdash_{\overline{F}}$ $(\Box,[x/v][z/b][v/a][y/b][u/b])$ (mit 2. Programmklausel)

und

$(\{\neg P(v,b)\},[\,])$

$\vdash_{\overline{F}}$ $(\Box,[v/b])$. (mit 2. Programmklausel)

Die erste Rechnung liefert das Rechenergebnis

$$P(v,b)[x/v][z/b][v/a][y/b][u/b] = P(a,b)$$

und die zweite

$$P(v,b)[v/b] = P(b,b).$$

Übung 103: Man beschreibe alle Rechnungen, die unter dem Logik-Programm

$$P(a,b).$$
$$P(x,y) \;:- P(y,x).$$

bei Eingabe der Zielklausel $?- P(b,z)$ möglich sind.

Übung 104: Welche Art von Programmklauseln kann man auffassen wie *rekursive* Prozeduren (im Sinne konventioneller Programmiersprachen)?

Beispiel: Gegeben sei folgendes Logik-Programm, das Teil eines größeren Programms zum symbolischen Differenzieren sein könnte. Wir verwenden dieses Mal die PROLOG-Notation. Außerdem bezeichnen im folgenden x und 1 (unkonventionellerweise) Konstanten; F,DF,G,DG,H Variablen, *Diff* ein zweistelliges Prädikatsymbol und sin, cos, $+$, $*$ Funktionssymbole. Wir verwenden der besseren Lesbarkeit wegen die Infixnotation bei $+$ und $*$ (also $x + y$ anstelle $+(x, y)$).

$Diff(x, 1)$.
$Diff(F + G, DF + DG)$ $:- Diff(F, DF), Diff(G, DG)$.
$Diff(F * G, F * DG + G * DF)$ $:- Diff(F, DF), Diff(G, DG)$.
$Diff(sin(F), cos(F) * DF)$ $:- Diff(F, DF)$.

Dieses Logik-Programm symbolisiert die Tatsache, dass die Ableitung von x 1 ist, ferner die Summen- und Produktregel, sowie die Kettenregel (in Bezug auf die Sinusfunktion). Gegeben sei nun die Zielklausel

$$?- Diff(x * sin(x), H).$$

also: bestimme die Ableitung von $x * sin(x)$. Die folgende Rechnung ist erfolgreich und liefert das gewünschte Resultat $x * cos(x) + sin(x)$ (allerdings in der Form $x * (cos(x) * 1) + sin(x) * 1$).

$(?- Diff(x * sin(x), H), [\,])$
$\vdash_{F}$ $(?- Diff(x, DF), Diff(sin(x), DG), sub_1)$
$\vdash_{F}$ $(?- Diff(sin(x), DG), sub_1 sub_2)$
$\vdash_{F}$ $(?- Diff(x, DF), sub_1 sub_2 sub_3)$
$\vdash_{F}$ $(\square, sub_1 sub_2 sub_3 sub_4)$

Hierbei ist

$$sub_1 = [F/x][G/sin(x)][H/x * DG + sin(x) * DF]$$
$$sub_2 = [DF/1]$$
$$sub_3 = [F/x][DG/cos(x) * DF]$$
$$sub_4 = [DF/1]$$

Somit ergibt sich

$$H \, sub_1 \ldots sub_4 = x * (cos(x) * 1) + sin(x) * 1.$$

Übung 105: Schreiben Sie ein Logik-Programm, das Formeln weitgehend vereinfacht – durch Eliminieren von überflüssigen Summanden, die 0 sind, und Faktoren, die 1 sind. (Dieses Programm könnte dann mit dem Differenzierprogramm kombiniert werden). Das gesuchte Programm sollte folgendes leisten können:

Die Eingabe der Zielklausel

$$?-\ Einfach(1 * F + (G + (0 + x)) * 1, H).$$

führt auf das Rechenergebnis

$$Einfach(1 * F + (G + (0 + x)) * 1, F + (G + x)).$$

Übung 106: Beweisen Sie folgende auf Hornklauselberechnungen zugeschnittene Form des Lifting-Lemmas. Falls

$$(Gsub', [\,])\vdash_{F} \cdots \vdash_{F} (\Box, sub)$$

eine Rechnung des Logik-Programms F bei Eingabe $Gsub'$ ist, dann gibt es eine Rechnung (der gleichen Länge) von F bei Eingabe G der Form

$$(G, [\,])\vdash_{F} \cdots \vdash_{F} (\Box, sub''),$$

wobei für eine geeignete Substitution s gilt: $sub'sub = sub''s$.

Mit den Resultaten von Kapitel 2.6 folgt sofort, dass $F \cup \{G\}$ unerfüllbar ist genau dann, wenn es eine erfolgreiche Rechnung von F mit Eingabe G gibt. Dies ist der logische Aspekt von Hornklauselberechnungen. Was die ermittelten Rechenergebnisse betrifft, so können wir im Moment noch keine Aussage über deren Korrektheit und über das Spektrum der berechneten Rechenergebnisse machen. Dieses regelt der folgende Satz, der als Verschärfung des Korrektheits- und Vollständigkeitssatzes für die SLD-Resolution verstanden werden kann. Man erkennt an der Aussage des Satzes, dass die ermittelten Rechenergebnisse immer so allgemein wie möglich sind, also so viele Variablen wie möglich enthalten.

Satz (Clark)

Sei F ein Logik-Programm und $G = ?-\ A_1, \ldots, A_k$ eine Zielklausel.

1. (Korrektheitsaussage) Falls es eine erfolgreiche Rechnung von F bei Eingabe G gibt, so ist jede Grundinstanz des Rechenergebnisses $(A_1 \wedge \ldots \wedge A_k)sub$ Folgerung von F.

2. (Vollständigkeitsaussage) Falls jede Grundinstanz von $(A_1 \wedge \ldots \wedge A_k)sub'$ Folgerung von F ist, so gibt es eine erfolgreiche Rechnung von F bei Eingabe G mit dem Rechenergebnis $(A_1 \wedge \ldots \wedge A_k)sub$, so dass für eine geeignete Substitution s gilt

$$(A_1 \wedge \ldots \wedge A_k)sub' = (A_1 \wedge \ldots \wedge A_k)subs.$$

Beweis: 1. Wir führen den Beweis per Induktion über die Länge n der Rechnung.

Falls $n = 0$, so ist $G = \square$ und $sub = [\,]$ und es ist nichts zu zeigen.

Eine typische Rechnung der Länge $n > 0$ sei nun

$$(G, [\,]) \vdash_{\overline{F}} (G_1, sub_1) \vdash_{\overline{F}} \cdots \vdash_{\overline{F}} (\square, sub_1 \ldots sub_n).$$

Hierbei sind $sub_1, \ldots, sub_n$ die berechneten allgemeinsten Unifikatoren. Die Zielklauseln G und G_1 haben die Form

$$G = ?- A_1, \ldots, A_{i-1}, A_i, A_{i+1}, \ldots, A_k \qquad (k \geq 1)$$

und

$$G_1 = ?- (A_1, \ldots, A_{i-1}, C_1, \ldots, C_l, A_{i+1}, \ldots, A_k)sub_1,$$

wobei es eine Programmklausel in F der Form

$$B :- C_1, \ldots, C_l \qquad (l \geq 0)$$

gibt, so dass $\{B, A_i\}$ unifizierbar ist mittels allgemeinstem Unifikator sub_1. Betrachten wir nun folgende Rechnung der Länge $n - 1$:

$$(G_1, [\,]) \vdash_{\overline{F}} \cdots \vdash_{\overline{F}} (\square, sub_2 \ldots sub_n).$$

Nach Induktionsvoraussetzung ist jede Grundinstanz von

$$(A_1 \wedge \cdots \wedge A_{i-1} \wedge C_1 \wedge \cdots \wedge C_l \wedge A_{i+1} \wedge \cdots \wedge A_k)sub_1 \ldots sub_n$$

Folgerung von F. Insbesondere ist dann jede Grundinstanz von

$$(C_1 \wedge \cdots \wedge C_l)sub_1 \ldots sub_n$$

Folgerung von F. Da $B :- C_1, \ldots, C_l$ eine Programmklausel in F ist und da

$$Bsub_1 \ldots sub_n = A_i sub_1 \ldots sub_n,$$

ist jede Grundinstanz von $A_i sub_1 \ldots sub_n$ und damit auch von

$$(A_1 \wedge \cdots \wedge A_i \wedge \cdots \wedge A_k)sub_1 \ldots sub_n$$

Folgerung von F.

2. Seien $x_1, \ldots, x_m$ die in $Gsub'$ vorkommenden Variablen und $a_1, \ldots, a_m$ seien beliebige bisher nicht verwendete Konstanten. Sei

$$G' = Gsub'[x_1/a_1] \ldots [x_m/a_m].$$

Nach Voraussetzung ist dann $F \cup \{G'\}$ unerfüllbar, und wegen der Vollständigkeit der SLD-Resolution (siehe auch Übung 93) gibt es eine erfolgreiche Rechnung von F der Form

$$(G', [\,])\vdash_{\overline{F}} \cdots \vdash_{\overline{F}} (\Box, sub_1 \ldots sub_n).$$

Da in G' keine Variablen vorkommen, gilt $G' = G' sub_1 \ldots sub_n$. (D.h. die Ersetzungen in $sub_1 \ldots sub_n$ beziehen sich nur auf die Variablen der Programmklauseln.) Indem wir nun die Variablen $x_1, \ldots, x_m$ textuell für $a_1, \ldots, a_m$ wieder einsetzen, erhalten wir eine Rechnung der Form

$$(Gsub', [\,])\vdash_{\overline{F}} \cdots \vdash_{\overline{F}} (\Box, sub_1' \ldots sub_n').$$

Hierbei sind $sub_1', \ldots, sub_n'$ bis auf die textuelle Änderung identisch mit $sub_1, \ldots, sub_n$. Insbesondere gilt

$$Gsub' = Gsub' sub_1' \ldots sub_n'.$$

Mit dem Lifting-Lemma (vgl. Übung 106) kann diese Rechnung überführt werden in eine Rechnung (derselben Länge) der Form

$$(G, [\,])\vdash_{\overline{F}} \cdots \vdash_{\overline{F}} (\Box, sub_1'' \ldots sub_n'').$$

Hierbei seien $sub_1'', \ldots, sub_n''$ die neuen, vom Lifting-Lemma gelieferten, allgemeinsten Unifikatoren. Nun gilt

$$sub' sub_1' \ldots sub_n' = sub_1'' \ldots sub_n'' s$$

für eine geeignete Substitution s. Also folgt für die Substitution $sub = sub_1'' \ldots sub_n''$, dass

$$(A_1 \wedge \cdots \wedge A_k)sub' = (A_1 \wedge \cdots \wedge A_k)subs,$$

was zu zeigen war. ∎

Wir wollen nun klären, was unter der *Semantik* eines Logik-Programms zu verstehen ist. Wie bei konventionellen Programmiersprachen gibt es auch hier verschiedene Ansätze. Zunächst geben wir die Definition einer *interpretativen* bzw. *prozeduralen* Semantik von Logik-Programmen. Dahinter steckt die Vorstellung, dass durch ein Logik-Programm ein (paralleler, nichtdeterministischer) *Prozess* definiert wird. Das durch das Logik-Programm Bezeichnete, die Semantik, ist dann die Menge der potenziellen Rechenergebnisse dieses Prozesses. Aus Normierungsgründen beschränken wir uns im Folgenden auf *Grundinstanzen* der Rechenergebnisse (in Bezug auf das Herbrand-Universum von $F \cup \{G\}$).

Definition (prozedurale Semantik)

Sei F ein Logik-Programm und G eine Zielklausel. Als die (F, G) zugeordnete *prozedurale Semantik* verstehen wir die Menge der Grundinstanzen der Rechenergebnisse, die der abstrakte Logik-Programminterpreter für F bei Eingabe von G liefern kann. Symbolisch:

$$\mathcal{S}_{proz}(F, G) = \{\ H \ \mid \text{ es gibt eine erfolgreiche Rechnung von } F$$
$$\text{bei Eingabe } G, \text{ so dass } H \text{ eine Grundinstanz des}$$
$$\text{Rechenergebnisses ist}\ \}$$

Übung 107: Man gebe in allen Einzelheiten an, was die prozedurale Semantik des Logik-Programms

$$P(a, a).$$
$$P(a, b).$$
$$P(x, y) \ :- P(y, x).$$

bei gegebener Zielklausel

$$?- P(a, z), P(z, a).$$

ist.

Ein zweiter, ganz anderer Ansatz geht von der Vorstellung aus, dass die Semantik (bzw. die *Denotation*) eines Logik-Programms F und einer Zielklausel $G = ?- A_1, \ldots, A_k$ durch die Menge der Grundinstanzen H von $(A_1 \wedge \cdots \wedge A_k)$ gegeben ist, die aus F folgen. Dieser *modelltheoretische* Ansatz ähnelt der Zuordnung der Theorie $Cons(F)$ zu einem gegebenen Axiomensystem F (vgl. Kapitel 2.4). Die dem Axiomensystem F zugeordnete Theorie $Cons(F)$ kann als (modelltheoretische) Semantik von F aufgefasst werden.

Im Unterschied zu der obigen Auffassung, dass durch das Logik-Programm ein dynamischer Prozess definiert wird, liegt hier die Vorstellung einer statischen *Datenbank* zugrunde. Die Semantik des Logik-Programms wird erklärt als Zusammenfassung aller explizit und implizit (über den Folgerbarkeitsbegriff) erfassten Daten (sprich: Grundinstanzen).

Definition (modelltheoretische Semantik)

Die *modelltheoretische Semantik* eines Logik-Programms F bei gegebener Zielklausel $G = ?- A_1, \ldots, A_k$ ist die Menge der Grundinstanzen von $(A_1 \wedge \cdots \wedge A_k)$, die Folgerungen von F sind. Symbolisch:

$\mathcal{S}_{mod}(F, G) = \{H \mid H$ ist eine Grundinstanz von $(A_1 \wedge \cdots \wedge A_k)$ und folgt aus $F\}$.

Übung 108: Man ermittle die modelltheoretische Semantik für das Beispiel in Übung 107.

Der folgende Satz besagt, dass prozedurale und modelltheoretische Semantik äquivalent sind. Diese Äquivalenz ist nichts anderes als eine Umformulierung des Satzes von Clark.

Satz

Für alle Hornklauselprogramme F und Zielklauseln G gilt

$$\mathcal{S}_{proz}(F, G) = \mathcal{S}_{mod}(F, G).$$

Beweis: $(\subseteq)$ Sei $H \in \mathcal{S}_{proz}(F, G)$. Dann gibt es eine erfolgreiche Rechnung von F der Form

$$(G, [\,]) \vdash_{F} \cdots \vdash_{F} (\square, sub),$$

so dass H eine Grundinstanz von $(A_1 \wedge \cdots \wedge A_k)sub$ ist. Mit dem Satz von Clark (Teil 1) ergibt sich, dass H aus F folgt. Somit ist $H \in \mathcal{S}_{mod}(F, G)$.

$(\supseteq)$ Sei $H \in \mathcal{S}_{mod}(F, G)$. Dann ist H eine Grundinstanz von $(A_1 \wedge \cdots \wedge A_k)$, die aus F folgt. Mit dem Satz von Clark (Teil 2) folgt, dass es eine Rechnung von F der Form

$$(G, [\,]) \vdash_{F} \cdots \vdash_{F} (\square, sub),$$

gibt, so dass H eine Instanz (und in diesem Fall Grundinstanz) von $(A_1 \wedge \cdots \wedge A_k)sub$ ist. Somit gilt $H \in \mathcal{S}_{proz}(F, G)$. ∎

Übung 109: Jedem Logik-Programm F kann eine Abbildung Op_F zugeordnet werden, die Mengen von Grund-Atomformeln in Mengen von Grund-Atomformeln überführt.

$Op_F(M) = \{A' \mid$ es gibt eine Programmklausel K in F
der Form $\{A, \neg B_1, \ldots, \neg B_k\}$, $k \geq 0$, so dass
$\{A', \neg B_1', \ldots, \neg B_k'\}$ Grundinstanz von K ist und
$B_1', \ldots, B_k'$ in M sind $\}$.

Es sei $Op_F^0(M) = M$ und $Op_F^{n+1}(M) = Op_F(Op_F^n(M))$ für $n \geq 0$.

Man zeige, dass

$$Fp_F = \bigcup_{n \geq 0} Op_F^n(\emptyset)$$

der *kleinste Fixpunkt* (in Bezug auf $\subseteq$) des Operators Op_F ist.
Die *Fixpunktsemantik* von F bei Eingabe $G = ?- A_1, \ldots, A_k$ sei definiert als

$$\mathcal{S}_{fixpunkt}(F, G) = \{ H \mid H \text{ ist eine Grundinstanz von } (A_1 \wedge \cdots \wedge A_k)$$
$$\text{und für alle Atomformeln } A \text{ in } H \text{ gilt } A \in Fp_F \}.$$

Man zeige: $\mathcal{S}_{fixpunkt}(F, G) = \mathcal{S}_{proz}(F, G)$.

Übung 110: Für das Beispiel in Übung 107 ermittle man $Op_F(\emptyset)$, Fp_F und $\mathcal{S}_{fixpunkt}(F, G)$.

3.3 Auswertungsstrategien

Logik-Programme sind *nichtdeterministisch*, d.h. nach jedem Rechenschritt gibt es evtl. mehr als eine Möglichkeit, die Rechnung fortzusetzen. Zu jeder gegebenen Konfiguration (G, sub) kann es (nicht-trivial) verschiedene Konfigurationen $(G_1, sub_1), (G_2, sub_2), \ldots, (G_k, sub_k)$ geben mit $(G, sub) \vdash_{\overline{F}} (G_i, sub_i)$ für $i = 1, 2, \ldots, k$.
Wenn nichtdeterministische Programme auf einem (deterministischen) Computer ausgeführt werden sollen, so muss dieser Nichtdeterminismus auf irgendeine (möglichst effiziente) Art aufgelöst werden. Was benötigt wird ist eine *Auswertungsstrategie*, die vorschreibt, in welcher Reihenfolge die nichtdeterministischen Rechenschritte auszuführen sind.
Der Nichtdeterminismus bei Logik-Programmen hat zweierlei Ursprünge. Wir unterscheiden zwischen Nichtdeterminismus 1. Art und Nichtdeterminismus 2. Art. Falls nach einem bestimmten Literal in der Zielklausel (also einem Prozeduraufruf) resolviert werden soll, so kann es evtl. mehrere Programmklauseln geben, deren Prozedurkopf mit dem ausgewählten Prozeduraufruf der Zielklausel unifizierbar ist. Damit kann es mehrere potentielle Resolventen geben.

Beispiel: Gegeben sei die Zielklausel $?- A, B, C$. Es sei B ausgewählt als nächster auszuführender Prozeduraufruf. Das Logik-Programm enthalte die

Klauseln

$$B :- D.$$
$$B.$$
$$B :- E, F.$$

Dann ergibt dies drei mögliche SLD-Resolventen und damit neue Zielklauseln:

$$?- A, D, C.$$
$$?- A, C.$$
$$?- A, E, F, C.$$

Von diesen drei Fortsetzungsmöglichkeiten kann evtl. nur eine zu einer erfolgreichen Rechnung führen. Selbst wenn es verschiedene erfolgreiche Rechnungen gibt, so können diese, je nach Auswahl der Programmklauseln, zu verschiedenen Rechenergebnissen führen. Diese Wahlfreiheit in der Auswahl der nächsten Programmklausel nennen wir *Nichtdeterminismus 1. Art.*

Wenn die Zielklausel aus n Literalen (also Prozeduraufrufen) besteht, so kann im nächsten Schritt nach jedem dieser n Literale resolviert werden. Dies ergibt $n!$ mögliche Reihenfolgen der Auswertung. Diese Wahlfreiheit macht den *Nichtdeterminismus 2. Art* aus.

Wir betrachten wieder das obige Beispiel und skizzieren die Situation durch einen Baum, der die beiden Arten des Nichtdeterminismus beschreibt.

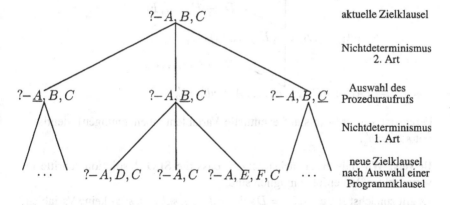

Wir zeigen nun, dass der Nichtdeterminismus 2. Art irrelevant ist und auf *jede beliebige* Art ausgewertet werden kann. Jede Auswertungsstrategie in bezug auf den Nichtdeterminismus 2. Art führt auf dieselben Rechenergebnisse (sogenannter "don't care"-Nichtdeterminismus). Man kann also die verschiedenen Prozeduraufrufe in einer Zielklausel auf eine beliebige, aber feste Art auswerten, z.B. von links nach rechts. (D.h., im oben dargestellten Baum würde man bei den Verzweigungen für den Nichtdeterminismus 2. Art immer den linken Ast wählen und die anderen nicht berücksichtigen). Hierzu zeigen wir in einem Lemma, dass die Reihenfolge der Auswahl der Prozeduraufrufe immer vertauscht werden kann, ohne das Rechenergebnis zu verändern.

Vertauschungslemma

Gegeben seien zwei aufeinanderfolgende SLD-Resolutionsschritte

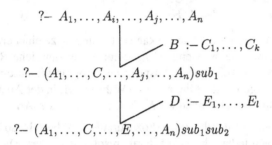

$$?{-}\ A_1, \ldots, A_i, \ldots, A_j, \ldots, A_n$$
$$B\ {:-}\ C_1, \ldots, C_k$$
$$?{-}\ (A_1, \ldots, C, \ldots, A_j, \ldots, A_n)sub_1$$
$$D\ {:-}\ E_1, \ldots, E_l$$
$$?{-}\ (A_1, \ldots, C, \ldots, E, \ldots, A_n)sub_1 sub_2$$

wobei C für $C_1, \ldots, C_k$ und E für $E_1, \ldots, E_l$ steht. Dann kann man die Reihenfolge der Literale, nach denen resolviert wird, vertauschen:

$$?{-}\ A_1, \ldots, A_i, \ldots, A_j, \ldots, A_n$$
$$D\ {:-}\ E_1, \ldots, E_l$$
$$?{-}\ (A_1, \ldots, A_i, \ldots, E, \ldots, A_n)sub_1'$$
$$B\ {:-}\ C_1, \ldots, C_k$$
$$?{-}\ (A_1, \ldots, C, \ldots, E, \ldots, A_n)sub_1' sub_2'$$

Ferner ist $sub_1 sub_2$ (bis auf eventuelle Variablenumbenennungen) identisch mit $sub_1' sub_2'$.

Beweis: Wir müssen zunächst zeigen, dass die SLD-Resolutionsschritte in vertauschter Reihenfolge möglich sind.

Es gilt zunächst $A_j sub_1 sub_2 = D sub_2 = D sub_1 sub_2$, da sub_1 keine Variablen in D ersetzt. Deshalb sind A_j und D unifizierbar, und der erste Resolutionsschritt kann ausgeführt werden. Es sei sub_1' der allgemeinste Unifikator von A_j und D. Da $sub_1 sub_2$ Unifikator von A_j und D ist, gibt es eine Substitution s mit $sub_1 sub_2 = sub_1' s$.

Weiterhin gilt $Bs = Bsub_1' s = Bsub_1 sub_2 = A_i sub_1 sub_2 = A_i sub_1' s$. (Das erste Gleichheitszeichen gilt, da sub_1' keine Variablen in B ersetzt). Somit sind

B und $A_i sub_1'$ (mittels s) unifizierbar. Also kann der zweite Resolutionsschritt ausgeführt werden. Hierbei sei sub_2' der allgemeinste Unifikator von B und $A_i sub_1'$.

Es verbleibt noch zu zeigen, dass $sub_1 sub_2$ und $sub_1' sub_2'$ (im Wesentlichen) identisch sind. Hierzu zeigen wir, dass es Substitutionen s' und s'' gibt mit $sub_1 sub_2 = sub_1' sub_2' s'$ und $sub_1' sub_2' = sub_1 sub_2 s''$.

Da sub_2' allgemeinster Unifikator von B und $A_i sub_1'$ ist, und da $Bs = A_i sub_1' s$ gilt, gibt es eine Substitution s' mit $s = sub_2' s'$. Also ist $sub_1 sub_2 = sub_1' s = sub_1' sub_2 s'$.

Als nächstes beobachten wir, dass $A_i sub_1' sub_2' = B sub_1' sub_2'$ gilt, und da sub_1 ein allgemeinster Unifikator von A_i und B ist, gibt es eine Substitution s_0 mit $sub_1' sub_2' = sub_1 s_0$. Ferner gilt $A_j sub_1 s_0 = A_j sub_1' sub_2' = D sub_1' sub_2' = D sub_1 s_0 = D s_0$. (Hierbei gilt das letzte Gleichheitszeichen, da sub_1 keine Variablen in D ersetzt). Dies bedeutet, dass s_0 ein Unifikator von D und $A_j sub_1$ ist. Da sub_2 allgemeinster Unifikator von D und $A_j sub_1$ ist, gibt es eine Substitution s'' mit $s_0 = sub_2 s''$. Zusammengesetzt ergibt dies $sub_1' sub_2' = sub_1 s_0 = sub_1 sub_2 s''$, was zu zeigen war. $\blacksquare$

Definition
Eine Rechnung eines Logik-Programms heißt *kanonisch*, falls bei jedem Konfigurationsübergang nach dem ersten (also am weitesten links stehenden) Literal der Zielklauseln resolviert wird. (Hierbei werden Klauseln also als Folgen, nicht als Mengen, aufgefasst).

Satz
Sei $(G, [\ ]) \vdash_{\overline{F}} \cdots \vdash_{\overline{F}} (\square, sub)$ eine erfolgreiche Rechnung des Logik-Programms F. Dann gibt es eine erfolgreiche und kanonische Rechnung von F bei Eingabe G derselben Länge und mit demselben Rechenergebnis.

Beweis: Nehmen wir an, dass obige Rechnung bis zum i-ten Rechenschritt kanonisch ist ($i \geq 0$). Wir zeigen nun, wie man diese Rechnung in eine Rechnung mit gleichem Rechenergebnis überführen kann, die bis zum $(i + 1)$-ten Rechenschritt kanonisch ist.

Angenommen, im i-ten Rechenschritt wird eine gewisse Konfiguration (H, s) erreicht. Sei $H = ?- A_1, \ldots, A_k$. Da der $(i + 1)$-te Rechenschritt nicht kanonisch ist, wird nach einem Literal A_l mit $l > 1$ resolviert, während nach dem Literal A_1 (bzw. einer Instanz von A_1) erst in einem späteren Rechenschritt, sagen wir j ($j > i + 1$), resolviert wird. Wir wenden nun das Vertauschungslemma auf die Paare von Rechenschritten $j - 1$ und $j, j - 2$ und $j - 1, \ldots, i + 1$ und $i + 2$ an und erhalten auf diese Weise eine Rechnung, die im $(i + 1)$-ten

Schritt nach dem am weitesten links stehenden Literal A_1 resolviert. (Es ist nicht falsch, sich an dieser Stelle an Bubble-Sort zu erinnern). Damit haben wir eine bis zum $(i + 1)$-ten Rechenschritt kanonische Rechnung mit dem gleichen Rechenergebnis erhalten. Sukzessives Anwenden dieses Verfahrens macht die gesamte Rechnung kanonisch.   ■

Wir können uns im Folgenden auf die Betrachtung von kanonischen Rechnungen beschränken. Diese Rechnungen sind nach wie vor nichtdeterministisch, aber es verbleibt nur noch der Nichtdeterminismus 1. Art. Dies erklärt nun im Nachhinein den Buchstaben S (für *selection function*), der in der Abkürzung SLD vorkommt. Unter *jeder* Auswahlregel für die Wahl des nächsten zu resolvierenden Literals in der Zielklausel (z.B. von links nach rechts) bleibt die SLD-Resolution vollständig.

Man beachte, dass kanonische Rechnungen ähnlich wie *nichtdeterministische Kellerautomaten* operieren: Als Kellerinhalt fassen wir hier die aktuelle Zielklausel ?- $A_1, A_2, \ldots, A_k$ auf, wobei A_1 das oberste Kellerelement ist. Dieses oberste Kellerelement wird bei jedem Rechenschritt nach Unifizieren mit dem Prozedurkopf B einer Programmklausel B :- $C_1, \ldots, C_n$ durch $C_1, \ldots, C_n$ ersetzt. Gegenüber Kellerautomaten kommt jedoch hinzu, dass der hierbei ermittelte allgemeinste Unifikator *sub* dann auf den gesamten Kellerinhalt angewandt wird, und die nächste Zielklausel die Form

$$?- (C_1, \ldots, C_n, A_2, \ldots, A_k) sub$$

hat. Als weiterer Aspekt kommt hinzu, dass wir in der zweiten Komponente der Konfiguration buchführen über die berechneten allgemeinsten Unifikatoren, um so das Rechenergebnis zu erhalten.

Wir stellen die kanonischen Rechnungen eines Logik-Programms F bei Eingabe von G durch einen Baum dar, wobei die Wurzel des Baumes mit der Startkonfiguration $(G, [\ ])$ beschriftet ist. Die Nachfolgerknoten eines mit (G', sub) beschrifteten Knotens entsprechen dann genau den in einem kanonischen Rechenschritt von (G', sub) aus erreichbaren Konfigurationen. Der besseren Übersicht wegen lassen wir jedoch bei der Beschriftung dieser Bäume oft die zweite Komponente der Konfigurationen weg, in denen das Rechenergebnis berechnet wird.

Beispiel: Betrachten wir das Logik-Programm

1. $Q(x, z)$:- $Q(y, z), R(x, y)$.
2. $Q(x, x)$.
3. $R(b, c)$.

und die Zielklausel ?– $Q(x, c)$. Dann erhalten wir den folgenden Baum (wobei zusätzlich die Kanten mit den Nummern der ausgewählten Programmklauseln beschriftet sind).

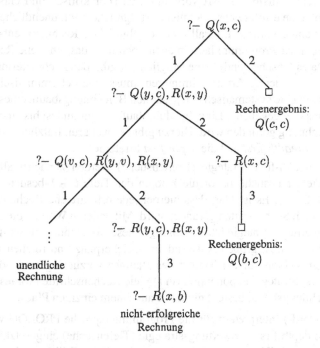

Dieser Baum enthält zwei erfolgreiche Rechnungen mit den unterschiedlichen Rechenergebnissen $Q(b, c)$ und $Q(c, c)$. Ferner kommt eine endliche, jedoch nicht-erfolgreiche und nicht weiter fortsetzbare Rechnung vor. Falls in jedem Rechenschritt mit der 1. Programmklausel resolviert wird, so erhalten wir eine unendliche Rechnung, wobei in jedem Schritt die Zielklausel um einen Prozeduraufruf länger wird.

Übung 111: Da Klauseln in unserer jetzigen Betrachtungsweise als *Folgen* von Literalen und nicht mehr als *Mengen* von Literalen aufgefasst werden, kann es sogar bei Logik-Programmen, die nur *aussagenlogische* Klauseln (also keine Variablen) enthalten, zu unendlichen Rechnungen kommen. Man finde hierfür ein Beispiel!

Wenden wir uns nun den Möglichkeiten der deterministischen Auswertung von kanonischen Berechnungsbäumen zu. Gesucht ist also eine Strategie, die die Reihenfolge der zu erzeugenden Knoten des Berechnungsbaums festlegt.

Wie im Fall des Nichtdeterminismus 2. Art kann man sicherlich nicht vorgehen und Teile des Baumes unberücksichtigt lassen, wie die obigen Beispiele zeigen. Die jeweilige Auswahl der nächsten Programmklausel, wie sie im Nichtdeterminismus 1. Art vorkommt, ist sehr kritisch und entscheidet darüber, ob eine erfolgreiche oder nicht-erfolgreiche (evtl. unendliche) Rechnung zu Stande kommt. Im Fall einer erfolgreichen Rechnung entscheidet die Auswahl der Programmklauseln auch noch über das erhaltene Rechenergebnis. Da es (anscheinend) keine Möglichkeit gibt, den Nichtdeterminismus 1. Art wie den der 2. Art zu eliminieren, muss eine deterministische Auswertungsstrategie systematisch den gesamten Berechnungsbaum eines Logik-Programms (bei gegebener Eingabe) durchlaufen – zumindest bis eine erfolgreiche Rechnung gefunden wird. Hierzu gibt es zwei grundsätzliche Möglichkeiten: die *breadth-first* und die *depth-first* Strategie.

Bei der breadth-first Strategie (Breitensuche) werden zunächst alle Knoten der Tiefe t besucht, bevor die Knoten der Tiefe $t + 1$ besucht werden ($t = 0, 1, 2, \ldots$). Es ist klar, dass hierbei jede erfolgreiche Rechnung nach endlich vielen Suchschritten gefunden wird. Mit anderen Worten, die breadth-first Auswertungsstrategie ist *vollständig*. Diese Vollständigkeit wird jedoch erkauft durch einen großen Aufwand an Speicherplatz und Rechenzeit: Um bis zu den Knoten auf der Tiefe t des Baumes vorzudringen, benötigt die breadth-first Strategie exponentiell (in t) viele Rechenschritte (vorausgesetzt, der Berechnungsbaum besteht nicht nur aus einem einzigen Pfad).

Bei (Standard-) Interpretern für die Programmiersprache PROLOG wird dagegen die depth-first Auswertungsstrategie (Tiefensuche) eingesetzt. Hierbei werden, von der Wurzel des Baumes ausgehend, die Teilbäume in einer festen Reihenfolge (von links nach rechts) rekursiv durchsucht. Es wird also im Unterschied zur Breitensuche zunächst in die Tiefe des Baumes gegangen. Bei Vorfinden einer nicht-erfolgreichen Rechnung, die nicht weiter fortgesetzt werden kann, kehrt die Suche an den Elternknoten zurück (backtracking). Von dort aus wird versucht, mit einer anderen Folgekonfiguration fortzufahren.

So wird z.B. der Baum

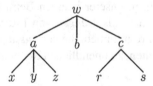

bei der breadth-first Auswertung in der Reihenfolge

$$w, a, b, c, x, y, z, r, s$$

und bei depth-first Auswertung in der Reihenfolge

$$w, a, x, y, z, b, c, r, s$$

durchlaufen.

Der folgende Algorithmus realisiert die depth-first (backtracking) Strategie.

PROLOG-Auswertungsstrategie

Eingabe: Logik-Programm $F = (K_1, K_2, \ldots, K_n)$, wobei
$K_i = B_i :- C_{i,1}, \ldots, C_{i,n_i}$ und Zielklausel $G = ?- A_1, \ldots, A_k$.

Das Hauptprogramm besteht aus

> success := **false**;
> auswerte($G, [\,]$);
> **if** success **then** write('ja') **else** write('nein');

wobei die rekursive Prozedur 'auswerte' folgendermaßen arbeitet.

> **procedure** auswerte(G : Zielklausel; *sub* : Substitution);
> **var** i : **integer**;
> **begin**
>   **if** $G = \square$ **then**
>   **begin**
> $H := (A_1 \wedge \cdots \wedge A_k) sub$;
>   write('Ergebnis:',H);
>   success := **true**
>   **end**
>   **else** {G habe die Form $G = ?- D_1, \ldots, D_k$}
>   **begin**
> $i := 0$;
>   **while** $(i < n)$ **and not** success **do**
>   **begin**
> $i := i + 1$;
>   **if** $\{D_1, B_i\}$ ist unifizierbar mittels allgemeinstem
>   Unifikator s (wobei die Variablen in B_i evtl. zu-
>   vor umbenannt wurden) **then**
>   auswerte($?- (C_{i,1}, \ldots, C_{i,n_i}, D_2, \ldots, D_k)s$, *subs*)
>   **end**
>   **end**
>   **end**

Übung 112: In konkreten PROLOG-Systemen kann der Benutzer nach Ausgabe eines Rechenergebnisses den Interpreter auffordern, noch weitere erfolgreiche Rechnungen zu finden, um dann gegebenenfalls ein neues Rechenergebnis zu erhalten. Man modifiziere den obigen Algorithmus dementsprechend.

Man beachte nun, dass die depth-first Strategie, die bei PROLOG implementiert ist, wesentlich effizienter sein *kann* als die breadth-first Strategie. Wenn sich eine erfolgreiche Rechnung ganz links im Berechnungsbaum befindet, so benötigt der PROLOG-Interpreter größenordnungsmäßig lediglich t Schritte, sofern diese Rechnung die Länge t hat.

Befindet sich dagegen die erfolgreiche Rechnung ganz rechts im Berechnungsbaum, so ist die depth-first Strategie mindestens so ineffizient wie die breadth-first Strategie. Schlimmer noch, da Berechnungsbäume unendliche Pfade enthalten können (siehe obiges Beispiel), kann es vorkommen, dass der PROLOG-Interpreter in eine unendliche Schleife gerät und die evtl. weiter rechts existierende Lösung nicht findet. Mit anderen Worten, die depth-first Strategie ist, obwohl sie effizienter sein kann als die breadth-first Strategie, *nicht* vollständig!

Wir fassen diese Diskussion nochmals zusammen.

Satz

Die breadth-first Auswertestrategie für Logik-Programme ist vollständig. Die depth-first Strategie ist nicht vollständig.

Übung 113: Man könnte geneigt sein, folgende Lösungsmöglichkeit zu Gunsten der depth-first Strategie anzustreben. Nachdem Logik-Programm F und Zielklausel G gegeben sind, werden die Programmklauseln in F "geeignet" umgeordnet. Nach diesem Vorverarbeitungsschritt startet die depth-first Suchstrategie. Man zeige, dass auch dieser Ansatz scheitert, denn man kann ein Beispiel eines Logik-Programms F und einer Zielklausel G angeben, so dass $F \cup \{G\}$ unerfüllbar ist und damit eine erfolgreiche Rechnung von F bei Eingabe G zwar existiert, die depth-first Strategie jedoch bei *jeder* Anordnung der Programmklauseln in einen unendlichen Berechnungspfad gerät.

Wegen der Effizienzvorteile, die die depth-first Strategie bringen *kann*, halten die meisten PROLOG-Implementierungen an dieser unvollständigen Auswertungsstrategie fest. Das Problem wird sozusagen dem PROLOG-Programmierer überlassen. Er muss sich über den PROLOG-Auswertemechanismus im klaren sein und daher sorgfältig die Reihenfolge seiner Programmklauseln planen. Dies steht jedoch der Idealvorstellung der Logik-Programmierung als lediglich formales Spezifizieren der Problemstellung entgegen. Im Idealfall sollte der "Programmierer" dem System nur mitteilen *"Was* ist das Problem", nicht jedoch *"Wie* ist das Problem zu lösen". Kowalski führte die Gleichung

$$\text{Algorithm} = \text{Logic} + \text{Control}$$

ein in dem Sinne, dass Algorithmen immer zwei Komponenten implizit enthalten: eine Logik-Komponente, die das Wissen über das zu lösende Problem spezifiziert, und eine Kontroll-Komponente, die die Lösungsstrategie für das Problem darstellt. Während bei konventionellen Programmiersprachen diese beiden Komponenten stark vermischt und kaum zu trennen sind, sollten Logik-Programme – zumindest im Idealfall – nur die Logikkomponente verkörpern, während die Kontrollkomponente dem System, also dem Auswertemechanismus für das Logik-Programm, überlassen bleibt.

Dieser Idealfall ist bei den existierenden PROLOG-Systemen mit der depth-first Auswertungsstrategie sicher nicht erreicht. Die breadth-first Strategie dagegen ist zwar vollständig, jedoch hoffnungslos ineffizient. Man muss also einen Kompromiss zwischen dem Erreichen des Idealfalls der Logik-Programmierung (vollständige Trennung von Logik- und Kontrollkomponente) und Effizienz schließen.

3.4 PROLOG

Dieser Abschnitt will und kann kein Handbuch für die Programmiersprache PROLOG ersetzen. Es sollen lediglich ein paar der Aspekte aufgezählt werden, die bei dem Schritt von der puren Logik-Programmierung — wie in den letzten Abschnitten besprochen — zu einer konkret verwendbaren Programmiersprache, wie PROLOG, hinzu kommen. PROLOG wurde in den 70er Jahren von einer Marseiller Forschergruppe um A. Colmerauer entwickelt.

Zunächst muss es syntaktische Konventionen geben, um die verschiedenen im Programm vorkommenden Bestandteile (Klauseln, Variablen, Funktions- und Prädikatsymbole) zu unterscheiden. Z.B. schreibt man Variablen groß und Prädikat- und Funktionssymbole klein und schließt jede Klausel mit einem Punkt ab. Wir werden diese Konventionen in diesem Abschnitt übernehmen. In einer konkret einsetzbaren Programmiersprache müssen Konzepte hinzu kommen, die es ermöglichen, Daten in das Programm einzulesen und auszugeben, Dateien zu bearbeiten, etc. Diese Aufgaben werden dadurch realisiert, dass vom System gewisse Prädikate (wie *read, write, ...*) bereitgestellt werden, die vom Benutzer nicht modifiziert werden können, und die vom logischen Gesichtspunkt betrachtet keine Bedeutung haben. Sie werden bei Bearbeitung durch den PROLOG Auswertungsmechanismus einfach übergangen, erzeugen jedoch (erwünschte) *Seiteneffekte*, wie z.b. das Schreiben auf den Bildschirm oder in eine Datei.

Dies setzt aber auch voraus, dass dem Programmierer die Abfolge der Auswertung seines PROLOG-Programms bewusst ist. Eine Zielklausel wie

$$?-\ read(X),\ compute(X, Y),\ write(Y).$$

kann sinnvoll nur von links nach rechts ausgewertet werden – im Gegensatz zu den theoretischen Betrachtungen des letzten Abschnitts, wo gezeigt wurde, dass eine derartige Klausel (wenn keine Seiteneffekte vorhanden sind) genauso gut von rechts nach links ausgewertet werden kann.

Bei anderen Prädikaten, die das PROLOG-System bereitstellt, werden abweichend vom Unifikationsalgorithmus Variableninstantiierungen erzwungen. Ein Beispiel ist das Prädikat *is*. Wenn das PROLOG-System z.B. auf $is(X, Y * 5)$ (oder in Infixnotation: X *is* $Y * 5$) trifft und Y bereits mit der Konstanten 7 instantiiert ist, so wird X mit 35 instantiiert. Hierdurch können dann arithmetische Rechnungen in PROLOG realisiert werden.

Beispiel (vgl. Übung 100):

$$fib(0, 1).$$
$$fib(1, 1).$$
$$fib(X, Y)\quad :-\quad is(X_1, X - 1), is(X_2, X - 2),$$
$$fib(X_1, Y_1), fib(X_2, Y_2), is(Y, Y_1 + Y_2).$$

Übung 114: Berechnen Sie mit Hilfe des *is*-Prädikats die Fakultätsfunktion.

Durch dieses Konzept geht allerdings die Invertibilität von Logik-Programmen verloren. Obiges Programm für die Fibonacci-Funktion kann sinnvoll nur so aufgerufen werden, indem der erste Parameter als Eingabeparameter und der zweite als Ausgabeparameter aufgefasst wird.

Ein weiterer Aspekt ist, dass Funktionen und Prädikate entweder in der Präfixnotation (z.B. $+(5, 7)$) oder in der Infixnotation $(5 + 7)$ geschrieben werden können.

Ein Merkmal von PROLOG ist, nicht besonders zwischen Funktionen und Prädikaten zu unterscheiden; mehr noch, das (logische) Symbol $:-$, das für den Implikationspfeil steht, wird aufgefasst wie ein zweistelliges Prädikat oder auch eine zweistellige Funktion (geschrieben in Infixnotation), das als System-Prädikat/Funktion einzustufen ist und eine besondere Auswertung erfordert. So werden dann konsequenterweise auch Klauseln wie Terme aufgefasst und können vom Programm aus modifiziert werden. Es ist die Möglichkeit vorgesehen, dass das PROLOG-Programm selbst neue Klauseln generiert und an seine eigene "Datenbank" anfügt – oder umgekehrt – Klauseln wieder streicht.

Komplexere Datenstrukturen können in PROLOG durch die Terme bzw. deren Art der Verschachtelung dargestellt werden. So soll etwa

$$cons(a, cons(b, cons(c, nil)))$$

die Liste bestehend aus den 3 Elementen a, b und c darstellen. Hierbei bezeichnet die Konstante *nil* die leere Liste. Das Funktionssymbol *cons* ist der *Listenkonstruktor*. In dem Term $cons(x, y)$ bezeichnet x das erste Element der Liste und y den Rest der Liste. Es ist bequemer, eine abkürzende Schreibweise zu verwenden. So bezeichnet

$$[a_1, a_2, \ldots, a_k]$$

den Term

$$cons(a_1, cons(a_2, \ldots cons(a_k, nil) \ldots)).$$

Außerdem ist

$$[x|y]$$

eine abkürzende Notation für

$$cons(x, y)$$

und $[\ ]$ steht für die leere Liste *nil*.

Beispiel: $[[a, [b, c]] \mid [d, e]]$ ist eine abkürzende Bezeichnung für

$$cons(cons(a, cons(cons(b, cons(c, nil)), nil)), cons(d, cons(e, nil)))$$

Das folgende Diagramm macht die Struktur dieses Terms deutlich, wobei jeder Punkt für eine Anwendung von *cons* steht.

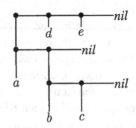

Die häufigste Operation auf Listen ist deren Verknüpfung. Folgendes Logik-Programm beschreibt die Verknüpfung (Konkatenation) zweier Listen.

$append([\,],L,L).$
$append([X|L_1],L_2,[X|L_3])$:− $append(L_1,L_2,L_3).$

Hierbei sind X,L,L_1,L_2,L_3 Variablen und $append(L_1,L_2,L_3)$ drückt aus, dass L_3 die Konkatenation der Listen L_1 und L_2 ist.

Übung 115: Man gebe eine erfolgreiche Rechnung obigen Programms bei Eingabe der Zielklausel

$$?-\ append([a,[d,e],b,c],[a,e,f],X).$$

an. Welche erfolgreichen Rechnungen ergeben sich bei der Zielklausel

$$?-\ append(X,Y,[a,b,c,a]).$$

Hierbei sind X,Y Variablen.

Übung 116: Man gebe ein PROLOG-Programm zum Umdrehen einer Liste an. So soll $reverse(L_1,L_2)$ genau dann gelten, wenn L_2 die gespiegelte Version der Liste L_1 ist.
Man formuliere ein weiteres PROLOG-Programm, so dass L_1 und jede Teilliste von L_1 gespiegelt wird.

Übung 117: In PROLOG gibt es ein eingebautes Prädikat $atomic(X)$, das genau dann erfolgreich abgearbeitet wird, wenn die Variable X zum Zeitpunkt der Auswertung mit einer Konstanten instantiiert ist. Schreiben Sie ein PROLOG-Programm unter Zuhilfenahme von $atomic$ und add (für die Addition), das die Anzahl der Blätter in dem durch eine Liste dargestellten Binärbaum bestimmt. So soll z.B.

$$?-\ anzahl([a,[e,f],b,c],N).$$

auf die Antwort $N = 5$ führen.

Beispiel: Folgendes Programm kann Listen permutieren

$$permut([\,],[\,]).$$
$$permut([X|Y], Z) \;:- permut(Y, W), insert(X, W, Z).$$
$$insert(A, B, [A|B]).$$
$$insert(A, [B|C], [B|D]) \;:- insert(A, C, D).$$

So führt z.B. die Zielklausel

$$?- permut([viele,köche,verderben,den,brei], Z)$$

auf die Resultate

$$Z = [viele,köche,verderben,den,brei]$$
$$Z = [köche,viele,verderben,den,brei]$$
$$Z = [köche,verderben,viele,den,brei]$$
$$Z = [köche,verderben,den,viele,brei]$$

$$\vdots$$

Übung 118: Das folgende Programm kann Listen sortieren – allerdings in äußerst ineffizienter Weise.

$$sort(L_1, L_2) \;:- permut(L_1, L_2), ord(L_2).$$
$$ord([\,]).$$
$$ord([X]).$$
$$ord([X|[Y|Z]]) \;:- X \leq Y, ord([Y|Z]).$$

Schreiben sie ein Sortierprogramm, das Quicksort realisiert.

Beispiel: Das unten angegebene PROLOG-Programm compiliert arithmetische Ausdrücke bzw. Wertzuweisungen, wie etwa

$$z := (a * b) + c$$

in Assemblercode. In diesem Fall ergibt sich

$$[[load, a], [load, b], mul, [load, c], add, [store, z]]$$

Hierbei bezeichnet *load* das Laden eines Elements auf einen Keller, und *mul* bzw. *add* verarbeiten die obersten zwei Kellerelemente und legen das Resultat wieder auf den Keller. Das Kommando *store* legt das oberste Kellerelement im Speicher ab.

$$compile(X := Y, Z) \; :- \; compile(Y, W),$$
$$append(W, [[store, X]], Z).$$

$$compile(X * Y, Z) \; :- \; compile(X, U),$$
$$compile(Y, V),$$
$$append(U, V, W),$$
$$append(W, [mult], Z).$$

$$compile(X + Y, Z) \; :- \; compile(X, U),$$
$$compile(Y, V),$$
$$append(U, V, W),$$
$$append(W, [add], Z).$$

$$compile(X, [[load, X]]) \; :- \; atomic(X).$$

Übung 119: Definieren Sie sich formal die Syntax einer Programmiersprache ASCA (eine geeignet einfache Teilmenge von PASCAL) und schreiben Sie dann einen Compiler für ASCA-Programme in PROLOG.

Übung 120: Implementieren Sie einen PROLOG-Interpreter in PASCAL, bei dem neben dem Lösungssuchalgorithmus auch einige der bei PROLOG vorgesehenen Standardprädikate realisiert sind.

Die logische Unvollständigkeit der depth-first Auswertungsstrategie in PROLOG wurde bereits erwähnt. Mehr noch, diese Unvollständigkeit ist i.a. nicht einmal zu beheben durch eine geeignete Anordnung der Programmklauseln (vgl. Übung 113). Dies ist offensichtlich ein großes Dilemma und stellt den ganzen depth-first Ansatz in Frage. In der Programmiersprache PROLOG ist nun ein etwas eigenwilliger Ausweg aus diesem Dilemma eingebaut worden (sofern dieser überhaupt ein Ausweg ist), nämlich der *cut*.

Syntaktisch gesehen ist der cut eine Atomformel, die durch ein Ausrufezeichen (!) bezeichnet wird. Diese cut-Atomformel darf auf der rechten Seite von Programmklauseln vorkommen. Solche cut-Atomformeln beeinflussen die Logik (sprich: Semantik) eines Programms nicht, jedoch den Ablauf der depth-first Auswertungsstrategie. Ein Teil des Suchbaums wird durch den cut abgeschnitten, und dadurch können Teilbäume, die keine erfolgreichen Rechnungen oder, schlimmer noch, unendliche Berechnungspfade enthalten, bei der Lösungssuche ausgelassen werden. Eine weniger vorteilhafte Wirkung des cut ist allerdings, dass genauso gut Teilbäume, die erfolgreiche Rechnungen enthalten, abgeschnitten werden können.

Hier gehen nun die Meinungen über den cut auseinander. Die "cut-Befürworter" wollen gerade solche Effekte wie das bewusste Überspringen von (an sich vorhandenen) Lösungen programmiertechnisch einsetzen (vgl. die nachfolgende Diskussion über die Negation).

Die andere Auffassung ist, dass der cut der Idealvorstellung der Logik-Programmierung entgegenläuft, wo der Programmierer eigentlich nur das zu lösende Problem spezifizieren soll, nicht jedoch – oder nur indirekt – *wie* dieses zu lösen ist. Ein solches Konzept wie der cut gehört sicherlich in die *wie*-Kategorie.

Was bewirkt nun der cut im Einzelnen? Sobald eine cut-Atomformel, wie z.B. in folgender Zielklausel

$$?\!-\,!, a, b, c.$$

zum ersten Mal abgearbeitet wird, führt dies unmittelbar zum Erfolg (als ob eine Tatsachenklausel, bestehend aus "!", im Logik-Programm vorhanden wäre). Damit ist die nächste abzuarbeitende Zielklausel

$$?\!-\,a, b, c.$$

Sobald aber der depth-first Suchprozess (wegen des backtrackings) zu der aktuellen Zielklausel

$$?\!-\,!, a, b, c.$$

zurückkehrt (weil im Suchbaum unterhalb des Knotens $?\!-\,a, b, c.$ keine Lösung gefunden wurde), wird ein 'Sprung' ausgelöst, der bis zu der letzten Eltern-Zielklausel zurückführt, die diese cut-Atomformel noch nicht enthielt. Diese Zielklausel wird dann als 'nicht erfolgreich abgearbeitet' (success = **false**) zurückgemeldet. Hierbei werden also Teilbäume rechts des Knotens, der mit $?\!-\,!, a, b, c.$ beschriftet ist, bei der Suche übersprungen – unabhängig davon, ob diese nun erfolgreiche Rechnungen enthalten oder nicht.

Beispiel: Gegeben sei das Logik-Programm

$$a \ :- \ b, c.$$
$$b \ :- \ d, !, e.$$
$$d.$$
$$\vdots$$

und die Zielklausel ?– a. Das folgende Diagramm zeigt den (implizit vorhandenen) Suchbaum und die depth-first Suchabfolge – und wie diese durch den cut verändert wird.

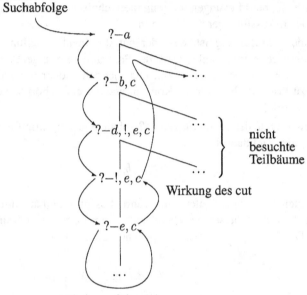

Übung 121: Modifizieren Sie den PROLOG-Auswertungsalgorithmus aus Abschnitt 3.2 so, dass er den cut korrekt ausführt.

Übung 122: Das Programmstück

$$a \ :- b, !, c.$$
$$a \ :- d.$$

wird in konkreten PROLOG-Programmen verwendet, um das aus konventionellen Programmiersprachen bekannte **if-then-else**, im Sinne von

$$a \ :- \ \textbf{if } b \textbf{ then } c \textbf{ else } d.$$

zu simulieren, das es in dieser Form üblicherweise bei PROLOG nicht gibt. Vollziehen Sie die Wirkung des cut im obigen Programmstück anhand von SLD-Suchbäumen nach.

Übung 123: Gegeben sei das PROLOG-Programm

$$spaß \; :- \; witz, lustig.$$
$$spaß \; :- \; lustig.$$
$$spaß.$$
$$witz \; :- \; unsinn.$$
$$lustig \; :- \; unsinn.$$
$$lustig \; :- \; lustig.$$

(a) Konstruieren Sie den SLD-Suchbaum für die Zielklausel ?– $spaß$. Was würde PROLOG auf diese Frage antworten?

(b) Stellen Sie die Klauseln des Programms so um, dass die Anfrage ?– $spaß$ in endlicher Zeit beantwortet werden kann.

(c) Fügen Sie einen cut in obiges Programm ein, so dass der von PROLOG durchlaufene Teil des Suchbaums endlich, aber so groß wie möglich ist.

(d) Beschreiben Sie den Effekt, den das Einfügen eines cut an jeder der drei möglichen Positionen in der ersten Programmklausel hervorruft.

Wir fassen nun die möglichen und typischen Einsatzmöglichkeiten des cut zusammen.

1. Nach Finden einer ersten Lösung erlaubt der Einsatz des cut jede weitere Lösungssuche zu verbieten – entweder weil der Programmierer an keiner anderen als der zuerst gefundenen Lösung interessiert ist, oder weil aus dem Problemkontext bekannt ist, dass keine weiteren Lösungen (oder höchstens nur noch unendliche Berechnungspfade) existieren. Bei dem Additionsprogramm aus Abschnitt 3.2 kann durch Einsatz des cut jede weitere Rekursion vermieden werden, sobald der Suchprozess auf die Klausel, die den Rekursionsanfang symbolisiert, stößt:

$$a(x, 0, x) \; :- \, !.$$
$$a(x, s(y), s(z)) \; :- a(x, y, z).$$

2. Der cut erlaubt Konstruktionen, die dem aus den herkömmlichen Programmiersprachen bekannten **if-then-else** entsprechen (siehe Übung 122). Ähnliches gilt auch für die Negation (vgl. die nachfolgende Diskussion).

3. Der cut erlaubt die Steigerung der Effizienz von Programmen, indem Teilbäume bei der Lösungssuche übersprungen werden können, von denen aus dem Problemkontext klar ist, dass sie keine Lösungen enthalten können.

4. Der cut kann – bei überlegtem Gebrauch – der logischen Unvollständigkeit der depth-first Auswertungsstrategie entgegenwirken, indem er es erlaubt, Teilbäume mit unendlichen Berechnungspfaden bei der Lösungssuche zu überspringen.

Aus verschiedenen zu Beginn von Abschitt 3.2 diskutierten Gründen sind die Klauseln in PROLOG auf die Hornform eingeschränkt. Diese Beschränkung ermöglichte erst die prozedurale Interpretation von Logik-Programmen und die recht weit entwickelte Theorie, wie sie insoweit dargestellt wurde. Nun kann es jedoch Fälle geben, wo Hornformeln zur Problem-Beschreibung nicht mehr ausreichend bzw. nicht adäquat sind. Diese "Ausdrucksschwäche" von Hornformeln kann in manchen Problemkontexten ein großes Hindernis darstellen. Hierbei spielt die *Negation* eine besondere Rolle. Man denke daran, dass die Negation einer Hornformel im allgemeinen zu keiner Hornformel mehr äquivalent ist. In manchem Kontext mag es wichtig sein zu erfahren, ob ein *negatives* Literal (z.B. $\neg A$) aus einem Logik-Programm folgt. Dies würde dann formal betrachtet einer Zielklausel der Form $?- \neg A$ bzw. $?- not(A)$ entsprechen. Die logische Antwort auf eine derart gestellte Frage ist erstaunlicherweise ganz einfach, nämlich immer "nein".

Übung 124: Man zeige, dass es kein Hornklauselprogramm F gibt und kein negatives Literal, z.B. $\neg A$, so dass $\neg A$ aus F folgt. M.a.W., aus Hornklauselprogrammen können keine negativen Schlüsse gezogen werden.

Dieser erste Versuch ist also fehlgeschlagen. Anstelle die Frage zu stellen, ob die Negation von A aus F folgt, fragen wir nun danach, ob das Literal A aus F *nicht* folgt. Dieses macht natürlich mehr Sinn, ist jedoch nicht dasselbe wie die Negation im logischen Sinn. Diese beiden Begriffe gleichzusetzen bedeutet nichts anderes als die Vollständigkeit des Logik-Programmes F zu postulieren, d.h. für alle Aussagen A anzunehmen, dass entweder $A \in Cons(F)$

oder $\neg A \in Cons(F)$. Wenn also eine Aussage A aus F nicht folgt, so *gilt A auch nicht*. Man spricht in diesem Zusammenhang von *closed world assumption*. Da A aus F genau dann nicht folgt, wenn $F \wedge \neg A$ erfüllbar ist, also genau dann, wenn die leere Klausel per SLD-Resolution aus $F \cup \{\{\neg A\}\}$ *nicht* herleitbar ist, spricht man auch von *negation by failure*.

Es wäre wünschenswert, zumindest dieses 'negation by failure' in den PROLOG-Auswertungsmechanismus aufzunehmen; also wenn nicht beweisbar ist, dass A aus F folgt, so nimm an, dass $\neg A$ aus F folgt. Aber auch dies lässt sich (aus prinzipiellen Gründen) nicht ganz realisieren: Falls für jedes A nach endlicher Zeit entschieden werden könnte, ob A aus F folgt oder nicht, so würde dies die Entscheidbarkeit der Prädikatenlogik nach sich ziehen, und das ist ein Widerspruch zu den Resultaten von Abschnitt 2.3. (Dies gilt auch, wenn man sich auf Hornformeln beschränkt!)

Die nächstschwächere Form der Negation ist *negation by finite failure*. Dies bedeutet, dass nur von solchen Aussagen A angenommen wird, dass $\neg A$ aus F folgt, bei denen der (nicht-erfolgreiche) SLD-Berechnungsbaum bei Eingabe A *endlich* ist. Diese Form der Negation ist nun bei PROLOG realisiert: Die Eingabe der Zielklausel ?$- \; not(p)$ veranlasst den PROLOG-Interpreter, nach erfolgreichen Rechnungen der Form

$$(\; ?- \; p, [\,]) \vdash_{\overline{F}} \cdots \vdash_{\overline{F}} (\square, sub)$$

zu suchen. Nur wenn der Suchbaum hierzu endlich ist und keine erfolgreiche Rechnung enthält, so gibt der PROLOG-Interpreter schließlich 'ja' aus. Falls eine erfolgreiche Rechnung gefunden wird, wird 'nein' ausgegeben. Diese Form der Negation birgt die Gefahr in sich, dass der Suchprozess in einen unendlichen Berechnungspfad gerät.

Diese Form des 'negation by finite failure' lässt sich auch in PROLOG selbst einfach realisieren – und zwar durch eine "missbräuchliche" Verwendung des cut (es werden hier existierende Lösungen durch den cut abgeschnitten).

$$not \; (P) \; :- \; P, !, fail.$$
$$not \; (P).$$

Hierbei ist *fail* ein (Standard-) Prädikat, das nie zu erfolgreichen Rechnungen führt (d.h. es ist einfach keine Programmklausel mit dem Prozedurkopf *fail* vorhanden). Man beachte, dass die Variable P hier unkonventionellerweise ein Platzhalter für eine Atomformel ist.

Übung 125: Vollziehen sie den Ablauf des obigen Programms nach bei Eingabe der Zielklausel ?$- \; not(not(not(a)))$. Führen Sie dies unter der Annahme durch, dass a als Tatsachenklausel vorkommt, und dann, dass a nicht vorkommt.

Übung 126: Gegeben sei das Logik-Programm

$$p(X) \ :- \ !, q(X).$$
$$p(a).$$
$$q(b).$$
$$q(a) \ :- \ q(a).$$

Vollziehen Sie nach, was PROLOG auf jede der folgenden Fragen antwortet:

(a)   ?– $p(b)$.
(b)   ?– $not(p(b))$.
(c)   ?– $q(a)$.
(d)   ?– $not(q(a))$.
(e)   ?– $q(X), not(p(X))$.
(f)   ?– $not(p(X)), q(X)$.

Ein weiteres Problem mit der Negation besteht darin, dass bei einer Zielklausel der Form

$$?- \ \dots not(t) \dots$$

in dem Term (bzw. der Atomformel) t keine zum Zeitpunkt der Auswertung uninstantiierten Variablen vorkommen sollten. Dies kann zu einer inkorrekten Auswertung führen. So führt etwa das Programm

$$p(a).$$
$$q(b, b).$$

bei der Zielklausel

$$?- \ not(p(X)), q(X, X).$$

nicht zur gewünschten Antwort. Anders sieht es mit der Zielklausel

$$?- \ q(X, X), not(p(X)).$$

aus, die auf die Antwort $X = b$ führt.

In diesem Abschnitt sollte klar geworden sein, dass PROLOG *eine* Möglichkeit ist, Ideen der Logik-Programmierung im Rahmen einer konkret einsetzbaren Programmiersprache zu realisieren. Es sollte jedoch gesehen werden, dass auch andere Konzepte denkbar sind, und dass die Forschungen in dieser Richtung durchaus noch nicht abgeschlossen sind.

Lösungshinweise

1. "Zu jeder Mahlzeit trinke ich Bier und esse nie gemeinsam Fisch und Eiscreme".

2. $((A \leftrightarrow B) \leftrightarrow C)$

3. Sei $\mathcal{A}$ eine beliebige, zu $F_1, \ldots, F_k$ und G passende Belegung.
$(1 \rightarrow 2)$ Falls $\mathcal{A}((\bigwedge_{i=1}^{k} F_i)) = 0$, so ist $\mathcal{A}(((\bigwedge_{i=1}^{k} F_i) \rightarrow G)) = 1$ und wir sind fertig. Sei also $\mathcal{A}((\bigwedge_{i=1}^{k} F_i)) = 1$ angenommen. Dann ist $\mathcal{A}$ Modell für $\{F_1, \ldots, F_k\}$. Nach Voraussetzung ist dann $\mathcal{A}(G) = 1$, also $\mathcal{A}(((\bigwedge_{i=1}^{k} F_i) \rightarrow G)) = 1$.
$(2 \rightarrow 3)$ Falls $\mathcal{A}((\bigwedge_{i=1}^{k} F_i \wedge \neg G)) = 1$, so ist $\mathcal{A}((\bigwedge_{i=1}^{k} F_i)) = 1$ und $\mathcal{A}(\neg G) = 1$, also $\mathcal{A}(G) = 0$. Dies ergibt $\mathcal{A}(((\bigwedge_{i=1}^{k} F_i) \rightarrow G)) = 0$, und steht in Widerspruch zu 2.
$(3 \rightarrow 1)$ Sei $\mathcal{A}$ Modell von $\{F_1, \ldots, F_k\}$, d.h. $\mathcal{A}((\bigwedge_{i=1}^{k} F_i)) = 1$. Nach Voraussetzung gilt $\mathcal{A}(((\bigwedge_{i=1}^{k} F_i) \wedge \neg G)) = 0$, also muss $\mathcal{A}(\neg G) = 0$ bzw. $\mathcal{A}(G) = 1$ sein.

4. Sei $A =$ "ich laufe 100m unter 10,0 Sekunden" und sei $B =$ "ich werde zur Olympiade zugelassen". $(A \rightarrow B)$ ist nicht äquivalent zu $(\neg A \rightarrow \neg B)$.

5. Die erste Behauptung folgt unmittelbar aus der Definition der Erfüllbarkeit; die zweite Behauptung gilt nicht.

6. 2^{2^n}

7. $M = \{A, B, \neg(A \wedge B)\}$

8. M ist erfüllbar. Eine erfüllende Belegung ist z.B. $\mathcal{A} : \{A_1, A_2, \ldots\} \longrightarrow \{0, 1\}$ mit

$$\mathcal{A}(A_i) = \begin{cases} 1, & \text{falls } i \text{ ungerade} \\ 0, & \text{falls } i \text{ gerade} \end{cases}$$

9.

A	B	C	$((A \land B) \land (\neg B \lor C))$
0	0	0	0
0	0	1	0
0	1	0	0
0	1	1	0
1	0	0	0
1	0	1	0
1	1	0	0
1	1	1	1

A	B	$\neg(\neg A \lor \neg(\neg B \lor \neg A))$
0	0	0
0	1	0
1	0	1
1	1	0

A	B	C	$(A \leftrightarrow (B \leftrightarrow C))$
0	0	0	0
0	0	1	1
0	1	0	1
0	1	1	0
1	0	0	1
1	0	1	0
1	1	0	0
1	1	1	1

10. (a) Sei $\mathcal{A}$ eine passende Belegung. Dann gilt $\mathcal{A}((F \to G)) = 1$ und $\mathcal{A}(F) = 1$ nach Voraussetzung. Also muss auch $\mathcal{A}(G) = 1$ sein. Da $\mathcal{A}$ beliebig gewählt war, ist G eine gültige Formel.
(b) Gegenbeispiel: $F = A$ und $G = (B \land \neg B)$.
(c) Sei $\mathcal{A}$ eine Belegung mit $\mathcal{A}(F) = 1$. Für diese Belegung muss nach Voraussetzung $\mathcal{A}((F \to G)) = 1$ gelten. Somit ist auch $\mathcal{A}(G) = 1$. Also ist G erfüllbar.

11. Wir führen die folgenden Abkürzungen ein: G = "gutes Gehör haben", R = "richtig singen können", M = "wahrhafter Musiker sein", Z = "seine Zuhörerschaft begeistern können" und S = "eine Sinfonie schreiben können". Dann können die angegebenen Aussagen in folgende Formeln umgesetzt werden: $(G \to R)$, $(M \to Z)$, $(Z \to G)$ und $(S \to M)$. Ferner ist in der Fragestellung die Angabe des Faktums S enthalten. Hieraus ergibt sich dann, dass M, Z, G, und R gelten müssen.

12. F enthalte nur Atomformeln der Menge M_1 und G enthalte nur Atomformeln der Menge M_2, $M_1 \cap M_2 = \emptyset$. Angenommen, F ist erfüllbar und G ist keine Tautologie. Dann gibt es Belegungen $\mathcal{A}_1 : M_1 \longrightarrow \{0,1\}$ und $\mathcal{A}_2 : M_2 \longrightarrow \{0,1\}$ mit $\mathcal{A}_1(F) = 1$ und $\mathcal{A}_2(G) = 0$. Dann ist $\mathcal{A} = \mathcal{A}_1 \cup \mathcal{A}_2$ eine passende Belegung für $(F \to G)$ und es gilt $\mathcal{A}((F \to G)) = 0$. Also ist $(F \to G)$ keine Tautologie. Widerspruch.

13. Induktion über die Anzahl n der Atomformeln, die in F, aber nicht in G, vorkommen.

Falls $n = 0$, so wähle $H = F$.

Sei nun $n > 0$ und sei A eine Atomformel, die in F, aber nicht in G, vorkommt. Wir eliminieren A aus F, indem wir jedes Vorkommen von A in F durch 0 (bzw. durch 1) ersetzen (und elementare Vereinfachungen durchführen, z.B. $(0 \vee B) \equiv B$). Die resultierende Formel heiße F_0 (bzw. F_1). Es muss nun $\models (F_0 \to G)$ und $\models (F_1 \to G)$ gelten. Somit existieren nach Induktionsvoraussetzung Formeln H_0 und H_1 mit $\models (F_0 \to H_0)$, $\models (H_0 \to G)$, $\models (F_1 \to H_1)$, $\models (H_1 \to G)$. Die Formel $H = (H_0 \vee H_1)$ leistet dann das Gewünschte.

Alternativ zu dem eben gegebenen Beweis könnte man auch direkt eine Wahrheitstafel für H konstruieren. Seien $A_1, \ldots, A_k$ die gemeinsamen Atomformeln von F und G. Eine solche Wahrheitstafel sei im folgenden skizziert:

A_1 A_2 ... A_k	F	G	H
...	0	0	0
...	0	1	0 oder 1
...	1	1	1
...	?	1	1
...	0	?	0

Hierbei tragen wir in die Spalte für F bzw. G eine 0 bzw. 1 ein, falls bei der betrachteten Belegung der Atome $A_1, \ldots, A_k$ – und *jeder* Belegung der restlichen Atome – F (bzw. G) den Wert 0 (bzw. 1) erhält. Wir tragen ? ein, falls die Formel F bzw. G bei manchen Belegungen der restlichen Atomformeln den Wert 0 und bei anderen den Wert 1 erhält. Da nach Voraussetzung $\models (F \to G)$ gilt, sind nur die oben angegebenen Kombinationen für F und G möglich. (Z.B. ist die Kombination ? ? nicht möglich, da es dann eine Belegung $\mathcal{A}$ gäbe mit $\mathcal{A}(F) = 1$ und $\mathcal{A}(G) = 0$). Für jede dieser Möglichkeiten ist in obiger Tabelle auch gleich angegeben, wie H definiert werden muss (wobei an einer Stelle beide Alternativen 0 oder 1 möglich sind), so dass $\models (F \to H)$ und $\models (H \to G)$ gilt.

14. Falls $F \equiv G$ gilt, so lassen sich die beiden Formeln allein durch die im Satz angegebenen Äquivalenzumformungen ineinander überführen (da beide Formeln in dieselbe Normalform umgeformt werden können). Alle in dem Satz angegebenen Umformungen treten paarweise auf, so dass in der jeweils zweiten Version nur "∧" und "∨" vertauscht auftreten. Dies bedeutet, dass die oben angesprochene Äquivalenzumformungskette von F nach G in eine entsprechende, duale, von F' nach G' umgeformt werden kann.

15. Man kann jede Teilformel von F der Form $(G \vee H)$ und $(G \wedge H)$ durch eine äquivalente Formel, die nur die Operatoren $\neg$ und $\rightarrow$ enthält, ersetzen (und dann das Ersetzbarkeitstheorem verwenden), und zwar wie folgt:

$$(G \vee H) \equiv (\neg G \rightarrow H)$$
$$(G \wedge H) \equiv \neg(G \rightarrow \neg H)$$

Man kann keine unerfüllbare Formel (z.B. $(A \wedge \neg A)$) formulieren, wenn nur die Operatoren $\vee$, $\wedge$ und $\rightarrow$ zugelassen sind.

16. Beweis von $\neg(\bigvee_{i=1}^{n} F_i) \equiv (\bigwedge_{i=1}^{n} \neg F_i)$ durch Induktion nach n: Die Fälle $n = 1$ und $n = 2$ sind klar. Sei nun $n > 2$. Dann gilt unter Verwendung der Induktionsvoraussetzung $\neg(\bigvee_{i=1}^{n} F_i) = \neg(F_1 \vee (\bigvee_{i=2}^{n} F_i)) = (\neg F_1 \wedge \neg(\bigvee_{i=2}^{n} F_i))$ $\equiv (\neg F_1 \wedge (\bigwedge_{i=2}^{n} \neg F_i)) = (\bigwedge_{i=1}^{n} \neg F_i)$.

Um das verallgemeinerte Distributivgesetz zu beweisen, zeigen wir zunächst die folgende Behauptung durch Induktion nach n:

$$(F \wedge (\bigvee_{i=1}^{n} G_i)) \equiv (\bigvee_{i=1}^{n} (F \wedge G_i))$$

Der Induktionsanfang ist klar. Im Induktionsschritt ergibt sich: $(F \wedge (\bigvee_{i=1}^{n} G_i)) = (F \wedge (G_1 \vee (\bigvee_{i=2}^{n} G_i))) \equiv ((F \wedge G_1) \vee (F \wedge (\bigvee_{i=2}^{n} G_i))) \equiv ((F \wedge G_1) \vee (\bigvee_{i=2}^{n} (F \wedge G_i))) = (\bigwedge_{i=1}^{n} (F \vee G_i))$.

Das verallgemeinerte Distributivitätsgesetz beweisen wir nun wieder durch Induktion nach n, wobei der Induktionsanfang klar ist. Im Induktionsschritt werden der Reihe nach die Distributivität, die Induktionsvoraussetzung und die obige Behauptung verwendet: $((\bigvee_{i=1}^{n} F_i) \wedge (\bigvee_{j=1}^{m} G_j)) = ((F_1 \vee (\bigvee_{i=2}^{n} F_i)) \wedge (\bigvee_{j=1}^{m} G_j)) \equiv ((F_1 \wedge (\bigvee_{j=1}^{m} G_j)) \vee ((\bigvee_{i=2}^{n} F_i) \wedge (\bigvee_{j=1}^{m} G_j))) \equiv ((F_1 \wedge (\bigvee_{j=1}^{m} G_j)) \vee (\bigvee_{i=2}^{n}(\bigvee_{j=1}^{m}(F_i \wedge G_j)))) \equiv ((\bigvee_{j=1}^{m}(F_1 \wedge G_j)) \vee (\bigvee_{i=2}^{n}(\bigvee_{j=1}^{m}(F_i \wedge G_j)))) = (\bigvee_{i=1}^{n}(\bigvee_{j=1}^{m}(F_i \wedge G_j)))$.

17.

$$((A \vee \neg(B \wedge A)) \wedge (C \vee (D \vee C)))$$

$\equiv$	$((A \vee (\neg B \vee \neg A)) \wedge (C \vee (D \vee C)))$	deMorgan
$\equiv$	$((A \vee (\neg A \vee \neg B)) \wedge (C \vee (D \vee C)))$	Kommut.
$\equiv$	$(((A \vee \neg A) \vee \neg B) \wedge (C \vee (D \vee C)))$	Assoz.
$\equiv$	$((A \vee \neg A) \wedge (C \vee (D \vee C)))$	Taut.
$\equiv$	$(C \vee (D \vee C))$	Taut.
$\equiv$	$(C \vee (C \vee D))$	Kommut.
$\equiv$	$((C \vee C) \vee D)$	Assoz.
$\equiv$	$(C \vee D)$	Idem.

18. (a) $(((\text{Fiebrig} \vee \text{Hustet}) \wedge \text{Erreichen}) \rightarrow \text{Rufen})$
(b) $(\text{Erreichen} \rightarrow (\text{Fiebrig} \rightarrow \text{Rufen})) \wedge (\text{Erreichen} \rightarrow (\text{Hustet} \rightarrow \text{Rufen}))$

19. DNF: $(A \wedge \neg B \wedge C) \vee (A \wedge B \wedge \neg C)$
KNF: $A \wedge (B \vee C) \wedge (\neg B \vee \neg C)$

20. Man ordne jedem inneren Knoten des Strukturbaums eine noch nicht vorkommende Atomformel zu. Angenommen der Wurzel des Baumes sei hierbei die Atomformel D zugeordnet. Wir betrachten ferner eine typische Verzweigung im Innern des Baumes:

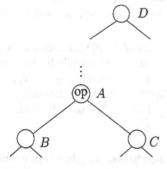

Dann bilde man zunächst die folgende, erfüllbarkeitsäquivalente Formel

$$F' = D \wedge \ldots \wedge [A \leftrightarrow (B \text{ op } C)] \wedge \ldots$$

Die Teilformeln in eckigen Klammern können nun separat in äquivalente KNF umgeformt werden. Hierbei entstehen aus einer Teilformel in eckigen Klammern im Allgemeinen – in Abhängigkeit von op – 3 bzw. 4 Klauseln.

21. Im ersten Schritt werden die Atome C, B und G markiert. Daraufhin werden im zweiten Schritt A und D markiert. Dies führt dann im nächsten

Schleifendurchlauf auf die Ausgabe "unerfüllbar", denn es wird die Klausel $(A \land B \land D \to 0)$ vorgefunden, wobei A, B, D markiert sind.

22. Es gibt – bis auf Äquivalenz – nur endlich viele Hornformeln, die aus den Atomen A und B aufgebaut sind; diese sind alle inäquivalent zur Formel $(A \lor B)$.

23. Die Atomformel $A(S)$ stehe für die Aussage "der Stoff S ist herstellbar oder verfügbar". Die chemischen Gleichungen können dann in folgende Hornformel umgeschrieben werden: $F = (A(MgO) \land A(H_2) \to A(Mg)) \land (A(MgO) \land A(H_2) \to A(H_2O)) \land (A(C) \land A(O_2) \to A(CO_2)) \land (A(H_2O) \land A(CO_2) \to A(H_2CO_3)) \land A(MgO) \land A(H_2) \land A(O_2) \land A(C)$. Die Aufgabe verlangt nun zu zeigen, dass $A(H_2CO_3)$ eine Folgerung von F ist. Wir fügen deshalb $\neg A(H_2CO_3)$ zu F hinzu (vgl. Übung 3), und stellen durch Anwenden des Markierungsalgorithmus' fest, dass diese Formel unerfüllbar ist.

24. Da alle $\mathcal{A}_n$ auf A_{723} undefiniert sind, tritt in der Konstruktion in Stufe 723 der **else**-Fall ein. Daraus ergibt sich, dass $\mathcal{A}(A_{723}) = 0$ gesetzt wird. (Die Konstruktion wäre jedoch ebenso korrekt, falls in diesem Fall der **then**-Teil ausgeführt und $\mathcal{A}(A_{723}) = 1$ gesetzt würde).

25. Wenn $\mathbf{M}$ erfüllbar ist, existiert eine Belegung $\mathcal{A}$ mit $\mathcal{A}(F_i) = 1$ für $i = 1, 2, \ldots$. Damit gilt sogar für jedes n, dass $\mathcal{A}(\bigwedge_{i=1}^{n} F_i) = 1$, insbesondere dass $(\bigwedge_{i=1}^{n} F_i)$ erfüllbar ist.

Sei umgekehrt angenommen, dass $(\bigwedge_{i=1}^{n} F_i)$ für unendlich viele n erfüllbar ist. Sei $\mathbf{M}_0 = \{F_{i_1}, F_{i_2}, \ldots F_{i_k}\}$ eine beliebige endliche Teilmenge von $\mathbf{M}$. Dann gibt es nach Voraussetzung ein $n \geq \max\{i_1, i_2, \ldots, i_k\}$, so dass $(\bigwedge_{i=1}^{n} F_i)$ erfüllbar ist. Also ist auch $\mathbf{M}_0$ erfüllbar. Da $\mathbf{M}_0$ beliebig gewählt war, ist jede endliche Teilmenge von $\mathbf{M}$ erfüllbar. Mit dem Endlichkeitssatz folgt, dass damit auch $\mathbf{M}$ erfüllbar ist.

26. Falls $\mathbf{M}$ endlich axiomatisierbar ist, so gibt es ein endliches Axiomensystem $\mathbf{M}_0$ für $\mathbf{M}$. In $\mathbf{M}_0$ können nur endlich viele verschiedene Atomformeln, z.B. $A_1, \ldots, A_l$ vorkommen. Da nach Voraussetzung $\models (F_{n+1} \to F_n)$ und $\not\models (F_n \to F_{n+1})$ für alle n gilt, muss die Menge $\{F_1, F_2, F_3, \ldots\}$ unendlich viele Atomformeln enthalten. Insbesondere muss für ein $k > l$ gelten: es gibt Belegungen $\mathcal{A}$ und $\mathcal{A}'$, die sich nur in A_k unterscheiden, so dass $\mathcal{A}$ Modell für $\mathbf{M}$ ist, $\mathcal{A}'$ dagegen nicht. Da A_k in $\mathbf{M}_0$ nicht vorkommt, sind entweder beide Belegungen Modell für $\mathbf{M}_0$ oder beide sind es nicht. Also kann $\mathbf{M}_0$ kein Axiomensystem für $\mathbf{M}$ sein.

27. Die gesuchte Folge $w_1, w_2, \ldots$ kann in Stufen wie folgt konstruiert werden:

> *Stufe 0*: $w_0 := \varepsilon$; (das leere Wort)
> *Stufe k+1*:
>   **If** $w_k 0$ ist Anfangsstück von unendlich
>   vielen Elementen aus **L**
>   **then** $w_{k+1} := w_k 0$
>   **else** $w_{k+1} := w_k 1$;

28. $\{A, C, E\}$, $\{\neg B, \neg D, E\}$, $\{B, C, \neg D, E\}$, $\{A, B\}$, $\{A, C, \neg D, E\}$, $\{\neg C, \neg D, E\}, \{B, \neg D, E\}, \{A, E\}, \{A, \neg D, E\}, \{A, B, \neg D, E\}, \{\neg D, E\}$.

29. Nein.

30. $Res^0(F) = F$; $Res^1(F) = Res^0(F) \cup \{\{A, C\}, \{\neg B, C\}, \{A, \neg B, B\}$, $\{A, C, \neg C\}, \{A, \neg B\}, \{B\}, \{\neg A, B\}, \{\neg A\}\}$; $Res^2(F) = Res^1(F) \cup$ $\{\{B, \neg B, C\}, \{A, \neg A, C\}, \{C\}, \{A, B, C\}, \{C, \neg C\}, \{C, \neg B\}, \{A, B\}$, $\{B, \neg B\}, \{A, B, \neg C\}, \{A, \neg C\}, \{A\}, \{\neg B\}, \{B, C, \neg C\}, \{A, \neg A, B\}$, $\{A, \neg A\}\}$.

31. Sei F eine Klauselmenge mit den Atomformeln $A_1, \ldots, A_n$. Dann können höchstens 4^n viele verschiedene Klauseln in $Res^*(F)$ vorkommen. (Jede der n Atomformeln kann in einer Klausel: positiv vorkommen, negativ vorkommen, positiv und negativ vorkommen, überhaupt nicht vorkommen. Dies sind 4 Möglichkeiten). In jedem Schritt von $Res^i(F)$ nach $Res^{i+1}(F)$ könnte gerade nur eine weitere Klausel hinzu kommen. Als (grobe) obere Schranke für k erhalten wir deshalb: $k \leq 4^n$.

32. Dasselbe Argument wie in Übung 31 zeigt, dass $|Res^*(F)| \leq 4^n$.

33. $A \wedge B \wedge C$ ist eine Folgerung von F gdw. $G := F \cup \{\{\neg A, \neg B, \neg C\}\}$ unerfüllbar ist. Dieses zeigt der folgende Resolutionsbeweis:

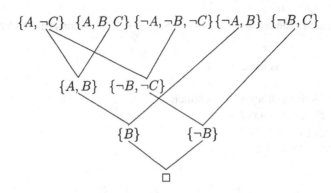

34. Es genügt zu zeigen, dass

$$G = \{\{B, C, \neg D\}, \{B, D\}, \{\neg C, \neg D\}, \{\neg B\}\}$$

unerfüllbar ist. Eine Resolutionsherleitung der leeren Klausel aus G ist z.B. gegeben durch:

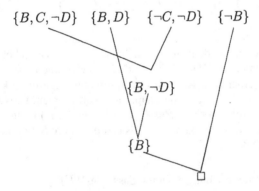

35. Der Ablauf des Markierungsalgorithmus' kann auf folgende Weise verwendet werden, eine Resolutionsherleitung der leeren Klausel zu erhalten:

Jede positive, einelementige Klausel, deren Atom in Schritt 1 markiert wird, wird in die Deduktionsfolge aufgenommen.

Sofern in Schritt 2 bei einer Klausel der Form $(A_1 \wedge \ldots \wedge A_n \rightarrow B)$ das Atom B markiert wird (weil $A_1, \ldots, A_n$ bereits markiert sind), so wird diese Klausel in die Deduktionsfolge aufgenommen, und als nächstes die hieraus erzeugbaren Resolventen: $\{\neg A_2, \ldots, \neg A_n, B\}, \ldots, \{\neg A_n, B\}, \{B\}$. Diese Resolventen entstehen jeweils durch Einheitsresolutionen mit den (bereits in der Deduktionsfolge vorhandenen) Einheitsklauseln $\{A_1\}, \{A_2\}, \ldots, \{A_n\}$.

(Man beachte, dass auf diese Weise wieder eine Einheitsklausel $\{B\}$ bereit gestellt wird, die dann in spätere Resolventenbildungen eingehen kann).

Falls F unerfüllbar ist, so wird der Markierungsalgorithmus irgendwann auf eine Klausel der Form $\{\neg A_1, \ldots, \neg A_n\}$ stoßen, wobei alle A_i ($1 \leq i \leq n$) bereits markiert sind (was hier bedeutet, dass $\{A_1\}, \{A_2\}, \ldots, \{A_n\}$ bereits als Einheitsklauseln vorliegen). Die letzten Glieder der Deduktionsfolge lauten somit: $\{\neg A_1, \neg A_2, \ldots, \neg A_n\}, \{\neg A_2, \ldots, \neg A_n\}, \ldots, \{\neg A_n\}, \square$.

36. Für jede der zwei Positionen, die in einer Kromklausel zur Verfügung stehen, gibt es $2n + 1$ Möglichkeiten, diesen Platz zu füllen. Dieses sind $A_1, \ldots, A_n, \neg A_1, \ldots, \neg A_n$, und die weitere Möglichkeit, die Position frei zu lassen. Somit bildet $(2n + 1)^2$ eine obere Schranke für $|Res^*(F)|$.

37. Die erste Klausel kann aus dem Graphen entfernt werden, da sie das Literal D enthält. Da in keiner anderen Klausel $\neg D$ vorkommt, kann diese Klausel in einem potenziellen Resolutionsbeweis nicht verwendet werden.

Die beiden Kanten zwischen der zweiten und dritten Klausel können entfernt werden. Dies gilt gerade weil zwei Kanten (und somit zwei verschiedene Resolutionsmöglichkeiten) zwischen den beiden Klauseln existieren. Die Resolventen sind dann nämlich Tautologien. Solche Tautologien können grundsätzlich aus jedem Resolutionsbeweis entfernt werden, brauchen also nicht in Betracht gezogen werden (vgl. Übung 92).

Eine weitere Vereinfachungsmöglichkeit ergibt sich dann, wenn eine Klausel eine andere "subsumiert", also als Teilmenge enthält. Die größere Klausel kann dann entfernt werden.

38. Sei angenommen, dass $K_7 = (K_5 - \{A\}) \cup (K_6 - \{\neg A\})$ für eine Atomformel A. Wir setzen hier also voraus, dass A in positiver Form in K_5 und in negativer Form in K_6 vorkommt. Andernfalls müssten in der nachfolgenden Diskussion die Rollen von $\{K_1, K_2\}$ und $\{K_3, K_4\}$ vertauscht werden. In dem hier angenommenen Fall können wir $K_{i_3} = K_3, K_{i_4} = K_4$ und $K' = K_6$ wählen. Da $A \in K_5$, muss A in K_1 oder K_2 (oder beiden) enthalten sein. Wir wählen für K_{i_2}, $i_2 \in \{1, 2\}$, diejenige Klausel, in der A vorkommt. Dann können K_{i_2} und K' ($= K_6$, das $\neg A$ enthält) resolviert werden. Der Resolvent sei K''. Nun können K_{i_1} und K'' resolviert werden, und zwar nach dem gleichen Literal L, nach dem K_1 und K_2 zu K_5 resolviert wurden. Der Resolvent sei K'''. Wir haben nun gezeigt, dass die Resolventenbildungen in der angegebenen Weise möglich sind. Es bleibt noch zu zeigen, dass $K''' = K_7$ gilt. Es ist klar, dass $K_7 \subseteq K'''$ gilt. Bis zu diesem Punkt wurde die Hornklauseleigenschaft nicht verwendet. Im allgemeinen Fall gilt nun aber nicht unbedingt $K''' \subseteq K_7$, und zwar genau dann, wenn K_{i_1} (auch) das Atom A enthält und $\{A, \neg A\} \neq \{L, \overline{L}\}$. Dann ist A in K''' enthalten, aber nicht in

K_7. Die Hornformelbedingung garantiert nun, dass weder in K_1 noch in K_2 zwei positive Literale vorkommen können, und damit ist gewährleistet, dass der eben diskutierte Fall nicht eintreten kann. Es gilt also $K''' = K_7$.

39. Falls F keine positive Klausel enthält, so kommt in jeder Klausel mindestens ein negatives Literal vor. Indem wir nun alle Atomformeln mit 0 belegen (und dadurch diese negativen Literale den Wert 1 erhalten), erhalten wir eine erfüllende Belegung für F.

40. Diese Aufgabe wird in Abschnitt 2.6 gelöst.

41. Angenommen, es gibt eine Resolutionsherleitung der leeren Klausel aus F, die mit weniger als $|G| - 1$ Schritten auskommt. In diesem Resolutionsbeweis können höchstens $|G| - 1$ Klauseln aus F vorkommen. Diese $|G| - 1$ Klauseln bilden eine unerfüllbare Teilmenge von F. Dies widerspricht der Minimalität von G.

42. Wir definieren zunächst $Frei(t)$ induktiv über den Termaufbau von t.
Falls $t = x$ für eine Variable x, so ist $Frei(t) = \{x\}$.
Falls t die Form hat $t = f(t_1, \ldots, t_k)$, so ist $Frei(t) = Frei(t_1) \cup \cdots \cup Frei(t_k)$.
Wir fahren nun mit den Formeln fort.
Falls F eine atomare Formel ist, also die Form $F = P(t_1, \ldots, t_k)$ hat, so ist $Frei(F) = Frei(t_1) \cup \cdots \cup Frei(t_k)$.
Falls $F = \neg G$, so ist $Frei(F) = Frei(G)$.
Falls $F = (G \vee H)$ oder $F = (G \wedge H)$, so ist $Frei(F) = Frei(G) \cup Frei(H)$.
Falls $F = \exists x G$ oder $F = \forall x G$, so ist $Frei(F) = Frei(G) - \{x\}$.

43. Teilformeln:

$$((Q(x) \vee \exists x \forall y (P(f(x), z) \wedge Q(a))) \vee \forall z R(x, z, g(x)))$$
$$(Q(x) \vee \exists x \forall y (P(f(x), z) \wedge Q(a)))$$
$$\forall z R(x, z, g(x))$$
$$Q(x)$$
$$\exists x \forall y (P(f(x), z) \wedge Q(a))$$
$$\forall y (P(f(x), z) \wedge Q(a))$$
$$(P(f(x), z) \wedge Q(a))$$
$$P(f(x), z)$$
$$Q(a)$$
$$R(x, z, g(x))$$

Terme:

$$x,\ y,\ z,\ a,\ f(x),\ g(x)$$

Die folgenden Vorkommen von Variablen sind frei (die anderen sind somit gebunden):

$$((Q(x) \lor \exists x \forall y (P(f(x),z) \land Q(a))) \lor \forall z R(x,z,g(x)))$$

44. $\mathcal{A} = (U_{\mathcal{A}}, I_{\mathcal{A}})$ wobei $U_{\mathcal{A}} = \{a\}$, $f^{\mathcal{A}}(a) = a$, $P^{\mathcal{A}} = \{(a,a,a)\}$.
$\mathcal{B} = (U_{\mathcal{B}}, I_{\mathcal{B}})$, wobei $U_{\mathcal{B}} = \{a\}$, $f^{\mathcal{B}}(a) = a$, $P^{\mathcal{B}} = \emptyset$.

45. Wir geben drei Strukturen an, so dass $\mathcal{A}_i$ gerade *nicht* Modell für F_i ist, aber für die anderen beiden Formeln. Der Grundbereich sei jedes Mal die Menge $\{1, 2, 3\}$.

$$P^{\mathcal{A}_1} = \emptyset$$
$$P^{\mathcal{A}_2} = \{(1,1),(2,2),(3,3),(1,2)\}$$
$$P^{\mathcal{A}_3} = \{(1,1),(2,2),(3,3),(1,2),(2,1),(2,3),(3,2)\}$$

46. *Syntax:* Falls t_1 und t_2 Terme sind, so ist $(t_1 = t_2)$ eine Formel.
Semantik: Falls F die Form $(t_1 = t_2)$ hat, so gilt:

$$\mathcal{A}(F) = \begin{cases} 1, & \text{falls } \mathcal{A}(t_1) = \mathcal{A}(t_2) \\ 0, & \text{sonst.} \end{cases}$$

47. (a) Ja. (b) Nein. (c) Ja.

48. Für (a) genügt es offensichtlich zu zeigen: F ist gültig genau dann, wenn $\forall x F$ gültig ist. Es gilt:

F ist gültig **gdw** für alle (zu F passenden) $\mathcal{A}$ ist $\mathcal{A}(F) = 1$ **gdw** für alle (zu F passenden) $\mathcal{A}$ und für alle $a \in U_{\mathcal{A}}$ ist $\mathcal{A}_{[x/a]}(F) = 1$ **gdw** für alle (zu F passenden) $\mathcal{A}$ ist $\mathcal{A}(\forall x F) = 1$ **gdw** $\forall x F$ ist gültig.

(b) zeigt man analog.

49. $F = \forall x E(x,x) \land \exists x \exists y \exists z (\neg E(x,y) \land \neg E(x,z) \land \neg E(y,z))$

50. Sei a ein beliebiges Element aus $U_{\mathcal{A}}$. Wir definieren nun $\mathcal{B} = (U_{\mathcal{B}}, I_{\mathcal{B}})$ mit $U_{\mathcal{B}} = U_{\mathcal{A}} \cup \{b_1, \ldots, b_{m-n}\}$. Ferner ist $I_{\mathcal{B}}$ eine Erweiterung von $I_{\mathcal{A}}$, so dass für jedes Prädikatsymbol P, für das I_A definiert ist, gilt: $(\ldots, b_i, \ldots, b_j, \ldots) \in P^B$ gdw. $(\ldots, a, \ldots, a, \ldots) \in P^A$. Ähnlich wird mit den Funktionen verfahren: $f^B(\ldots, b_i, \ldots, b_j, \ldots) = f^A(\ldots, a, \ldots, a, \ldots)$. Mit dieser Definition von B gilt $B_{[x/u]}(F) = A_{[x/a]}(F)$ für alle Variablen x, Formeln F und $u \in \{b_1, \ldots, b_{m-n}\}$. Nun kann durch Induktion über den Formelaufbau gezeigt werden, dass $A(F) = B(F)$. Wenn also A ein Modell für F ist, dann auch B. Der interessanteste Fall bei dieser Induktion entsteht, wenn F die Bauart $\forall x G$ hat. Dann gilt: $A(F) = 1$ gdw. für alle $u \in U_A$ gilt $A_{[x/u]}(F) = 1$ gdw. für alle $u \in U_B$ gilt $B_{[x/u]}(F) = 1$ gdw. $B(\forall x G) = 1$.

Ein entsprechender Beweis zeigt die Existenz von B_∞.

51. $F = \forall x \forall y \forall z((x = y) \lor (y = z) \lor (x = z))$. Wesentlich ist hier das Vorhandensein der Identität. Die vorige Übung ist nur für Formeln ohne Identität korrekt.

52. (a) $\forall x \forall y((P(x, y) \land P(y, x)) \to (x = y))$

(b) $\forall x \forall y((f(x) = f(y)) \to (x = y))$

(c) $\forall y \exists x(f(x) = y)$

53. $F = \forall x \forall y \forall z(f(x, f(y, z)) = f(f(x, y), z))$ (Assoziativität)
$\land \exists x(\forall y(f(x, y) = y)$ (neutrales Element)
$\land \forall y \exists z(f(y, z) = x))$ (Inverse)

54. $F = IsEmpty(nullstack)$
$\land \forall x \forall y \neg IsEmpty(push(x, y))$
$\land \forall x \forall y(top(push(x, y)) = y)$
$\land \forall x \forall y(pop(push(x, y)) = x)$
$\land \forall x(\neg IsEmpty(x) \to (push(pop(x), top(x)) = x))$

55. Gegenbeispiel für beide Inäquivalenzen: Sei die Grundmenge von A die Menge der natürlichen Zahlen. Die Interpretationen von F und von G seien so beschaffen, dass $A_{[x/n]}(F)$ genau dann $= 1$ ist, wenn n geradzahlig ist, und bei G entsprechend mit ungeradzahligem n.

56. Sei A eine beliebige, zu F und G passende Struktur. Es gilt: $A(F) = 1$ genau dann, wenn aus $A(\exists x P(x)) = 1$ folgt $A(P(y)) = 1$. Dies gilt genau dann, wenn folgendes gilt: Wenn es ein Element $u \in U_A$ mit $P^A(u)$ gibt, dann muss auch $P^A(y^A)$ gelten. Nochmals anders ausgedrückt: für alle $u \in U_A$ folgt aus $P^A(u)$, dass $P^A(y^A)$ gilt. Diese letzte Formulierung entspricht aber gerade $A(G) = 1$.

57. $A(\forall x \exists y P(x,y)) = 1$ gilt genau dann, wenn es für jedes $u \in U_A$ ein $v \in U_A$ gibt mit $P^A(u,v)$.

Ferner ist $A(\exists y \forall x P(x,y)) = 1$ genau dann, wenn es ein $u \in U_A$ gibt, so dass für alle $v \in U_A$ gilt: $P^A(u,v)$.

Die erste Aussage folgt offensichtlich aus der zweiten.

Die Umkehrung gilt jedoch nicht, wie das Gegenbeispiel

$$U_A = \{a,b\}$$
$$P^A = \{(a,b),(b,a)\}$$

zeigt.

58. Wir zeigen zunächst eine Variante des Überführungslemmmas für Terme t, t' und Variablen x

$$A(t'[x/t]) = A_{[x/A(t)]}(t')$$

durch Induktion über den Aufbau von t'.

Für $t' = y$ – also eine andere Variable als x – gilt:

$$A(t'[x/t]) = A(t') = A_{[x/A(t)]}(t')$$

Für $t' = x$ gilt:

$$A(t'[x/t]) = A(t) = A_{[x/A(t)]}(t')$$

Falls t' die Form hat $t' = f(t_1,\ldots,t_n)$, $n \geq 0$, so gilt – unter Verwenden der Induktionsvoraussetzung für die t_i:

$$
\begin{aligned}
A(f(t_1,\ldots,t_n)[x/t]) &= A(f(t_1[x/t],\ldots,t_n[x/t])) \\
&= f^A(A(t_1[x/t]),\ldots,A(t_n[x/t])) \\
&= f^A(A_{[x/A(t)]}(t_1),\ldots,A_{[x/A(t)]}(t_n)) \\
&= f^{A_{[x/A(t)]}}(A_{[x/A(t)]}(t_1),\ldots,A_{[x/A(t)]}(t_n)) \\
&= A_{[x/A(t)]}(f(t_1,\ldots,t_n))
\end{aligned}
$$

Wir zeigen nun das Überführungslemma durch Induktion über den Formelaufbau von F.

Falls F eine atomare Formel ist, also $F = P(t_1,\ldots,t_n)$, so geht der Beweis analog zu dem oben gegebenen (ersetze f durch P).

Falls F die Form $F = (G \vee H)$ hat, so gilt

$$
\begin{aligned}
A(F[x/t]) = 1 \quad &\textbf{gdw.} \quad A(G[x/t] \vee H[x/t]) = 1 \\
&\textbf{gdw.} \quad A(G[x/t]) = 1 \text{ oder } A(H[x/t]) = 1 \\
&\textbf{gdw.} \quad A_{[x/A(t)]}(G) = 1 \text{ oder } A_{[x/A(t)]}(H) = 1 \\
&\textbf{gdw.} \quad A_{[x/A(t)]}(G \vee H) = 1
\end{aligned}
$$

Die Fälle $F = (G \wedge H)$ und $F = \neg G$ gehen analog.

Habe nun F die Form $F = \exists y G$, dann gilt:

$$
\begin{aligned}
\mathcal{A}(F[x/t]) = 1 \quad &\textbf{gdw.} \quad \text{es gibt ein } u \in U_{\mathcal{A}} \text{ mit } \mathcal{A}_{[y/u]}(G[x/t]) = 1 \\
&\textbf{gdw.} \quad \text{es gibt ein } u \in U_{\mathcal{A}} \text{ mit } \mathcal{A}_{[y/u][x/\mathcal{A}(t)]}(G) = 1 \\
&\textbf{gdw.} \quad \text{es gibt ein } u \in U_{\mathcal{A}} \text{ mit } \mathcal{A}_{[x/\mathcal{A}(t)][y/u]}(G) = 1 \\
&\textbf{gdw.} \quad \mathcal{A}_{[x/\mathcal{A}(t)]}(\exists y G) = 1
\end{aligned}
$$

(Bei dieser Umformung wird die Voraussetzung verwendet, dass y in t nicht vorkommt).

Der Fall $F = \forall y G$ geht analog.

59. $\forall u \exists v P(u, f(v)) \wedge \forall y (Q(x, y) \vee R(x))$

60.   **procedure** umform(F: Formel; **var** G: Formel);

        begin

        if F Atomformel **then** $G := F$

          else if $F = \neg F_1$ **then begin**

            $G_1 :=$ reverse(F_1);

            { reverse dreht die Quantoren um und fügt

            ein Negationszeichen dahinter ein}

            umform(G_1, G);

          end

          else if $F = (F_1 \circ F_2)$ **then begin**

            umform(F_1, G_1);

            umform(F_2, G_2);

            $G :=$ merge($G_1, G_2, \circ$);

            { merge vereinigt die Quantorenfolgen und

            verknüpft die Matrizen von G_1, G_2 mittels $\circ$ }

          end

          else if $F = Qx F_1$ **then begin**

            umform(F_1, G_1);

            $G :=$ add(G_1, Q);

            { add fügt zu G_1 den Quantor Q hinzu }

          end;

        end

61. $\forall x \exists u \exists v (P(x, g(u, f(x))) \vee \neg Q(z) \vee \neg R(v, y))$

62. $\forall x \forall z (\neg P(a, h(x, z)) \vee Q(f(x), g(x)))$.

Hierbei sind g und h neu eingeführte Skolemfunktionen.

63. Bereinigen:

$$\forall z \exists y (P(x, g(y), z) \lor \neg \forall t Q(t)) \land \neg \forall u \exists v \neg R(f(v, u), u)$$

(Eine mögliche) Pränexform:

$$\forall z \exists y \exists u \exists t \forall v ((P(x, g(y), z) \lor \neg Q(t)) \land R(f(v, u), u)$$

Skolemform hierzu:

$$\forall z \forall v ((P(x, g(h(z)), z) \lor \neg Q(i(z))) \land R(f(v, j(z)), j(z))$$

64. Wir führen dies auf den bereits bewiesenen Fall zurück: Zu gegebener Formel F bezeichne F' die bzw. eine Skolemform von $\neg F$ und $\hat{F}$ bezeichne die in der Übung eingeführte Formel, die keine Allquantoren mehr enthält, wenn man den Algorithmus auf F anwendet.
Es gilt: F ist gültig **gdw.** $\neg F$ ist unerfüllbar **gdw.** F' ist unerfüllbar **gdw.** $\neg F' \equiv \hat{F}$ ist gültig.

65. Wie im Lösungshinweis bereits angedeutet, muss der Algorithmus die Formel von links nach rechts abarbeiten und umformen. Hierbei wird bei jedem Vorkommen eines Quantors festgestellt, ob sich dieser im Wirkungsbereich einer geraden oder ungeraden Anzahl von Negationen befindet. Die zu eliminierenden Quantoren (und dazugehörigen Variablen) sind dann gerade die Existenzquantoren mit einer geraden Anzahl von Negationen und die Allquantoren mit einer ungeraden Anzahl. Für jede zu eliminierende Variable wird – wie bekannt – ein neues Skolem-Funktionssymbol eingeführt und eingesetzt. Die Stelligkeit (und die Art der Variablen-Argumente der Funktion) ergibt sich aus den zuvor nicht eliminierten Quantoren bzw. Variablen.

66. Die kürzeste Lösung ist folgende: (2, 4, 3, 4, 4, 2, 1, 2, 4, 3, 4, 3, 4, 4, 3, 4, 4, 2, 1, 4, 4, 2, 1, 3, 4, 1, 1, 3, 4, 4, 4, 2, 1, 2, 1, 1, 1, 3, 4, 3, 4, 1, 2, 1, 4, 4, 2, 1, 4, 1, 1, 3, 4, 1, 1, 3, 1, 1, 3, 1, 2, 1, 4, 1, 1, 3).

67. Wir zeigen dies zunächst für die Prädikatenlogik *mit* Identität und für das Erfüllbarkeitsproblem. (Für das Gültigkeitsproblem folgt die Behauptung dann unmittelbar).
Zunächst wird die gegebene Formel so erfüllbarkeitsäquivalent umgeformt, dass keine ineinander verschachtelten Funktionen mehr vorkommen. Dies kann durch Einführen neuer Variablen erreicht werden. Beispiel: Aus $\forall x P(f(g(x)))$ wird $\forall x \forall y ((y = g(x)) \to P(f(y)))$.
Für jedes vorkommende n-stellige Funktionssymbol f führen wir dann ein neues $(n+1)$-stelliges Prädikat P_f ein und verknüpfen die ursprüngliche Formel konjunktiv mit folgenden "Axiomen":

$$\ldots \wedge \quad \forall x_1 \ldots \forall x_n \exists y P_f(x_1, \ldots, x_n, y)$$
(Funktionalität)
$$\wedge \quad \forall x_1 \ldots \forall x_n \forall u \forall v((P_f(x_1, \ldots, x_n, u) \wedge P_f(x_1, \ldots, x_n, v)) \to (u = v))$$
(Rechtseindeutigkeit)

Dann ersetzen wir schrittweise jedes Vorkommen von f in der ursprünglichen Formel F, also

$$F = \ldots f(t_1, \ldots, t_n) \ldots$$

durch

$$\forall z(P_f(t_1, \ldots, t_n, z)) \to (\ldots z \ldots))$$

Die neue Formel enthält keine Funktionssymbole mehr und ist erfüllbar genau dann, wenn es die ursprüngliche war.

In ähnlicher Weise kann man die Gleichheitszeichen eliminieren. Wir führen ein neues zweistelliges Prädikat E ein, ersetzen jedes Vorkommen von $=$ durch E und fügen weitere "Gleichheitsaxiome" an die Formel an. Dies sind zunächst die drei Axiome für Äquivalenzrelationen und schließlich noch für jedes vorkommende k-stellige Prädikatsymbol P:

$$(E(x_1, y_1) \wedge \cdots \wedge E(x_k, y_k)) \to (P(x_1, \ldots, x_k) \leftrightarrow P(y_1, \ldots, y_k))$$

(Alle vorkommenden Variablen sind universell quantifiziert).

Eine andere Beweismöglichkeit besteht darin, eine Reduktion von einem bekannten unentscheidbaren Problem auf das Erfüllbarkeitsproblem der Prädikatenlogik so anzugeben, dass eine Formel entsteht, die eine Skolemform ist. Das heißt, in diesem Fall ist der Skolemisierungsalgorithmus umkehrbar, und wir erhalten eine erfüllbarkeitsäquivalente Formel ohne Funktionssymbole. Diese Vorgehensweise gelingt z.B. bei einer Reduktion vom "Dominoproblem" aus (vgl. Lewis und Papadimitriou).

68. Das Problem ist gleichwertig mit dem Problem festzustellen, ob die beiden regulären Sprachen

$$\{x_{i_1} \ldots x_{i_n} \mid n \geq 1, \ i_j \in \{1, \ldots, k\}\}$$

und

$$\{y_{i_1} \ldots y_{i_m} \mid m \geq 1, \ i_j \in \{1, \ldots, k\}\}$$

einen nicht-leeren Schnitt haben. Dieses Problem ist entscheidbar (vgl. das Buch von Hopcroft und Ullman). (Da die regulären Sprachen effektiv unter Schnitt abgeschlossen sind, ist das Problem auch gleichwertig mit der Frage, ob eine gegebene reguläre Sprache leer oder nicht-leer ist).

69. Definiere eine Äquivalenzrelation R auf U_A wie folgt: Es gilt uRv genau dann, wenn für $i = 1, \ldots, n$ gilt: $P_i^A(u)$ gdw. $P_i^A(v)$. Seien $[u_1], \ldots, [u_k]$ die von R erzeugten Äquivalenzklassen. Es gilt nun $k \leq 2^n$, und folgende Struktur $\mathcal{B} = (U_B, I_B)$ ist Modell für F: $U_B = \{[u_1], \ldots, [u_k]\}$ und $P_i^B([u_j])$ ist definiert wie $P_i^A(u_j)$.

Hieraus folgt, dass die monadische Prädikatenlogik entscheidbar ist, denn man kann systematisch alle Strukturen mit einem Grundbereich bis zur Mächtigkeit 2^n durchprobieren, und dies sind nur endlich viele.

70. Wenn das beschriebene Problem entscheidbar ist, dann gibt es einen Algorithmus B, der bei Eingabe von (beliebigen) $\hat{A}$ ($\hat{A}$ ist die Beschreibung des Algorithmus' A) immer nach endlicher Zeit stoppt und "ja" oder "nein" ausgibt, je nachdem ob A, angesetzt auf $\hat{A}$ stoppen würde oder nicht. Aus diesem fiktiven Algorithmus B ließe sich dann ein Algorithmus C gewinnen (C benutzt B als "Unterprogramm"), der folgendes Verhalten hat: Angesetzt auf eine Eingabe stoppt C genau dann, wenn B bei derselben Eingabe "nein" ausgeben würde, ansonsten stoppt C nicht (vgl. Skizze).

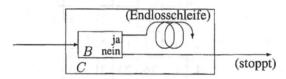

Nun gilt: C angesetzt auf $\hat{C}$ stoppt genau dann, wenn B angesetzt auf $\hat{C}$ "nein" ausgibt. Dies wiederum ist (wegen B's hypothetischen Verhaltens) genau dann der Fall, wenn C angesetzt auf seine eigene Beschreibung $\hat{C}$ *nicht* stoppt. Dieser Widerspruch zeigt, dass die Eingangsannahme der Entscheidbarkeit falsch war.

71. Axiomatisierbare Theorien sind rekursiv aufzählbar (vgl. Übung 73), d.h. es gibt ein algorithmisches Verfahren, das alle Sätze der Theorie der Reihe nach ausgibt (ohne je zu stoppen). Soll nun von einer Aussage F entschieden werden, ob F ein Satz der Theorie ist oder nicht, so lasse man dieses Aufzählungsverfahren solange laufen, bis entweder F oder $\neg F$ ausgegeben wird, dies liefert dann die entsprechende Entscheidung. Dass entweder F oder $\neg F$ ein Satz der Theorie sein muss (und damit irgendwann aufgezählt wird), wird durch die Vollständigkeit garantiert.

72. Es ist nur noch P^A zu spezifizieren. Am einfachsten erhält man in diesem Fall ein Modell durch $P^A = \{(\alpha, \beta, \gamma) \mid \alpha, \beta, \gamma \in D(F)\}$.

73. Die Richtung von rechts nach links ist einfach: Angenommen $M \neq \emptyset$ ist rekursiv aufzählbar mittels der Funktion f. Dann ist das Folgende ein Semi-Entscheidungsverfahren für M:

> **input** (x);
> **for** $n := 0, 1, 2, 3, \ldots$ **do**
>   **if** $f(n) = x$ **then stop**;

Für die Umkehrung benötigen wir einen Trick, der oft *dove-tailing* genannt wird. Wir müssen zunächst daran erinnern, dass es eine berechenbare Bijektion $c : \mathbb{N} \times \mathbb{N} \longrightarrow \mathbb{N}$ gibt, etwa durch $c(x, y) = ((x+y) \cdot (x+y+1))/2 + x$. Die folgende Tabelle zeigt den Werteverlauf von c.

$$x \longrightarrow$$

		0	1	2	3	4
y	0	0	2	5	9	14
$\downarrow$	1	1	4	8	13	19
	2	3	7	12	18	25
	3	6	11	17	24	32
	4	10	16	23	31	40

Die Umkehrabbildungen $n = c(x, y) \mapsto x$ und $n = c(x, y) \mapsto y$ sind offensichtlich berechenbar.

Angenommen M $\neq \emptyset$ ist semi-entscheidbar mittels Algorithmus A. Sei a ein festgehaltenes Element aus M. Wir müssen eine *totale* und berechenbare Funktion f angeben, so dass M der Wertebereich von f ist. Der folgende Algorithmus berechnet f:

> **input** (n);
>
> Interpretiere n als Codierung eines Paars von natürlichen Zahlen, also $n = c(x, y)$.
>
> **if** A angesetzt auf x stoppt in y Schritten
>   **then output**(x) **else output**(a);

Der Algorithmus stoppt offensichtlich immer und kann nur Wörter ausgeben, die in M liegen. Daher ist f eine totale und berechenbare Funktion und der Wertebereich von f ist eine Teilmenge von M. Sei nun umgekehrt $z \in$ M beliebig. Dann stoppt A, angesetzt auf z innerhalb einer gewissen Schrittzahl

s. Sei $n = c(z, s)$. Dann gilt aufgrund der Konstruktion des Algorithmus' für f, dass $f(n) = z$. Also ist M eine Teilmenge des Wertebereichs von f. Somit hat f die gewünschten Eigenschaften.

74. Angenommen, eine Menge M $\neq \emptyset$ wird durch eine berechenbare Funktion f aufgezählt mit $f(n) \leq f(n+1)$ für alle n. Wenn M eine endliche Menge ist, so ist M trivialerweise entscheidbar. Für das Folgende sei M also eine unendliche Menge. Das bedeutet, dass für unendlich viele n, $f(n) < f(n + 1)$ gilt. Diese Beobachtung garantiert, dass der folgende Entscheidungsalgorithmus für M immer in endlicher Zeit mit einer Ausgabe stoppt.

```
input (x);
for n := 0, 1, 2, ... do begin
        if f(n) = x then output (1);
        if f(n) > x then output (0);
end
```

75. *Eingabe:* $(x_1, y_1), \ldots, (x_k, y_k)$.

```
for n := 1, 2, 3, ... do
    for alle Indexfolgen (i_1, ..., i_n) ∈ {1, ..., k}^n do
    if x_{i_1} ... x_{i_n} = y_{i_1} ... y_{i_n} then stop
```

76. Sei p eine Konstante, nämlich der Professor. Ferner benötigen wir die Prädikate: $S(x, y)$ (x ist Student von y), $G(x)$ (x ist glücklich), $L(x)$ (x mag Logik).
Die Aussagen lauten:

$$\text{(a)} \quad \forall x(S(x, p) \to L(x)) \ \to \ G(p)$$
$$\text{(b)} \quad \neg \exists x S(x, p) \ \to \ G(p)$$

Umformen in Klauseldarstellung von (a) und $\neg$(b) ergibt:

$$\text{(a1)} \quad \{S(x, p), G(p)\}$$
$$\text{(a2)} \quad \{\neg L(x), G(p)\}$$
$$\text{(b1)} \quad \{\neg S(x, p)\}$$
$$\text{(b2)} \quad \{\neg G(p)\}$$

Der Beweis ist erbracht durch

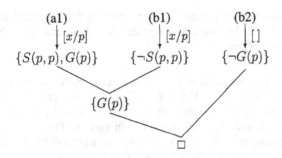

77. Nehmen wir an, zu "entflechten" sei $sub_1 sub_2$. Teste für jede Einzelsubstitution $[x/t]$ in sub_1, ob t eine (oder mehrere) Variable enthält – sagen wir y – die in sub_2 ersetzt wird, z.B. durch $[y/s]$. Ersetze in diesem Fall $[x/t]$ durch $[x/t[y/s]]$.

78. $sub = [x/f(a)] [z/a] [y/g(f(a))]$
$\mathbf{L}sub = \{P(f(a), g(f(a)))\}$

79. Bei dem angegebenen Beispiel wächst bei jedem Unifikationsschritt $\mathbf{L}sub$ etwa auf die doppelte Länge an. Daher hat jeder Algorithmus, der $\mathbf{L}sub$ explizit – etwa als String – intern repräsentiert, exponentielle Laufzeit. Hier hilft das Verwenden von Zeigern weiter: Sobald in einem Literal eine Variable x durch einen Term t im "gegenüberliegenden" Literal ersetzt werden muss, wird lediglich ein Zeiger von x nach t eingerichtet. Diese Zeiger sind in einer "Variablenbindungsliste" zusammengefasst. Hierdurch wird vermieden, dass t (evtl. mehrfach) dupliziert werden muss, um für (alle Vorkommen von) x einkopiert werden zu können.

80. $\{P(u, u), P(f(x), x)\}$.

81. $\{\neg P(f(a), g(u, b)), Q(f(x), u), \neg Q(f(a), b), \neg Q(a, b)\}$,
$\quad \{Q(f(a), a), \neg Q(f(a), b), \neg Q(a, b)\}$,
$\quad \{\neg P(x, y), Q(x, a), \neg Q(f(a), b), \neg Q(a, b)\}$,
$\quad \{\neg P(f(a), y), \neg P(f(a), g(b, b)), P(f(x), g(a, b)), \neg Q(a, b)\}$,
$\quad \{\neg P(a, y), \neg P(f(a), g(b, b)), P(f(x), g(a, b)), \neg Q(f(a), b)\}$.

82.

$$\{P(x,y), P(f(a),z)\}\{\neg P(f(x),g(y)), Q(x,y)\}$$

$$\{Q(a,y)\}$$

$$\Big\downarrow [y/b]$$

$$\{Q(a,b)\}$$

83. $F = \{\{P(x), Q(f(x))\}, \{\neg P(f(y)), \neg P(y)\}\}$

84. (a) Die Existenz eines rechts-neutralen Elements wird ausgedrückt durch:

$$\exists x \forall y P(y,x,y)$$

Negieren dieser Aussage und Umformen in Klauseldarstellung ergibt:

(f) $\{\neg P(f(x), x, f(x))\}$

Gesucht ist nun ein Resolutionsbeweis, der auf den Klauseln (a)–(f) basiert.
Die folgenden Beweise wurden per Computer gefunden. Der kompakteren
Darstellung wegen verkürzen wir mehrere, direkt aufeinanderfolgende Reso-
lutionsschritte graphisch in einen einzigen Schritt (sog. Hyperresolution):

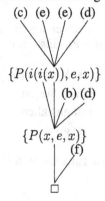

(b) Wir müssen zunächst das Kommutativgesetz formulieren:

$$\forall x \forall y \forall z (P(x,y,z) \rightarrow P(y,x,z))$$

Dies ergibt die Klausel

(g) $\{\neg P(x,y,z), P(y,x,z)\}$

Die Behauptung formulieren wir als

$$\forall x \forall y \forall z (P(x,y,z) \rightarrow P(z,i(x),y))$$

Umformen der Negation in Klauseldarstellung ergibt zwei Klauseln:

(h) $\{P(a,b,c)\}$
(i) $\{\neg P(c,i(a),b)\}$

Hierbei sind a, b, c Skolemkonstanten. Eine Herleitung der leeren Klausel aus (a)–(e) und (g)–(i) ergibt sich wie folgt:

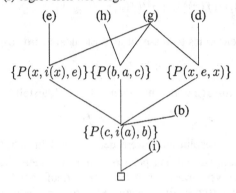

85. Da nur von Drachen die Rede ist, verzichten wir auf ein explizites Prädikat "Drache sein". Wir führen die folgenden Prädikate ein:

$Ki(x,y)$ ... x ist Kind von y.
$Fl(x)$ ... x kann fliegen.
$Gl(x)$ ... x ist glücklich.
$Gr(x)$ ... x ist grün.

Die gegebenen Fakten übersetzen wir zunächst in folgende prädikatenlogische Formeln.

(a) $\forall x (\forall y (Ki(y,x) \rightarrow Fl(y)) \rightarrow Gl(x))$

(b) $\forall z (Gr(z) \rightarrow Fl(z))$

(c) $\forall u (\exists v (Ki(u,v) \wedge Gr(v)) \rightarrow Gr(u))$

Wir formen um in Klauselform und erhalten:

(a1) $\{Ki(k(x),x), Gl(x)\}$
(a2) $\{\neg Fl(k(x)), Gl(x)\}$
(b) $\{\neg Gr(z), Fl(z)\}$
(c) $\{\neg Ki(u,v), \neg Gr(v), Gr(u)\}$

Die zu beweisende Behauptung lautet

$$\forall w(Gr(w) \to Gl(w)).$$

Umformen der Negation der Behauptung in Klauselform ergibt die beiden Klauseln

(∗) $\{Gr(a)\}$
(∗∗) $\{\neg Gl(a)\}$

Ein Beweis der Behauptung ist gegeben durch das folgende Diagramm:

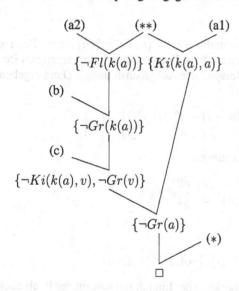

86. Wir übersetzen in prädikatenlogische Formeln. Als Grundmenge wird die Menge aller Personen (einschließlich Barbiere) verstanden:

(a) $\forall x(B(x) \to \forall y(\neg R(y,y) \to R(x,y)))$
(b) $\neg \exists z(B(z) \land \exists u(R(u,u) \land R(z,u)))$

Dies ergibt folgende Klauseln:

(a) $\{\neg B(x), R(y,y), R(x,y)\}$
(b) $\{\neg B(z), \neg R(u,u), \neg R(z,u)\}$

Die zu beweisende Formel ist $\neg \exists v B(v)$. Umformen der Negation dieser Formel in Klauselform (dabei muss eine Skolem-Konstante a eingeführt werden) ergibt:

(c) $\{B(a)\}$

Ein Beweis der Behauptung ist gegeben durch folgendes Diagramm.

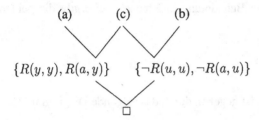

87. Sei n die Anzahl der Atomformeln. Seien $P(n)$ bzw. $L(n)$ die im Beweis der Vollständigkeit der P-Resolution bzw. linearen Resolution erzeugten Beweislängen (bezogen auf das Beispiel der Aufgabenstellung). Dann ergeben sich die Rekursionsgleichungen:

$$P(n) = 2P(n-1) + 2^{n-1}, \quad P(1) = 1$$
$$L(n) = 2L(n-1) + 2, \quad\quad\quad L(1) = 1$$

Diese Gleichungen haben die Lösungen:

$$P(n) = n2^{n-1}$$
$$L(n) = \tfrac{3}{2}2^n - 2$$

88. Bei dem Beispiel

$$\{A, B\}, \{A, \neg B\}, \{\neg A, B\}, \{\neg A, \neg B\}$$

einer unerfüllbaren Klauselmenge kann bei Einhaltung sowohl der P- als auch der N-Restriktion im ersten Schritt nur $\{A, B\}$ und $\{\neg A, \neg B\}$ resolviert werden (was die beiden Resolventen $\{B, \neg B\}$ und $\{A, \neg A\}$ ergibt). Weitere Resolventenbildungen sind dann nicht mehr möglich.

89. Sei $(K_1, K_2, \ldots, K_n)$ die Folge derjenigen Klauseln, die in Schritt 1 bzw. 2 des Markierungsalgorithmus' aus Abschnitt 1.3 Anlass zu Markierungen geben. (Dies sind in Schritt 1 die einelementigen, positiven Klauseln und in Schritt 2 alle Klauseln der Form $K_i = \{\neg A_1, \ldots, \neg A_n, B\}$ bzw.

$K_i = \{\neg A_1, \ldots, \neg A_n\}$ (wobei $A_1, \ldots, A_n$ bereits markiert sind). Bei einer unerfüllbaren Formel ist dann die letzte Klausel K_n eine negative Klausel. Wir streichen noch aus dieser Folge alle "überflüssigen" Klauseln heraus, also solche Klauseln, deren positives Literal in keiner späteren Klausel mehr negativ vorkommt. Die entstehende Folge kann in umgekehrter Reihenfolge zu einem SLD-Resolutionsbeweis zusammengesetzt werden, der auf der negativen Klausel K_n basiert:

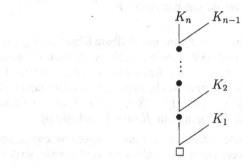

90. Da die N-Restriktion vollständig ist, gibt es für jede unerfüllbare Hornklauselmenge einen Resolutionsbeweis, in dem immer mindestens eine Elternklausel negativ ist. Die Hornklauseleigenschaft garantiert, dass alle Resolventen in einer solchen Resolutionsherleitung negativ sind. Zwei negative Klauseln können jedoch nicht miteinander resolviert werden. Somit ergibt sich, dass eine Elternklausel immer aus dem Input stammen muss. Dieser N-Resolutionsbeweis ist also gleichzeitig ein Input-Resolutionsbeweis.

91. Wir zeigen durch Induktion über die Anzahl der vorkommenden Atomformeln, dass jeder Einheitsresolutionsbeweis in einen Input-Resolutionsbeweis überführt werden kann. Der Induktionsanfang $n = 0$ ist klar. Angenommen, wir haben einen Einheitsresolutionsbeweis für eine Klauselmenge F mit $n > 0$ Atomformeln gegeben. Dann muss in der Ausgangsklauselmenge mindestens eine einelementige Klausel vorhanden sein, z.B. $\{L\}$. Wir betrachten nun $F_{L=1}$. Diese Klauselmenge besitzt gleichfalls einen Einheitsresolutionsbeweis (der sich abzüglich von Resolutionen nach L aus der Struktur des ursprünglichen Beweises ergibt). Nach Induktionsvoraussetzung gibt es einen Input-Resolutionsbeweis für $F_{L=1}$. Wiedereinführen von $\overline{L}$ in diesen Beweis liefert eine Input-Resolutionsherleitung von von $\{\overline{L}\}$. Diese Klausel kann dann im letzten Schritt gegen $\{L\}$ resolviert werden. Dieser letzte Schritt ist ebenfalls eine Input-Resolution.

Die Umkehrung zeigen wir auch durch eine Induktion über die Anzahl der vorkommenden Atomformeln. Der Induktionsanfang $n = 0$ ist klar. Angenommen, wir haben einen Input-Resolutionsbeweis für eine Klauselmenge F

mit $n > 0$ Atomformeln gegeben. Dann muss in der Ausgangsklauselmenge mindestens eine einelementige Klausel vorhanden sein, z.B. $\{L\}$, denn im letzten Resolutionsschritt werden zwei einelementige Klauseln resolviert, und eine davon muss aus dem Input stammen. Dieser Input-Resolutionsbeweis kann zu einem Input-Beweis von $F_{L=1}$ verkürzt werden. Nach Induktionsvoraussetzung gibt es einen Einheitsresolutionsbeweis für $F_{L=1}$. Ferner kann $F_{L=1}$ mittels Einheitsresolutionen aus F erzeugt werden. Zusammengesetzt ergibt dies dann einen Einheitsresolutionsbeweis für F.

92. Wir argumentieren semantisch: Sei F eine unerfüllbare Klauselmenge, sei K eine Tautologieklausel in F und sei F' eine minimal unerfüllbare Teilmenge von F. (Wir wissen, dass jeder potenzielle Resolutionsbeweis schon auf F' basieren kann). Dann gilt: $K \notin F'$ (und dies beweist dann die Behauptung). Begründung: Angenommen, $K \in F'$, d.h. $F' - K$ ist erfüllbar. Dann ist aber auch F' erfüllbar (mit derselben Belegung), da K eine Tautologie ist.

Ein syntaktischer Beweis müsste aufzeigen, wie ein Resolutionsbeweis, sofern er eine Tautologieklausel verwendet, umstrukturiert werden kann, so dass er ohne diese Klausel auskommt.

93. Gegenbeispiel:

$$F = \{\{P(x), P(y)\}, \{\neg P(u), \neg P(v)\}\}$$

Da Hornformeln höchstens ein positives Literal enthalten, wird in mindestens einer der Elternklauseln in einem Resolutionsschritt immer nur *ein* Literal zur Unifikation herangezogen. Es kann also höchstens in der anderen Elternklausel passieren, dass mehrere Literale durch den Unifikationsprozess verschmelzen. In diesem Fall kann dieser eine Resolutionsschritt immer durch mehrere aufeinander folgende binäre Resolutionsschritte ersetzt werden. Dieser Umformungsschritt zerstört nicht die bei Hornformeln vollständigen Restriktionen.

94. Die *genau eine*-Bedingung ergibt zwei Klauseln:

$$\{\neg liebt(Eva, Wein), \neg liebt(Anna, Wein)\}$$
$$\{liebt(Eva, Wein), liebt(Anna, Wein)\}$$

Zusammen mit der Aufrufklausel $\{\neg liebt(Eva, z), Antwort(z)\}$ ergibt sich nur ein möglicher Resolvent: $\{liebt(Anna, Wein), Antwort(Wein)\}$. Dieser könnte in Worten so interpretiert werden, dass die Antwort Wein ist, wenn bewiesen wäre, dass Anna nicht Wein liebt.

95.

$$\{P(kopf, kopf, kopf, zahl, zahl, zahl, s_0)\},$$
$$\{\neg P(X_1, X_2, X_3, X_4, X_5, X_6, S), \neg R(X_1, Y_1), \neg R(X_2, Y_2),$$
$$P(Y_1, Y_2, X_3, X_4, X_5, X_6, t_{12}(S))\},$$
$$\{\neg P(X_1, X_2, X_3, X_4, X_5, X_6, S), \neg R(X_2, Y_2), \neg R(X_3, Y_3),$$
$$P(X_1, Y_2, Y_3, X_4, X_5, X_6, t_{23}(S))\},$$
$$\{\neg P(X_1, X_2, X_3, X_4, X_5, X_6, S), \neg R(X_3, Y_3), \neg R(X_4, Y_4),$$
$$P(X_1, X_2, Y_3, Y_4, X_5, X_6, t_{34}(S))\},$$
$$\{\neg P(X_1, X_2, X_3, X_4, X_5, X_6, S), \neg R(X_4, Y_4), \neg R(X_5, Y_5),$$
$$P(X_1, X_2, X_3, Y_4, Y_5, X_6, t_{45}(S))\},$$
$$\{\neg P(X_1, X_2, X_3, X_4, X_5, X_6, S), \neg R(X_5, Y_5), \neg R(X_6, Y_6),$$
$$P(X_1, X_2, X_3, X_4, Y_5, Y_6, t_{56}(S))\},$$
$$\{R(kopf, zahl)\},$$
$$\{R(zahl, kopf)\},$$
$$\{\neg P(zahl, kopf, zahl, kopf, zahl, kopf, S), Antwort(S)\}$$

Hierbei sind Variablen durch Großschreibung zu erkennen.

96. Diese Aufgabe lässt sich grundsätzlich nach dem gleichen Rezept wie die vorige (und die Affe-und-Bananen Aufgabe) lösen. Es entstehen so jedoch unangemessen viele Klauseln.

97.
- (a) $\{mitglied(tom)\}$
- (b) $\{mitglied(mike)\}$
- (c) $\{mitglied(john)\}$
- (d) $\{\neg mitglied(x), ski(x), berg(x)\}$
- (e) $\{\neg berg(x), \neg liebt(x, regen)\}$
- (f) $\{\neg ski(x), liebt(x, schnee)\}$
- (g) $\{\neg liebt(mike, schnee), \neg liebt(tom, schnee)\}$
- (h) $\{liebt(tom, schnee), liebt(mike, schnee)\}$
- (i) $\{\neg liebt(mike, regen), \neg liebt(tom, regen)\}$
- (j) $\{liebt(tom, regen), liebt(mike, regen)\}$
- (k) $\{liebt(mike, schnee)\}$
- (l) $\{liebt(john, schnee)\}$
- (m) $\{\neg mitglied(x), \neg berg(x), ski(x), Antwort(x)\}$

Der Gesuchte ist Tom:

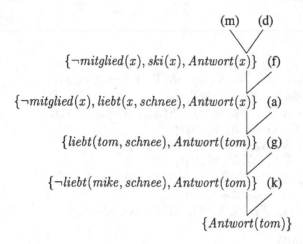

$$(m) \quad (d)$$

$$\{\neg mitglied(x), ski(x), Antwort(x)\} \quad (f)$$

$$\{\neg mitglied(x), liebt(x, schnee), Antwort(x)\} \quad (a)$$

$$\{liebt(tom, schnee), Antwort(tom)\} \quad (g)$$

$$\{\neg liebt(mike, schnee), Antwort(tom)\} \quad (k)$$

$$\{Antwort(tom)\}$$

98. $Antwort(i(k(e)))$. Mit anderen Worten: Links-Inverse sind auch Rechts-Inverse.

99. Indem man den zweiten und dritten Parameter als Eingabeparameter versteht und den ersten Parameter als Ausgabeparameter.

100. $fib(0, 1)$.

$fib(s(0), 1)$.

$fib(s(s(N)), M) \ :- fib(s(N), M1), fib(N, M2), add(M1, M2, M)$.

101. $add(X, 0, X)$.

$add(X, s(Y), Z) \ :- add(s(X), Y, Z)$.

Die Berechnung von 3+2 verläuft nun wie folgt: $?- add(s(s(s(0))), s(s(0)), Z) \vdash_F add(s(s(s(s(0)))), s(0), Z) \vdash_F add(s(s(s(s(s(0))))), 0, Z) \vdash_F \square$, wobei sich im letzten Schritt die Substitution $[Z/s(s(s(s(s(0)))))]$ ergibt.

102. Mit Induktion nach y weist man leicht nach, dass $a(1, y) = y + 2$, $a(2, y) = 2y + 3, a(3, y) = 2^{y+3} - 3$. Damit erhalten wir: $a(4, 2) = a(3, a(4, 1))$ $= a(3, a(3, a(4, 0))) = a(3, a(3, a(3, 1))) = a(3, a(3, 13)) = a(3, 65533) = 2^{65536} - 3 > 10^{19728}$.

Wir zeigen, dass $a(x, y)$ wohldefiniert ist durch Induktion nach x. Für $x = 0$ und beliebiges y ist a wohldefiniert als $y + 1$. Für $x > 0$ und $y = 0$ ist $a(x, y)$

nach Induktionsvoraussetzung wohldefiniert als $a(x-1,1)$. Für $x > 0$ und $y > 0$ ist

$$a(x,y) = a(x-1, a(x, y-1)) = \ldots = \underbrace{a(x-1, \ldots, a(x-1,1)\ldots)}_{y\text{-mal}}$$

Daher wird $a(x,y)$ auf mehrfaches Auswerten von $a(x-1, \ldots)$ zurückgeführt, welches nach Induktionsvoraussetzung wohldefiniert ist.

Logik-Programm:

$$Ack(0, Y, s(Y)).$$
$$Ack(s(X), 0, Z) \;:\!-\; Ack(X, s(0), Z).$$
$$Ack(s(X), s(Y), Z) \;:\!-\; Ack(s(X), Y, W), Ack(X, W, Z).$$

103.

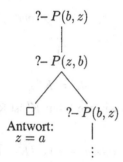

104. Jede Programmklausel, wo dasselbe Prädikatsymbol sowohl vor als auch hinter dem Symbol :− vorkommt.

105.

$$Einfach(G * F, 0) \;:\!-\; Einfach(G, 0).$$
$$Einfach(F * G, 0) \;:\!-\; Einfach(G, 0).$$
$$Einfach(F + G, H)\!:\!-\; Einfach(G, 0), Einfach(F, H).$$
$$Einfach(G + F, H)\!:\!-\; Einfach(G, 0), Einfach(F, H).$$
$$Einfach(F * G, H)\!:\!-\; Einfach(G, 1), Einfach(F, H).$$
$$Einfach(G * F, H) \;:\!-\; Einfach(G, 1), Einfach(F, H).$$
$$Einfach(F, F).$$

(Hier wird die Beweis-Suchstrategie von Prolog vorausgesetzt).

106. Wir betrachten zunächst den Fall, dass die Ableitung aus nur einem Schritt besteht. Genauer, wir zeigen, wenn $Gsub'$ mit einer Programmklausel $K \in F$ resolvierbar ist zu einem Resolventen K' (wobei der allgemeinste Unifikator sub angewandt wurde),

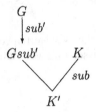

dann sind auch G und K direkt resolvierbar zu einem Resolventen K'', so dass bei dieser Resolution ein allgemeinster Unifikator sub'' angewandt wird und für eine geeignete Substitution s gilt: $K' = K''s$.

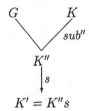

Die Behauptung beweisen wir wie folgt: K' ist Resolvent von $Gsub'$ und K und hat deshalb die Form

$$K' = ((Gsub' - L) \cup (K - \overline{L'}))sub$$

wobei L und L' unifizierbar sind mittels sub. Deshalb existiert in G ein Literal L_0, so dass $L_0 sub' = L$. Da sich sub' und sub gegenseitig nicht beeinflussen (G und K sind variablendisjunkt umbenannt), gilt $L_0 sub' sub = L' sub' sub$. Das heißt, L_0 und L' sind unifizierbar und damit G und K resolvierbar. Sei sub'' allgemeinster Unifikator von L_0 und L'. Dann gilt für eine geeignete Substitution s: $sub' sub = sub'' s$ und ferner, dass

$$K'' = ((G - L_0) \cup (K - \overline{L'}))sub''$$

Resolvent von G und K ist. Damit ist die Behauptung bewiesen.

Die allgemeine Form des Lifting-Lemmas erhält man nun durch iteratives Anwenden der Behauptung (also durch Induktion).

107. Die einzig mögliche erfolgreiche Rechnung liefert die Substitution $[z/a]$. Daher ist

$$S_{proz} = \{(P(a,a) \wedge P(a,a))\}$$

108.

$$\mathcal{S}_{mod} = \{(P(a,a) \wedge P(a,a))\}$$

109. Es gilt (durch Induktion nach n): $Op_F^n(\emptyset) \subseteq Op_F^{n+1}(\emptyset)$ für alle $n \geq 0$. Deshalb folgt $Fp_F \subseteq Op_F(Fp_F)$. Sei umgekehrt $G \in Op_F(Fp_F)$. Dies ist der Fall, weil es aufgrund der Definition von $Op_F(\ )$ entsprechende Formeln $G_1, \ldots, G_k \in Fp_F$ gibt. Es gibt einen Index n, so dass $G_1, \ldots, G_k \in Op_F^n(\emptyset)$. Daher ist $G \in Op_F^{n+1}(\emptyset) \subseteq Fp_F$. Damit ist die Fixpunkteigenschaft von Fp_F gezeigt.

Sei nun M ein beliebiger Fixpunkt, also $M = Op_F(M)$. Dann gilt $\emptyset \subseteq M$ und wegen der Monotonie des $Op_F(\ )$ Operators: $Op_F(\emptyset) \subseteq Op_F(M) = M$. Und weiter, für beliebige n, $Op_F^n(\emptyset) \subseteq Op_F^n(M) = M$. Deshalb ist $Fp_F = \cup_n Op_F^n(\emptyset) \subseteq M$. Daher ist Fp_F der *kleinste* Fixpunkt.

Als nächstes zeigen wir $\mathcal{S}_{\text{proz}}(F,G) \subseteq \mathcal{S}_{\text{fixpunkt}}(F,G)$. Wenn $H = (A_1 \wedge \ldots \wedge A_k)sub \in \mathcal{S}_{\text{proz}}(F,G)$, dann gibt es eine SLD-Herleitung der Form

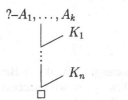

Hierbei seien $sub_1, \ldots, sub_n$ die verwendeten allgemeinsten Unifikatoren. Dann ist $(A_1 \wedge \ldots \wedge A_k)sub_1 \ldots sub_n$ das Rechenresultat und für eine geeignete Substitution s ist $H = (A_1 \wedge \ldots \wedge A_k)sub_1 \ldots sub_n s$.

Indem wir die verwendeten Programmklauseln $K_1, \ldots, K_n$ – also die Seitenklauseln bei der Resolution – in umgekehrter Reihenfolge verwenden, und zwar in der mittels $sub_1 \ldots sub_n s$ grund-substituierten Version, erhalten wir die entsprechenden Formeln in $Op_F^1(\emptyset), \ldots, Op_F^n(\emptyset)$, die "bezeugen", dass H in $\mathcal{S}_{\text{fixpunkt}}(F,G)$ liegt.

Für die umgekehrte Inklusion sei $H \in \mathcal{S}_{\text{fixpunkt}}(F,G)$. Hierbei ist $H = (A_1' \wedge \ldots \wedge A_k')$ eine Grundinstanz von $(A_1 \wedge \ldots \wedge A_k)$, wobei $G = ?\text{-}A_1, \ldots, A_k$. Es ist $H \in Fp_F$. Daher ist H für ein n in $Op_F^n(\emptyset)$. Aufgrund der Definition von $Op_F(\ )$ können wir für $i = 1, \ldots, k$ gewisse Grundinstanzen $K_i' = A_i'$:- $B_{i,1}', \ldots, B_{i,n_i}'$ von Programmklauseln $K_i \in F$ identifizieren, die für die Mitgliedschaft von A_i in $Op_F^n(\emptyset)$ verantwortlich sind. Hierbei sind die $B_{i,j}'$ in $Op_F^{n-1}(\emptyset)$. Aus diesen Angaben setzen wir den Anfang einer SLD-Resolution wie folgt zusammen:

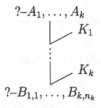

$$?\text{-}A_1, \ldots, A_k$$

Diese Ableitungsfolge können wir nun nach dem gleichen Schema für $n - 1, n - 2, \ldots, 1$ fortsetzen. Im Fall $n = 1$ können nur einelementige Faktenklauseln K_i angewandt worden sein. Daher ergibt sich am Ende die leere Klausel. (Bem: Da wir bei dieser Ableitung nicht immer nach dem am weitesten links stehenden Literal in der Zielklausel resolviert haben, müssen wir – im Vorgriff – eigentlich das Vertauschungslemma verwenden).

Aus dem Rechenresultat dieser Resolutionsherleitung lässt sich nun durch Grundsubstitution H gewinnen (Lifting-Lemma), also ist H in $S_{\text{proz}}(F, G)$.

110. $Op_F(\emptyset) = \{P(a,a), P(a,b)\}$
   $Fp_F = \{P(a,a), P(a,b), P(b,a)\}$
   $S_{\text{fixpunkt}} = \{(P(a,a) \wedge P(a,a))\}$

111. Beispiel: $a :- a$.

112. Nach der Ergebnisausgabe wird der Benutzer gefragt, ob er weitere Lösungen sehen will. Wenn ja, so wird success auf **false** gesetzt und einfach die Prozedur auswerte fortgesetzt.

113. Wir drücken Symmetrie und Transitivität einer zweistelligen Relation P aus und geben einige Fakten über P-Beziehungen an:

   (a) $P(a,b)$.
   (b) $P(c,b)$.
   (c) $P(X,Y) :- P(X,Z), P(Z,Y)$.
   (d) $P(X,Y) :- P(Y,X)$.

Die Anfrage $?\text{-}P(c,a)$ könnte beantwortet werden durch Anwenden der Programmklauseln (c), (b), (d), (a) – in dieser Reihenfolge. Da jedoch die Regeln (c), (d) immer anwendbar sind, gerät der Prolog-Interpreter bei *jeder* Anordnung der Klauseln in eine Endlosschleife.

114. $fak(0,1)$.
   $fak(N,M) :- N1 \ is \ N - 1,$
        $fak(N1, M1),$
        $M \ is \ N1 * N$.

115. Der Prolog-Interpreter liefert $X = [a, [d, e], b, c, a, e, f]$. Im zweiten Fall ergeben sich die möglichen Antworten:

$$
\begin{array}{ll}
X = [\,] & Y = [a, b, c, a] \\
X = [a] & Y = [b, c, a] \\
X = [a, b] & Y = [c, a] \\
X = [a, b, c] & Y = [a] \\
X = [a, b, c, a] & Y = [\,]
\end{array}
$$

116. Die "naive" Programmierung von $reverse$ wäre folgende:

$reverse([\,], [\,])$.
$reverse([A|B], C) \;:\!- reverse(B, D), append(D, [A], C)$.

Diese hat jedoch den Nachteil, dass zum Umdrehen einer n-elementigen Liste etwa n^2 viele Rechenschritte auszuführen sind. (Dies ergibt sich durch die fortgesetzten Anwendungen von $append$). Eine raffinierte Lösung ist die folgende:

$reverse(A, B) \;:\!- rev(A, [\,], B)$.
$rev([\,], Z, Z)$.
$rev([X|Y], U, V) \;:\!- rev(Y, [X|U], V)$.

Diese Lösung hat nur einen Aufwand, der linear in n ist.
Soll jede Teilliste gespiegelt werden, so ginge das etwa mittels

$$
\begin{array}{ll}
deepreverse(X, X) & :\!- \quad atomic(X). \\
deepreverse([\,], [\,]). & \\
deepreverse([A|B], C) & :\!- \quad deepreverse(A, D), \\
& \qquad\quad deepreverse(B, E), \\
& \qquad\quad append(B, [D], C).
\end{array}
$$

117. $anzahl([\,], 0)$.
$anzahl(X, 1) \qquad :\!- atomic(X)$.
$anzahl([X|Y], N) :\!- anzahl(X, N1)$,
$\qquad\qquad\qquad\quad anzahl(Y, N2)$,
$\qquad\qquad\qquad\quad N \; is \; N1 + N2$.

118. $qsort([\,], [\,])$.
$qsort([X|Y], Z) \;:\!- partition(X, Y, Y1, Y2)$,
$\qquad\qquad\qquad\quad qsort(Y1, Z1)$,

$$qsort(Y2, Z2),$$
$$append(Z1, [X|Z2], Z).$$
$$partition(X, [\,], [\,], [\,]).$$
$$partition(X, [A|B], [A|Y1], Y2) :- X \leq A, partition(X, B, Y1, Y2).$$
$$partition(X, [A|B], Y1, [A|Y2]) :- X > A, partition(X, B, Y1, Y2).$$

119. Eine vollständige Lösung dieser Aufgabe würde den Rahmen dieses Buches sprengen. Der Leser sei stattdessen auf die Bücher von Amble und von Sterling, Shapiro hingewiesen.

120. Für diese Aufgabe sei auf das Buch von Kluźniak und Szpakowicz verwiesen.

121. Der Prolog-Auswertealgorithmus muss an zwei Stellen modifiziert werden: Als erstes muss (zwischen **else** und **begin**) ein Test eingebaut werden, der feststellt, ob $D_1 = !$. Im positiven Fall wird die Prozedur rekursiv mit auswerte($?-D_2, \ldots, D_k, sub$) aufgerufen. Falls dieser rekursive Aufruf mit success=**false** zurückkehrt, wird eine globale Boolesche Variable *cut* auf **true** gesetzt (die mit **false** initialisiert wurde).

Nach dem rekursiven Aufruf von auswerte innerhalb der **while**-Schleife muss eingefügt werden:

> **if** cut **then**
>   **begin**
>   **if** $C_{i,1}, \ldots, C_{i,n_i}$ enthält den cut **then**
>   cut := **false**;
>   **return** {Rückkehr aus der Prozedur}
>   **end**

Diese Modifikation ist nur für ein Vorkommen eines einzigen cuts korrekt. Im allgemeinen Fall müssen die cuts "markiert" bzw. nummeriert werden, um diejenige Programmklausel, die für einen bestimmten cut verantwortlich war, feststellen zu können.

Dieser allgemeine Fall tritt z.B. in Übung 125 auf.

122. *Fall 1:* b ist beweisbar:

$$?-a$$
$$\downarrow$$
$$?-b,!,c$$
$$\downarrow$$
$$?-!,c$$
$$\downarrow$$
$$?-c$$

Wenn in diesem Fall c nicht beweisbar ist, wird wegen des cuts die Regel $a{:-}d$ (wie gewünscht) nicht mehr berücksichtigt.

Fall 2: b ist nicht beweisbar:

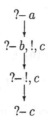

123. (a) Endlosschleife:

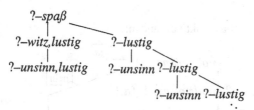

(b) Die Klausel *spaß* an die erste Position bringen.

(c) Die Klausel *lustig :– unsinn* ersetzen durch *lustig :– !,unsinn*.

(d) *spaß :– !,witz,lustig* führt dazu, dass Prolog mit der Antwort *nein* stoppt. *spaß :– witz,!,lustig* und *spaß :– witz,lustig,!* führen auf Endlosschleifen.

124. Ein Hornklauselprogramm F besteht bekanntermaßen aus positiven Fakten und aus Regeln. Wenn $\neg A$ eine Folgerung aus F ist, dann ist $F \rightarrow \neg A$ eine gültige Formel und $F \wedge A$ unerfüllbar. Dies ist ein Widerspruch, denn $F \wedge A$ ist sicher dadurch erfüllbar, dass alle Atomformeln mit 1 belegt werden.

125. a als Fakt vorhanden:

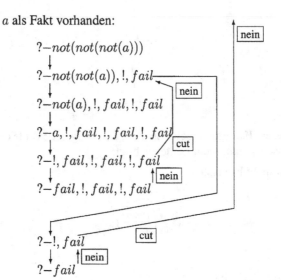

a nicht als Fakt vorhanden:

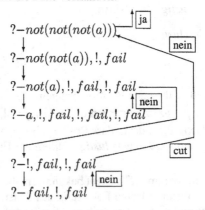

126. (a) ja. (b) ja. (c) Endlosschleife (d) Endlosschleife (e) ja, $X = b$. (f) ja, $X = b$.

(Verschiedene PROLOG-Implementierungen können hier zu verschiedenen Antworten führen).

Literaturverzeichnis

T. Amble. *Logic Programming and Knowledge Engineering.* Addison-Wesley, Reading, MA, 1987.

K. R. Apt und M. H. van Emden. Contributions to the theory of logic programming. *Journal of the Association for Computing Machinery, 29* (1977): 841–862.

G. Asser. *Einführung in die mathematische Logik I – III.* Verlag Harri Deutsch, Frankfurt/M, 1972.

M. Bauer, D. Brand, M. Fischer, A. Meyer, M. Paterson. A note on disjunctive form tautologies. *SIGACT NEWS*, Vol. 5, No. 2, (1973) 17–20.

C. Beckstein. *Zur Logik der Logik-Programmierung.* Springer-Verlag, Berlin, Informatik-Fachberichte 199, 1988.

E. Bergmann und H. Noll. *Mathematische Logik mit Informatik-Anwendungen.* Springer-Verlag, Berlin, 1977.

W. Bibel. *Automated Theorem Proving.* Vieweg, Braunschweig, 1982.

W. Bibel und Ph. Jorrand (Hg.). *Fundamentals of Artificial Intelligence. Lecture Notes in Computer Science 232,* Springer-Verlag, Berlin, 1985.

K.H. Bläsius and H.J. Bürckert (eds.). *Deduktionssysteme.* Oldenburg Verlag, München 1987.

G.S. Boolos und R.C. Jeffrey. *Computability and Logic.* Cambridge University Press, Cambridge, 1974.

E. Börger. *Berechenbarkeit, Komplexität, Logik.* Vieweg, Braunschweig, 1985.

A. Bundy. *The Computer Modelling of Mathematical Reasoning.* Academic Press, London, 1983.

W.D. Burnham und A.R. Hall. *Prolog Programming and Applications.* Macmillan, London, 1985.

C. L. Chang und R. C. T. Lee. *Symbolic Logic and Mechanical Theorem Proving*. Academic Press, New York, 1973.

V. Chvátal und E. Szemerédi. Many hard examples for resolution. *Journal of the Ass. Comput. Mach.* 35 (1988), 759–768.

K. L. Clark. *Predicate Logic as a Computational Formalism*. Research monograph 79/59 TOC, Imperial College, London, 1979.

K.L. Clark und S.A. Tärnlund (Hrg.) *Logic Programming*. Academic Press, New York, 1982.

W. F. Clocksin und C. S. Mellish. *Programming in Prolog*. Springer-Verlag, Berlin, 1981.

M.D. Davis und E.J. Weyuker. *Computability, Complexity and Languages*, Kapitel 11+12. Academic Press, New York, 1983.

R.D. Dowsing, V.J. Rayward-Smith und C.D. Walter. *A First Course in Formal Logic and its Applications in Computer Science*. Blackwell Scientific Publ., Oxford, 1986.

B. Dreben und W. D. Goldfarb. *The Decision Problem – Solvable Classes of Quantificational Formulas*. Addison-Wesley, Reading, MA., 1979.

H. D. Ebbinghaus, J. Flum und W. Thomas. *Einführung in die mathematische Logik*. Wissenschaftliche Buchgesellschaft, Darmstadt, 1978.

M. H. van Emden und R.A. Kowalski. The semantics of predicate logic as a programming language. *Journal of the Association for Computing Machinery* 23 (1976): 733–742.

Y.L. Ershov und E.A. Palyutin. *Mathematical Logic*. Mir Publishers, Moskau, 1984.

M. Fitting. *First-Order Logic and Automated Theorem Proving*. Springer-Verlag, Berlin, 1990.

D. M. Gabbey. *Elementary Logic – A Procedural Perspective*. Vorlesungsskript, Imperial College, London, 1984.

J. H. Gallier. *Logic for Computer Science – Foundations of Automatic Theorem Proving*. Harper & Row, New York, 1986.

M. Gardner. *Logic Machines and Diagrams*. The University of Chicago Press, Chicago, 1958.

M. Genesreth und N. Nilsson. *Logical Foundations of Artificial Intelligence*. Morgan Kaufmann Publ., 1987.

F. Giannesini, H. Kanoui, R. Pasero und M. van Canegham. *PROLOG*. Addison-Wesley, Reading, MA., 1986.

P. Gibbins. *Logic with Prolog.* Oxford University Press, 1988.

C. Green. Theorem proving by resolution as a basis for question-answering systems. in: B. Meltzer und D. Michie (eds.), *Machine Intelligence 4,* 183–205, Elsevier Publ., New York, 1969.

M. Hanus. *Problemlösen in PROLOG.* Teubner, Stuttgart, 1986.

N. Heck. *Abstrakte Datentypen mit automatischen Implementierungen.* Dissertation, Universität Kaiserslautern, 1984.

H. Hermes. *Einführung in die mathematische Logik.* Teubner Verlag, Stuttgart, 1976.

D. Hofbauer und R.D. Kutsche. *Grundlagen des maschinellen Beweisens.* Vieweg, Braunschweig, 1989.

C.J. Hogger. *Introduction to Logic Programming.* Academic Press, New York, 1984.

J.E. Hopcroft und J.D. Ullman. *Introduction to Automata Theory, Languages, and Computation.* Addison-Wesley, Reading, MA, 1979.

A. Horn. On sentences which are true of direct unions of algebras. *Journ. of Symb. Logic* 16 (1951) 14–21.

O. Itzinger. *Methoden der Künstlichen Intelligenz,* Kapitel 2. Carl Hanser Verlag, München, 1976.

M. Kaul. *Logik.* Vorlesungsskript, EWH Koblenz, 1983.

H. Kleine Büning und S. Schmitgen. *PROLOG.* Teubner Verlag, Stuttgart, 1986.

F. Kluźniak, S. Szpakowicz. *Prolog for Programmers.* Academic Press, 1985.

R. Kowalski. Predicate logic as programming language. *Information Processing* 74, 569–574, North-Holland, 1974.

R. Kowalski. *Logic for Problem Solving.* Elsevier North-Holland, Amsterdam, 1979.

R. Kowalski. Algorithm = Logic + Control. *Journal of the Association for Computing Machinery* 22 (1979): 424–436.

M. Levin. *Mathematical Logic for Computer Scientists.* Technical Report, MIT Project MAC, 1976.

H. R. Lewis und C. H. Papadimitriou. *Elements of the Theory of Computation,* Kapitel 8–9. Prentice Hall, Englewood Cliffs, NJ, 1981.

H.R. Lewis. *Unsolvable Classes of Quantificational Formulas.* Addison-Wesley, Reading, MA., 1979.

J. W. Lloyd. *Foundations of Logic Programming.* Springer-Verlag, Berlin, 1984.

D. W. Loveland. *Automated Theorem Proving: A Logical Basis.* Elsevier North-Holland, New York, 1979.

D. Maier und D.S. Warren. *Computing with Logic.* Benjamin/Cummings Publ. Comp., Menlo Park, 1988.

Z. Manna. *Mathematical Theory of Computation*, Kapitel 2. McGraw-Hill, New York, 1974.

J. Minker (Ed.). *Foundations of Deductive Databases and Logic Programming.* Morgan Kaufmann Publ., Los Altos, Ca., 1988.

L. Naish. *Negation and Control in PROLOG.* Lecture Notes in Computer Science 238, Springer-Verlag, Berlin, 1986.

N.J. Nilsson. *Problem Solving Methods in Artificial Intelligence*, Kapitel 6–8. McGraw-Hill, New York, 1971.

R. Nossum. Automated theorem proving methods. *BIT*, 25 (1985): 51–64.

M.S. Paterson und M.N. Wegman. Linear Unification. *Journal of Computer and System Sciences*, 16 (1978): 158–167.

PROLOG. Spezialausgabe von *Communications of the Association for Computing Machinery*, 28, No. 12 (1985).

W. Rautenberg. *Nichtklassische Aussagenlogik.* Vieweg, Braunschweig, 1979.

M.M. Richter. *Logikkalküle.* Teubner Verlag, Stuttgart, 1978.

M.M. Richter. *Prinzipien der künstlichen Intelligenz.* Teubner-Verlag, Stuttgart, 1989.

J. A. Robinson. *Logic: Form and Function.* Elsevier North-Holland, New York, 1979.

D. Rödding. *Einführung in die Prädikatenlogik.* Vorlesungsskript, Univ. Münster, 1970.

J. R. Shoenfield. *Mathematical Logic.* Addison Wesley, Reading, MA., 1967.

W. Schwabhäuser. *Modelltheorie* I + II. Bibl. Institut, Mannheim, 1971.

W. Schwabäuser. *Prädikatenlogik.* Vorlesungsskript, Univ. Stuttgart, 1976.

D. Siefkes. *Formalisieren und Beweisen – Logik für Informatiker.* Vieweg, Braunschweig, 1990.

J. Siekmann und G. Wrightson (Hg.). *Automation of Reasoning 1 + 2.* Springer-Verlag, Berlin, 1983.

L. Sterling und E. Shapiro. *The Art of Prolog.* MIT Press, Cambridge, Massachusetts, 1987.

A. Tarski, A. Mostowski und R. M. Robinson. *Undecidable Theories.* North-Holland, Amsterdam, 1971.

A. Thayse (Hrg.) *From Standard Logic to Logic Programming.* Wiley, 1988.

R. Turner. *Logics for Artificial Intelligence.* Elis Horwood Limited, 1984.

A. Urquhart. Hard examples for resolution. *Journal of the Assocation of Computing Machinery* 34 (1987): 209–219.

T. Varga. *Mathematische Logik für Anfänger I + II.* Verlag Harri Deutsch, Frankfurt/M, 1972.

H. Vollmer. *Resolutionsverfeinerungen und ihre Vollständigkeitssätze.* Studienarbeit, EWH Koblenz, 1987.

C. Walther. Automatisches Beweisen. in: *Künstliche Intelligenz.* Fachberichte Informatik 259, Springer-Verlag, Berlin, 1987.

L. Wos. *Automated Reasoning – 33 Basic Research Problems.* Prentice-Hall, Englewood Cliffs, NJ, 1988.

L. Wos, R. Overbeek, E. Lusk und F. Boyle. *Automated Reasoning – Introduction and Aplications,* Prentice-Hall, Englewood Cliffs, NJ, 1984.

Symbolverzeichnis

Index

Printed in the United States
By Bookmasters